目　录

第一部分　修改建议内容

第二部分　相关法律研究

第三部分　相关基础研究

第一部分
修改建议内容

代表中国红十字会。

县级以上按行政区域建立地方各级红十字会，配备专职工作人员，机构编制独立设置，财政经费专项列支。地方各级红十字会的建立，必须报上一级红十字会批准。

第七条 全国性行业根据需要可以建立行业红十字会。行业红十字会的建立必须经中国红十字会总会批准。

第八条 符合条件的乡镇、城市街道，可以建立基层红十字会。

基层红十字会的建立，必须经省级红十字会批准，并报中国红十字会总会备案。

第九条 县级以上红十字会、行业红十字会具有社会团体法人资格。

基层红十字会依法取得社会团体法人资格。

第十条 红十字会的会员代表大会是权力机关。

红十字会理事会由会员代表大会民主选举产生。理事会民主选举产生会长和副会长。

红十字会员代表大会闭会期间，由理事会执行会员代表大会的决议。理事会向会员代表大会负责并报告工作，接受其监督。

第十一条 上级红十字会指导下级红十字会开展工作。下级红十字会定期向上级红十字会报告工作事项。

工作事项的报告期限、具体范围由中国红十字会章程确定。

第十二条 下级红十字会员代表大会对其主要负责人的候选人提名，应报经上一级红十字会审查；下级红十字会主要负责人的任免，应当报经上一级红十字会备案。

行业红十字会主要负责人的候选人提名，应报经中国红十字会总会审查；行业红十字会主要负责人的任免，应当报经中国红十字会总会备案。

第十三条 各级红十字会设名誉会长和名誉副会长。名誉会长和名誉副会长由各级红十字会理事会聘请。

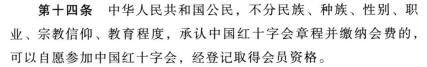

第十四条 中华人民共和国公民，不分民族、种族、性别、职业、宗教信仰、教育程度，承认中国红十字会章程并缴纳会费的，可以自愿参加中国红十字会，经登记取得会员资格。

第十五条 机关、企业事业单位及有关团体可以申请成为红十字会的团体会员。

第十六条 红十字会会员应当遵循国际红十字运动基本原则，遵守红十字活动相关规定，服从所属红十字会的管理，自觉维护红十字会的合法权益，按照规定参与红十字会的各项活动。

第十七条 国家鼓励自然人、法人或者其他组织参与红十字志愿服务。

红十字志愿者应当遵守法律法规，遵循红十字运动宗旨，履行志愿服务承诺，自觉维护红十字会和志愿服务组织的形象，积极参与红十字志愿服务活动。

红十字会应当建立健全志愿者的招募、注册登记、培训、管理、保障和激励机制，按专业、分领域建立志愿服务队，规范红十字志愿服务活动，维护志愿者合法权益。

第十八条 红十字会会员和志愿者资格、权利和义务由中国红十字会章程具体规定。

第十九条 各级人民政府支持红十字会组织机构建设，发展乡镇、街道、村、社区、学校、医院、工矿企业等红十字会会员和志愿服务组织，引导公众参与社会管理服务。

第三章 职责和保障

第二十条 红十字会履行下列职责：

（一）依照日内瓦公约及其附加议定书的规定开展工作，在战时协助军队医疗卫生部门救助伤病员；

（二）依照国际红十字运动宗旨和原则，开展战场救护、传染病防治、战区平民救助等人道救援活动；

书，以及《各国红十字会或红新月会使用红十字或红新月标志规则》的规定使用红十字标志。

第三十三条 军队使用红十字标志，依照日内瓦公约及其附加议定书和国内法律法规的有关规定执行。

第三十四条 禁止滥用红十字标志和名称。

第三十五条 红十字标志和名称不得用于：

（一）商标或者商业性广告；

（二）非红十字会或者非武装力量的医疗机构；

（三）药店、兽医站；

（四）商品的包装；

（五）公司的标志；

（六）工程设计、产品设计；

（七）本法规定可以使用红十字标志和名称以外的其他情形。

第三十六条 上级红十字会监督下级红十字会依法使用红十字标志和名称。

自然人、法人或其他组织从事符合红十字运动宗旨的有关活动，需要使用红十字标志和名称的，应当报经上级批准。

第三十七条 地方各级人民政府依照本法对本行政区域内红十字标志和名称的使用实施监督管理。

地方各级红十字会应当协助本级人民政府对红十字标志和名称的使用实施监督管理。

第三十八条 红十字标志的保护使用和标明使用的具体办法，由国务院另行规定。

第五章 经费与财产

第三十九条 红十字会经费的来源：

（一）接受国内外组织和个人捐赠的款物；

（二）人民政府的拨款；

（三）人民政府委托履行公共服务职能的费用；

（四）动产和不动产的收入；

（五）红十字会会员缴纳的会费；

（六）其他收入。

第四十条 红十字会应当根据经费来源不同，实行分类财务管理制度。

第四十一条 国家对红十字会兴办的医疗、健康、养老等与其宗旨相符的社会福利事业给予扶持。

红十字会对其兴办的社会福利企业、事业单位依法进行监督管理。

第四十二条 县级以上人民政府应当将红十字事业发展规划纳入当地国民经济和社会发展规划，逐步增加对应急救援、应急救护、人道救助等红十字工作的经费投入，保障红十字会依法进行工作所需的人员、资金和场地等条件。

第四十三条 红十字会为开展符合其宗旨的工作，可以进行募捐活动。

第四十四条 红十字会使用捐赠款物开展人道救助工作所产生的实际成本，可以从捐赠款物中据实列支。

从捐赠款物中据实列支实际成本，应当在接受捐赠时向捐赠者事前明示，严格限制列支额度和使用范围，并向社会公众公开。

第四十五条 自然人、法人或其他组织向红十字会捐赠款物的，按照国家有关规定享受减税、免税的优惠待遇。

第四十六条 红十字会的经费使用情况依照国家有关法律、法规的规定，接受人民政府的检查监督。

红十字会应当建立健全社会监督机制，对捐赠款物的管理、使用和处分情况进行监督。

上级红十字会对下级红十字会的经费使用情况进行监督检查。

第四十七条 任何组织和个人不得侵占和挪用红十字会的经费和财产。

第六章　法律责任

第四十八条　违反本法第二十九条规定，在自然灾害和突发事件中，以暴力、威胁方法阻碍红十字会工作人员依法履行职责的，依照刑法有关规定追究刑事责任；阻碍红十字会工作人员依法履行职责未使用暴力、威胁方法的，适用《中华人民共和国治安管理处罚法》第五十条的处罚规定。

第四十九条　侵占和挪用捐赠款物的，由接受捐赠款物的红十字会或者县级以上人民政府有关部门责令退赔，并依法追究直接负责的主管人员和其他直接责任人员的民事责任、行政责任；构成犯罪的，依照刑法有关规定追究刑事责任。

依照前款追回、追缴的捐赠款物，应当用于原捐赠目的和用途。

第五十条　违反本法第三十四条、第三十五条规定滥用红十字标志和名称的，红十字会有权要求其停止使用；拒绝停止使用的，红十字会可以提请县级以上人民政府卫生行政管理部门和工商行政管理部门责令改正，没收违法所得和非法财物，并处一万元以上、十万元以下的罚款；拒绝改正的，由县级以上人民政府卫生行政管理部门和工商行政管理部门责令停产停业；情节严重的，由县级以上人民政府卫生行政管理部门和工商行政管理部门暂扣或者吊销许可证、执照。

第五十一条　对于滥用红十字标志和名称，影响红十字会名誉、形象的，红十字会可以向人民法院提起诉讼。

第五十二条　假冒红十字会名义进行违法活动的，红十字会有权提请公安机关立案侦查。给红十字会造成损失，应予赔偿；构成犯罪的，依照刑法有关规定追究刑事责任。

第五十三条　违反本法第四十七条规定，侵占和挪用红十字会的经费和财产，拒不返还的，红十字会可以向人民法院提起诉讼，要求返还，并赔偿损失；构成犯罪的，依照刑法有关规定追究刑事责任。

第五十四条 红十字会工作人员、会员、志愿者违反本法规定，损害红十字会权益的，由同级红十字会或者上级红十字会责令改正；情节严重的，对红十字会工作人员依法予以处分，对红十字会会员、志愿者依照《中国红十字会章程》予以处罚；造成损失的，应当承担赔偿责任；构成犯罪的，依照刑法有关规定追究刑事责任。

第七章 附则

第五十五条 本法所称“日内瓦公约”，是指中国加入的于一九四九年八月十二日缔结的日内瓦四公约，即：《改善战地武装部队伤者病者境遇之日内瓦公约》、《改善海上武装部队伤者病者及遇船难者境遇之日内瓦公约》、《关于战俘待遇之日内瓦公约》和《关于战时保护平民之日内瓦公约》。

本法所称日内瓦公约“附加议定书”，是指中国加入的于一九七七年六月八日缔结的《一九四九年八月十二日日内瓦四公约关于保护国际性武装冲突受难者的附加议定书》和《一九四九年八月十二日日内瓦四公约关于保护非国际性武装冲突受难者的附加议定书》。

本法所称《各国红十字会或红新月会使用红十字或红新月标志规则》，是指一九六五年第二十届国际红十字和红新月大会通过的并于一九九一年修改的《各国红十字会或红新月会使用红十字或红新月标志规则》。

第五十六条 本法自公布之日起施行。

《中华人民共和国红十字会法（修改建议稿）》说明

第八届全国人民代表大会常务委员会第四次会议通过的《中华人民共和国红十字会法》（以下简称《红十字会法》），主要从总则、组织、职责、标志、经费与财产、附则等六个方面，原则上规定了中国红十字会的地位、性质和活动方式，基本明确了红十字会与政府的关系以及红十字名称和标志使用的相关规则，对促进和规范中国红十字事业的健康发展起到了积极作用，具有重要的历史意义和实践价值。

但是，随着改革开放的深入和社会主义市场经济的发展，中国红十字事业的发展遇到了一些新的情况、新的问题和新的挑战。表现在：组织发展不平衡，基层尤其是农村的工作基础薄弱；经费投入机制不合理，政府保障机制不完善；核心业务不明确，职能意识不清晰；会员管理、志愿者管理、统一标志管理需要进一步规范和强化；内部治理结构不完善，公信力建设面临挑战；专职队伍建设滞后，职业素质与能力有待提升。针对上述问题，现行《红十字会法》已经难以适应现实障碍解决的需要，难以满足社会领域改革发展、促进社会和谐文明进步的要求，迫切需要修改、补充和完善。

当前，进一步加强和完善社会管理格局，引导各类社会组织加强自身建设，增强服务社会能力，是转变政府职能、创新社会管理的迫切需要。《中共中央国务院关于加强和创新社会管理的意见》指出：要注重发挥党领导下的人民团体和群众组织在社会管理和公共服务中的桥梁纽带作用。人民团体和群众组织要加强自身改革和建设。2012 年 7 月，国务院出台了《关于促进红十字事业发展的意见》，要求通过推进红十字会体制机制创新、提高社会公信力、建立综合性监督体系等改革创新举措，充分发挥红十字会作为政府在人道领域的助手、社会主义和谐社会建设的重要力量、精神文明建设的生力军和民间外交的重要渠道的重要作用。因此，有必要对现行《红十字会法》作出系统、全面的修改，为加强和规范新形势下红十字会工作，推动中国红十字事业科学发展，促进红十字会改革创新，进一步提供法律保障。

近两年来，中国红十字会总会协同有关方面组织起草小组，通过实地调研、委托课题研究、组织专家论证、召开部门和地方座谈会、书面征求部门和地方意见等方式，多次广泛征求了国务院有关部门、地方人民政府、企业、有关社会团体以及国内外专家的意见，并专门召开了红十字会法修改国际研讨会。在研究借鉴国外红十字会立法有益经验的基础上，从我国经济社会发展的实际情况出发，对《红十字会法》的内容进行了反复研究、论证和修改。经过两年多的努力工作，历经 20 多次易稿，形成了《中华人民共和国红十字会法（修改稿）》（以下简称修改稿）。目前修改稿共 7 章 56 条，新增 28 条，修改 21 条，删去 1 条。修改稿正式上报之前，中国红十字会总会已专门向全国人大教科文卫委、法律委和全国人大常委会法工委作了汇报。现对修改稿的主要问题说明如下。

一　制定出台修改稿的重要意义

一是加强和创新社会管理的需要。随着经济社会的不断发展，社会政治、经济、文化等各领域都在发生深刻变化，各种利益诉求、价值理念日益多元并相互碰撞，客观上需要政府、社会和市场多元参与，共同治理，才能更好地协调各方面关系，形成良好的社会生活秩序，适应发展需求，推动社会和谐进步。这是当前正在推动的加强和创新社会管理的核心议题。红十字会作为我国规模较四是统筹协调原则。修改稿既立足于深化红十字会的改革发展，完善红十字会事业健康发展的机制，又充分注重与现行体制保持协调，理顺红十字会与政府之间的关系，统筹兼顾社会各方面的利益诉求，力求处理好改革、发展与稳定的关系，做到培育发展与规范管理并重，实现统筹兼顾、稳中求进。

三 修改稿的研究起草过程

近年来，多名人大代表正式向全国人大常委会提出议案，提请尽快修改《红十字会法》，认为在我国社会经济发展取得历史性进步、国际地位逐步提高的时代背景下，需要尽快修改已经颁布实施近 20 年的《红十字会法》，对一些不合时宜的现行规定要及时调整，对一些亟须规范的空白地带进行拾遗补缺，以及时回应现实需要，为中国红十字事业持续健康发展提供依据和保障。

2010 年 7 月，全国人大常委会副委员长、中国红十字会会长华建敏提出在全面深入调研的基础上，争取对《红十字会法》进行修改，进一步促进和规范红十字事业的发展。根据华建敏同志的提议，中国红十字会第九届执行委员会开始了前期调研工作。2011 年 3 月至 10 月，委托中国社会科学院社会学研究所开展“关于促进红十字事业发展若干问题研究”，委托中国社会学会社会政策研究专业委员会开展“中国红十字会改革与发展战略研究”，将《红十字会法》的修改列为这两个课题研究的重点内容。同时，总会正式成立修改稿起草小组，抓紧形成修改稿初稿并于同年 12 月正式提交中国红十字会第九届理事会第三次会议讨论并征求全体理事的意见。自 2011 年 10 月至 2012 年 2 月，先后四次组织召开了中国红十字会南方、北方、西部片区座谈会和总会工作务虚会，并根据有关意见进行多次修改和完善。

2012 年 4 月 5 日至 15 日期间，总会组织邀请国家发展改革委、教育部、民政部、卫生部、国家人口计生委、国务院发展研究中心、中国社会学会、清华大学、北京师范大学、北京科技大学等国家部委和有关单位代表、专家学者共41人，组成6个工作调研组，分赴江西、湖南、山西、内蒙古、辽宁、安徽、陕西、四川、贵州、福建、广东、江苏、浙江等13个省（自治区）进行调研。各调研组通过召开红十字会系统座谈会、地方政府部门座谈会、专家座谈会、基层座谈会以及现场考察的方式，深入各基层红十字会、社区、农村、学校、医院等，了解基层红十字会的现状，广泛听取意见和建议，就红十字会体制机制改革、《红十字会法》的修改等内容展开深入调查和研究。

2012年4月23日，中国红十字会总会邀请中编办、外交部、国家发改委、民政部、财政部、卫生部、审计署、国务院法制办等部门召开座谈会，专门就涉及各部门的相关问题听取意见和建议。

5月14日至18日，总会组织国家工商总局、交通运输部、全国妇联、国务院法制办、中央人民广播电台、中国工商银行、白马广告媒体投资有限公司等理事单位的理事或理事委托人形成考察组，通过召开座谈会、实地考察等方式，重点听取了各级红会对修改《红十字会法》的意见和建议。

7月2日，总会邀请社会学、法学、管理学等领域的专家学者10余名召开专题修法研讨会，对修改稿的原则、总体框架、具体条文作了细致的修改和完善。7月20日，总会面向全国32个省级红十字会征求对《中华人民共和国红十字会法（征求意见稿）》（以下简称《征求意见稿》）的意见，共收到反馈意见200余条。目前，总会已将上述意见归纳整理。

8月21日，总会赴全国人大教科文卫委员会，就《国务院关于促进红十字事业发展的意见》的出台背景、基本原则、主要内容以及《红十字会法》修改工作的开展情况，向人口卫生体育室王瑞贺主任进行专题汇报。

8月31日，总会与红十字国际委员会相关官员、专家进行座谈，学习研究相关国际惯例、成熟经验和具体做法，并深入探讨修定的缺陷与不足，修改稿结合近年来红十字有关工作实践，增加规定了会员登记、团体会员、会员义务、志愿者权利与义务等内容，以完善会员、志愿者管理，充分保障其合法权益（第十四条、第十五条、第十六条、第十七条）。

（五）关于红十字会的职责

职责法定是红十字会开展工作的依据和基础。在总结我国红十字工作实践经验、参照世界各国红十字会法相关规定的基础上，修改稿进一步明确了我国红十字会的职责内容（第二十条）：

（1）增加规定中国红十字会依照国际人道法条约在战争中开展工作的职责（第一款、第二款）。

（2）明确红十字会开展医疗卫生救护培训和应急避险救护的职责（第四款）。

（3）在原有“参与献血输血工作，推动无偿献血”规定的基础上，增加规定“组织开展造血干细胞捐献工作；参与人体器官捐献的宣传动员、报名登记、捐献见证、公平分配、救助激励、缅怀纪念及信息平台建设等工作”，通过立法确认红十字会开展造血干细胞捐献和人体器官捐献的工作职责（第五款）。

（4）将红十字会参与健康服务、大病救助、扶贫帮困等人道救助工作的职责予以明确（第六款）。

（5）增加规定志愿服务的内容（第七款）。

（6）增加规定红十字会宣传倡导红十字运动精神和基本原则、国际人道法条约等内容（第九款）。

（六）关于红十字工作的公开与透明

红十字工作的公开与透明有利于广大人民群众了解红十字工作开展情况，提高社会公众参与意识，便于社会监督广泛开展。为此，修改稿作了相关制度安排：明确红十字会应当遵循公开、透明的原则，规范信息发布，通过信息公开保障信息披露的真实性、完

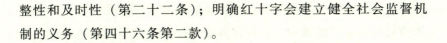

整性和及时性（第二十二条）；明确红十字会建立健全社会监督机制的义务（第四十六条第二款）。

（七）关于红十字标志、名称等的保护

为规范红十字标志、名称，依法保障红十字组织合法权益，修改稿进一步明确红十字标志的使用范畴和规则。红十字、红新月和红水晶标志，是国际红十字组织和各国红十字会履行人道主义职责的标志，在其从事的国际国内救援救助活动中具有十分重要的作用和特殊的意义。依照日内瓦公约要求以及1965年第二十届国际红十字与红新月国家大会通过的《各国红十字会或红新月会使用红十字或红新月标志规则》（以下简称《规则》），修改稿进一步明确了红十字标志保护和标明使用的权限、区别以及禁用范围和限制使用条件等内容，包括明确红十字、红新月和红水晶三个标志的法律地位，明确中国适用国际人道法条约及《规则》的规定使用红十字标志，明确自然人、法人或其他组织从事符合红十字运动宗旨的有关活动，使用红十字标志和名称的规定（第三十条第一款、第三十二条、第三十六条第二款）。

同时，修改稿删去现行《红十字会法》第十七条的规定。理由是：①日内瓦公约承认的所有标志都不具备宗教含义；②对于红新月标志的使用办法，其他法条中已有体现；③根据统一性原则，一个国家只能使用统一的标志和名称，如果允许地方红十字会使用红新月标志，总会的名称则要相应改为中国红十字和红新月总会。

此外，修改稿规定了红十字标志的禁用范围，并进一步规定了地方各级政府保护红十字标志和名称的义务（第三十五条、第三十七条）。

（八）关于红十字会的经费与财产

随着加快政府职能转变、创新社会管理的需要，“政府购买服务”已经成为政府改革创新社会管理模式的发展趋势之一，其含义

就是政府提供经费委托具有专业特长的社会组织向社会提供某种具体的公共服务。实践中，当前许多地方政府已经委托当地红十字会向市民提供卫生救护培训等公共服务，但该项经费已不能为现行《红十字会法》规定的四种经费来源所涵盖，因此，修改稿在红十字会的经费来源中增加规定了一项内容，即“人民政府委托履行公共服务职能的经费”（第三十九条）。考虑到未来社会发展以及红十字会改革发展的需要，兼顾各项经费来源的不同重要性安排，本条还对经费次序做了调整。同时，为了进一步规范财务管理，明确政府拨款与社会捐赠等资金的不同性质和作用，修改稿规定各级红十字会根据经费来源不同，实行分类财务管理制度（第四十条）。

红十字会在开展紧急救援、应急救护、人道救助工作中会产生交通、运输、存储、人员、审计、财务等多方面成本，这些成本政府财政资金无法涵盖，目前也缺乏法定的支出规则。据此，修改稿明确规定红十字会使用捐赠资金开展人道救助工作所产生的实际成本支出可以据实列支（第四十四条）。这样规定，既满足了红十字工作开展的实际需要，符合国际通行做法，同时也为红十字会的未来改革发展提供了条件和保障。

（九）关于政府支持红十字事业发展

近年来，我国红十字事业取得了长足发展，但是个别地方政府对红十字工作的意义还缺乏了解和重视，相关支持、资助措施相对滞后。因此，在现行《红十字会法》规定“人民政府对红十字会给予支持和资助，保障红十字会依法履行职责”的基础上，修改稿对政府支持和资助的内容作了细化，包括：各级人民政府应当支持红十字会组织机构建设，引导基层群众参与社会管理服务（第十九条）；在突发事件应对中政府应给予红十字会支持和保障（第二十三条第二款）；县级以上人民政府应将红十字事业发展规划纳入当地国民经济和社会发展规划，建立健全对紧急救援、应急救护、人道救助等红十字工作的经费投入机制，保障红十字会开展各项工作所需的人员、经费、场地等条件（第四十二条）。

同时，为了切实保障红十字会核心业务的开展，修改稿专门将第三章“职责”改为“职责和保障”，增加了政府对红十字会核心业务的支持和保障内容，包括：县级以上人民政府支持红十字会开展紧急救援、应急救护、人道救助等工作（第二十四条、第二十五条、第二十六条），保障无偿献血的宣传动员、造血干细胞捐献、遗体和人体器官捐献、人道传播、表彰奖励（第二十七条、第二十八条）等工作的开展。

（十）关于法律责任

《红十字会法》既是组织法，同时也制定了大量的行为规范，需要明确相应的法律责任，确保法律实施的执行性、强制性和权威性，以有效解决有法不依、执法不严、违法不究的问题。据此，修改稿增加了法律责任一章，明确了对侵占挪用捐赠款物（第四十九条）、滥用红十字标志和名称（第五十条）、冒充红十字会名义开展违法活动（第五十二条）、侵占挪用红十字会的财产和经费（第五十三条）以及红十字会工作人员、会员和志愿者损害红十字权益时应承担的法律责任（第五十四条）。同时，确认了红十字标志和名称受到侵害时红十字会的诉权（第五十一条）。

此外，修改稿还对一些具体问题作了规定，包括将内部治理等问题授权给红十字会章程进行规定等。

《中华人民共和国红十字会法》修改前后对照表

修改前	修改建议
第一章　总则	第一章　总则
第一条　为了保护人的生命和健康，发扬人道主义精神，促进和平进步事业，保障红十字会依法履行职责，制定本法。	第一条　为了保护人的生命和健康，**维护人的尊严**，发扬人道主义精神，促进和平进步事业，保障红十字会依法履行职责，制定本法。
第二条　中国红十字会是中华人民共和国统一的红十字组织，是从事人道主义工作的社会救助团体。	第二条　中国红十字会是中华人民共和国统一的红十字组织，是从事人道主义工作的社会救助团体。
第三条　中华人民共和国公民，不分民族、种族、性别、职业、宗教信仰、教育程度，承认中国红十字会章程并缴纳会费的，可以自愿参加中国红十字会。	**（修改后移至第十四条）**
第四条　中国红十字会遵守宪法和法律，遵循国际红十字和红新月运动确立的基本原则，依照中国参加的日内瓦公约及其附加议定书和中国红十字会章程，独立自主地开展工作。	第三条　中国红十字会遵守宪法和法律，遵循国际红十字和红新月运动确立的人**道、公正、中立、独立、志愿服务、统一和普遍七项**基本原则，依照中国参加的日内瓦公约及其附加议定书和中国红十字会章程，独立自主地开展工作。 **中国红十字会接受社会的捐赠和支持，依法履行相应的人道救助职能。**
第五条　人民政府对红十字会给予支持和资助，保障红十字会依法履行职责，并对其活动进行监督；红十字会协助人民政府开展与其职责有关的活动。	第四条　人民政府对红十字会给予支持和资助，保障红十字会依法履行职责，并对其活动进行监督；红十字会协助人民政府开展与其职责有关的活动。

续表

修改前	修改建议
第一章　总则	第一章　总则
第六条　中国红十字会根据独立、平等、互相尊重的原则，发展同各国红十字会和红新月会的友好合作关系。	第五条　中国红十字会根据独立、平等、互相尊重的原则，**发展国际友好关系，积极开展对外交流与合作**。
第七条　中国红十字会使用白底红十字标志。	**（移至第三十条第二款）**
第二章　组织	第二章　组织
第八条　县级以上按行政区域建立地方各级红十字会，根据实际工作需要配备专职工作人员。 全国性行业根据需要可以建立行业红十字会。 全国建立中国红十字会总会。	第六条　全国建立中国红十字会总会。中国红十字会总会对外代表中国红十字会。 县级以上按行政区域建立地方各级红十字会，**配备专职工作人员，机构编制独立设置，财政经费专项列支。地方各级红十字会的建立，必须报上一级红十字会批准。**
	第七条　全国性行业根据需要可以建立行业红十字会。**行业红十字会的建立必须经中国红十字会总会批准。**
	第八条　符合条件的乡镇、城市街道，可以建立基层红十字会。 **基层红十字会的建立，必须经省级红十字会批准，并报中国红十字会总会备案。**
	第九条　县级以上红十字会、行业红十字会具有社会团体法人资格。 **基层红十字会依法取得社会团体法人资格。**
第九条　各级红十字会理事会由会员代表大会民主选举产生。理事会民主选举产生会长和副会长。 各级红十字会会员代表大会闭会期间，由理事会执行会员代表大会的决议。 理事会向会员代表大会负责并报告工作，接受其监督。 上级红十字会指导下级红十字会工作。	**第十条　红十字会的会员代表大会是权力机关。** 红十字会理事会由会员代表大会民主选举产生。理事会民主选举产生会长和副会长。 红十字会员代表大会闭会期间，由理事会执行会员代表大会的决议。理事会向会员代表大会负责并报告工作，接受其监督。

续表

修改前	修改建议
第三章　职责	第三章　职责和保障
（三）开展红十字青少年活动； （四）参加国际人道主义救援工作； （五）宣传国际红十字和红新月运动的基本原则和日内瓦公约及其附加议定书； （六）依照国际红十字和红新月运动的基本原则，完成人民政府委托事宜； （七）依照日内瓦公约及其附加议定书的有关规定开展工作。	（五）参与输血献血工作，推动无偿献血；**组织开展造血干细胞捐献工作；参与人体器官捐献的宣传动员、报名登记、捐献见证、公平分配、救助激励、缅怀纪念及信息平台建设等工作；** **（六）面向困难群体开展健康服务、大病救助、扶贫帮困等人道救助活动；**开展其他人道主义服务活动； （七）开展**红十字志愿服务**与红十字青少年活动，**引导社会公众参与红十字人道事业；** **（八）参加国际人道主义救援工作，开展人道外交活动；** **（九）倡导国际红十字和红新月运动的精神和基本原则，宣传日内瓦公约及其附加议定书等国际人道法条约；倡导红十字人道、博爱、奉献的精神，开展人道传播活动；** （十）依照国际红十字和红新月运动的基本原则，完成人民政府委托事宜；
第十三条　红十字会有权处分其接受的救助物资；在处分捐赠款物时，应当尊重捐赠者的意愿。	第二十一条　红十字会有权**管理、使用**和处分其接受的**捐赠款物；在管理、使用**和处分捐赠款物时，应当尊重捐赠者的意愿。
	第二十二条　**红十字会应当遵循公开、透明的原则，规范信息发布，保障相关信息披露的真实性、完整性和及时性。**
第十四条　在自然灾害和突发事件中，执行救助任务并标有红十字标志的人员、物资和交通工具有优先通行的权利。	第二十三条　在自然灾害和突发事件中，执行救灾、救助、救护任务并标有红十字标志的人员、物资和交通工具有优先通行的权利。 **履行统一领导职责或者组织处置突发事件的人民政府及其相关部门应当予以支持和保障。**

续表

修改前	修改建议
第三章　职责	第三章　职责和保障
	第二十四条　红十字应急救援体系是国家应急救援体系的重要组成部分。 **县级以上人民政府应当将红十字应急救援工作纳入政府灾害应急响应体系，根据实际需要将红十字备灾救灾中心或物资库建设列入当地防灾减灾规划，支持红十字会依托志愿人员建立各类救援队伍，保障红十字会组织社会力量执行各项应急救援任务。**
	第二十五条　县级以上人民政府应当建立红十字应急救护培训长效机制，发挥红十字会在公众参与的应急救护培训中的主体作用，支持红十字会在易发生意外伤害的教育、公共安全等领域以及交通运输、矿山、建筑、电力等行业中开展应急救护培训。
	第二十六条　县级以上人民政府应当提高红十字会人道救助能力，鼓励、支持红十字会在农村和社区开展符合其宗旨的人道救助工作，完善城乡红十字人道服务体系。
	第二十七条　县级以上人民政府应当保障红十字会依法开展无偿献血、造血干细胞捐献、遗体和人体器官捐献工作，为捐赠者、受赠者提供必要的人道救助。
	第二十八条　县级以上人民政府应当支持红十字会建立人道传播平台，鼓励红十字会开展相关宣传推动和表彰奖励工作。
第十五条　任何组织和个人不得拒绝、阻碍红十字会工作人员依法履行职责。 在自然灾害和突发事件中，以暴力、威胁方法阻碍红十字会工作人员依法履行职责的，依照刑法有关规定追究刑事责任；阻碍红十字会工作人员依法履行职责未使用暴力、威胁方法的，适用《中华人民共和国治安管理处罚法》第五十条的处罚规定。	第二十九条　任何组织和个人不得拒绝、阻碍红十字会工作人员依法履行职责。 **（第二款移至法律责任一章）**

续表

修改前	修改建议
第五章　经费与财产	第五章　经费与财产
	第四十条　红十字会应当根据经费来源不同，实行分类财务管理制度。
第二十一条　国家对红十字会兴办的与其宗旨相符的社会福利事业给予扶持。	第四十一条　国家对红十字会兴办的**医疗、健康、养老等**与其宗旨相符的社会福利事业给予扶持。 **红十字会对其兴办的社会福利企业、事业单位依法进行监督管理。**
	第四十二条　**县级以上人民政府应当将红十字事业发展规划纳入当地国民经济和社会发展规划，建立健全对紧急救援、应急救护、人道救助等红十字工作的经费投入，保障红十字会依法进行工作所需的人员、资金和场地等条件。**
第二十二条　红十字会为开展救助工作，可以进行募捐活动。	第四十三条　红十字会为开展**符合其宗旨**的工作，可以进行募捐活动。
	第四十四条　**红十字会使用捐赠款物开展人道救助工作所产生的实际成本，可以从捐赠款物中据实列支。** **从捐赠款物中据实列支实际成本，应当在接受捐赠时向捐赠者事前明示，严格限制列支额度和使用范围，并向社会公众公开。**
第二十三条　红十字会接受用于救助和公益事业的捐赠物资，按照国家有关规定享受减税、免税的优惠待遇。	第四十五条　**自然人、法人或其他组织向红十字会捐赠款物的**，按照国家有关规定享受减税、免税的优惠待遇。
第二十五条　红十字会的经费使用情况依照国家有关法律、法规的规定，接受人民政府的检查监督。	第四十六条　红十字会的经费使用情况依照国家有关法律、法规的规定，接受人民政府的检查监督。 **红十字会应当建立健全社会监督机制，对捐赠款物的管理、使用和处分情况进行监督。** **上级红十字会对下级红十字会的经费使用情况进行监督检查。**

续表

修改前	修改建议
第五章　经费与财产	第五章　经费与财产
第二十六条　任何组织和个人不得侵占和挪用红十字会的经费和财产。	第四十七条　任何组织和个人不得侵占和挪用红十字会的经费和财产。
	第六章　法律责任（新增）
	第四十八条　**违反本法第二十九条规定，**在自然灾害和突发事件中，以暴力、威胁方法阻碍红十字会工作人员依法履行职责的，依照刑法有关规定追究刑事责任；阻碍红十字会工作人员依法履行职责未使用暴力、威胁方法的，适用《中华人民共和国治安管理处罚法》第五十条的处罚规定。
	第四十九条　**侵占和挪用捐赠款物的，由接受捐赠款物的红十字会或者县级以上人民政府有关部门责令退赔，并依法追究直接负责的主管人员和其他直接责任人员的民事责任、行政责任；构成犯罪的，依照刑法有关规定追究刑事责任。** **依照前款追回、追缴的捐赠款物，应当用于原捐赠目的和用途。**
	第五十条　**违反本法第三十四条、第三十五条规定，滥用红十字标志和名称的，红十字会有权要求其停止使用；拒绝停止使用的，红十字会可以提请县级以上人民政府卫生行政管理部门和工商行政管理部门责令改正，没收违法所得和非法财物，并处一万元以上、十万元以下的罚款；拒绝改正的，由县级以上人民政府卫生行政管理部门和工商行政管理部门责令停产停业；情节严重的，由县级以上人民政府卫生行政管理部门和工商行政管理部门暂扣或者吊销许可证、执照。**

续表

修改前	修改建议
	第六章　法律责任（新增）
	第五十一条　对于滥用红十字标志和名称，影响红十字会名誉、形象的，红十字会可以向人民法院提起诉讼。
	第五十二条　假冒红十字会名义进行违法活动的，红十字会有权提请公安机关立案侦查。给红十字会造成损失的，应予赔偿；构成犯罪的，依照刑法有关规定追究刑事责任。
	第五十三条　违反本法第四十七条规定，侵占和挪用红十字会的经费和财产，拒不返还的，红十字会可以向人民法院提起诉讼，要求返还，并赔偿损失；构成犯罪的，依照刑法有关规定追究刑事责任。
	第五十四条　红十字会工作人员、会员、志愿者违反本法规定，损害红十字会权益的，由同级红十字会或者上级红十字会责令改正；情节严重的，对红十字会工作人员依法予以处分，对红十字会会员、志愿者依照《中国红十字会章程》予以处罚；造成损失的，应当承担赔偿责任；构成犯罪的，依照刑法有关规定追究刑事责任。
第六章　附则	第七章　附则
第二十七条　本法所称“国际红十字和红新月运动确立的基本原则”，是指一九八六年十月日内瓦国际红十字大会第二十五次会议通过的“国际红十字和红新月运动章程”中确立的人道性、公正性、中立性、独立性、志愿服务、统一性和普遍性七项基本原则。	第五十五条本法所称“日内瓦公约”，是指中国加入的于一九四九年八月十二日缔结的日内瓦四公约，即：《改善战地武装部队伤者病者境遇之日内瓦公约》、《改善海上武装部队伤者病者及遇船难者境遇之日内瓦公约》、《关于战俘待遇之日内瓦公约》和《关于战时保护平民之日内瓦公约》。

续表

修改前	修改建议
第六章　附则	第七章　附则
本法所称“日内瓦公约”，是指中国加入的于一九四九年八月十二日缔结的日内瓦四公约，即：《改善战地武装部队伤者病者境遇之日内瓦公约》、《改善海上武装部队伤者病者及遇船难者境遇之日内瓦公约》、《关于战俘待遇之日内瓦公约》和《关于战时保护平民之日内瓦公约》。 本法所称日内瓦公约“附加议定书”，是指中国加入的于一九七七年六月八日缔结的《一九四九年八月十二日日内瓦四公约关于保护国际性武装冲突受难者的附加议定书》和《一九四九年八月十二日日内瓦四公约关于保护非国际性武装冲突受难者的附加议定书》。	本法所称日内瓦公约“附加议定书”，是指中国加入的于一九七七年六月八日缔结的《一九四九年八月十二日日内瓦四公约关于保护国际性武装冲突受难者的附加议定书》和《一九四九年八月十二日日内瓦四公约关于保护非国际性武装冲突受难者的附加议定书》。 **本法所称《各国红十字会或红新月会使用红十字或红新月标志规则》，是指一九六五年第二十届国际红十字和红新月大会通过的并于一九九一年修改的《各国红十字会或红新月会使用红十字或红新月标志规则》。**
第二十八条　本法自公布之日起施行。	第五十六条　本法自公布之日起施行。

第二部分

相关法律研究

一 宗旨和目的

对于一个组织来说，宗旨是其存在和发展的原因、目的、使命，而对组织宗旨的核心描述就是任务，因为只有通过目的达成才能完成组织的使命，最终实现宗旨。根据《国际红十字与红新月运动章程》的规定，国际红十字会运动的宗旨是保护人的生命和健康，保障人类尊严，促进人与人之间的相互了解、友谊和合作，促进持久和平。在该宗旨的指引下，各国有关红十字会的法律都对本国红十字会的宗旨和目的做了规定，内容大同小异，基本都围绕着发扬人道、保护生命、促进和平等内容拟定。

（一）中国

依据《红十字会法》和《中国红十字会章程》的规定，中国红十字会的宗旨是发扬人道、博爱、奉献精神，保护人的生命和健康，促进人类和平进步事业。

（二）美国

根据美国《国家红十字会国会宪章》的规定，美国红十字会的目的主要有三个方面：其一，在战时为病患和武装部队的伤员提供人道主义救助；其二，践行日内瓦公约、美国加入的红十字条约及其他具有相似目的的条约、公约或议定书中所承担的义务；其三，在人道主义救助中采取行动，作为美国人民和美国武装部队之间的沟通媒介，通过国际组织、美国政府、美国人民和美国军事力量，同其他国家政府、红会从事救助行动；其四，在和平时建设国家和国际救助体系，应用此体系缓和瘟疫、饥饿、火灾、洪水和其他重大的全国性灾难，并预防灾难的发生等。

（三）英国

英国红十字会被王室大臣认定为志愿援助型社团，向公共机构特别是海陆空三军提供辅助医疗服务，是唯一可以在本国领土范围内开展活动的国际红十字和红新月社团。《英国红十字会皇家特许状》规定了英国红十字会的宗旨，其一是向武装冲突中的受害者提供援助，其二是在不列颠群岛以及世界范围内致力于促进人类健康、抵御疾病侵害和减轻人类遭受的苦难。

（四）加拿大

由于受英国长期殖民统治的影响，加拿大在法律制定方面与英国存在高度的相似性，有关红十字会的法律同样不例外，这从《组建加拿大红十字会法案》便可知晓。根据《组建加拿大红十字会法案》的规定，由于加拿大红十字会加入了“救助战争伤员国家委员会”，而这个委员会的日常工作、运转和权力现在已经转移并且在国王爱德华七世的赞助下移交给了英国红十字会，所以，加拿大红十字会现在隶属于英国红十字会。该法案规定了加拿大红十字会的宗旨：①在战争期间提供志愿者救助军队的伤病员，遵守1863年日内瓦会议的精神和决定，以及红十字协定或1864年8月22日英国支持的日内瓦公约。②履行上述协定中约定的各国红十字会的职责，但仍隶属于英国红十字会。③继承和接管在此之前未被承认的加拿大红十字会组织截至目前的所有权利、财产和应履行的义务。④无论战争时期还是和平时期都要进行和协助进行世界范围内改善健康状况、预防疾病等缓解苦难的工作。

（五）德国

《德国红十字会章程》规定了德国红十字会的宗旨：一是在与政府当局的合作中，通过在福利和社会工作领域实施各种项目，为预防疾病、提升公众健康水平、减轻人类苦难作贡献；二是为武装冲突、自然灾害及其他紧急事件中的受害者组织营救行动；三是宣传国际人道主义法。

（六）瑞士

瑞士红十字会的宗旨是秉承红十字会的基本原则从事人道主义工作，帮助那些需要关心和帮助的人，不论其民族、种族、语言、宗教信仰、阶级和政治观点。在战时提供救助，寻找失踪人员，帮助家庭团聚，传播红十字和国际人道主义的基本精神以及在和平时期进行必要的准备工作。

（七）俄罗斯

根据《俄罗斯红十字章程》的规定，俄罗斯红十字会的宗旨主要有三个方面：一是预防和减轻人们的痛苦，保护人们的生命和健康；二是尊重每一个人及他的权利；三是进行慈善活动。

小结：通过对比可以看出，虽然各国有关红十字会宗旨、目的规定的内容多少不一，但是其基本内容大同小异，都与《国际红十字与红新月运动章程》的规定一脉相承，是该章程规定的具体化。各国红十字会的宗旨大都限定在实现人道主义、维护和平、保护人类的生命和健康等方面。其中，美国和加拿大的规定较为详细，但没有内容上的实质差异。

二　权利和义务

权利和义务是法律规定的核心内容，任何一个社会组织的存在和发展，都需要拥有一定的权利，同时必须履行相应的义务。而红十字会属于人道主义组织，它的主要宗旨是开展救助和救护，所以无论国际还是各国的法律，都重点强调了红十字会的义务，而对其权利规定较少。从《国际红十字和红新月运动章程》的规定来看，各国红十字会的任务主要是依据各自章程和本国立法从事符合国际红十字和红新月运动任务和基本原则的人道主义活动，支持政府当局为满足各国人民的需要而开展的人道主义工作。

在本国内部，各国红十字会是志愿者和专职人员活动的不可或缺的组织机构，通过开展有益于社会的教育、卫生和社会福利等方面的活动，与政府当局在预防疾病、增进健康、减轻人类疾苦等方面进行合作。各国红十字会同政府当局一道，组织紧急救济活动和其他活动，救助日内瓦公约规定的武装冲突受难者、自然灾害的灾民，以及遭受其他灾害需要救助的灾民，传播并帮助政府传播国际人道主义法，宣传国际红十字和红新月运动的原则和理想。它们还与政府合作，确保国际人道主义法得到尊重，保护红十字与红新月标志。

在国际方面，各国红十字会在资源允许的范围内，救助日内瓦公约规定的武装冲突受难者和自然灾害以及其他灾害中的灾民。

（一）中国

关于中国红十字会的权利和义务，《中国红十字会章程》保持了与《红十字会法》一致的规定，据此，中国红十字会的任务主要有以下几个方面：①开展救灾的准备工作，在自然灾害和突发事件中，对伤病人员和其他受害者进行救助；②普及卫生救护和防病知识，进行初级卫生救护培训，组织群众参加现场救护。参与输血献血工作，推动无偿献血。开展其他人道主义服务活动；③开展红十字青少年活动；④参加国际人道主义救援工作；⑤宣传国际红十字和红新月运动的基本原则和日内瓦公约及其附加议定书；⑥依照国际红十字和红新月运动的基本原则，完成人民政府委托事宜；⑦依照日内瓦公约及其附加议定书的有关规定开展工作。

（二）美国

美国有关红十字会的法律明确规定了该国红十字会的权利，而对其义务却没有明文规定。《美国国家红十字会国会宪章》规定了红十字会的权利。一是可能性权利，包括：①制定政策和规则；②采用、改变和销毁签章；③为了协会的目的拥有和放弃财产；④为了协会的目的接受礼物、设备和遗赠；⑤在美国管辖权内，在州法院和联邦法院诉讼和应诉；⑥其他有利协会目的的必要行动。

（三）英国

与其他国家的法律主要强调红十字会的责任、义务不同，《英国红十字会皇家特许状》赋予了本国红十字会较为广泛的权利，这些权利主要有以下几个方面：①对社会公共机构发挥人道主义的作用，在提高人类的价值和尊严方面做出特殊贡献；②宣传国际人道主义法律及其基本原则；③保护红十字和红新月标记，以及其他根据国际人道主义法律确定的具有鲜明特征的标记、符号和图像；④申请和接收所有性质的捐赠、捐款、拨款和礼物，以合法的手段获取财物；⑤争取并实践任何根据补充特许状和议会法案赋予的权利；⑥为了实现目的，可以获得世界范围内任何地方的利益，建设、提供、保持、维修和变换任何房屋、工厂、轮船、商铺、工场和其他财产；⑦可以获得符合要求的任何不动产和动产信托；⑧可以从事贸易活动；⑨可以行使授权委托的权利和投资的权利；⑩为了实现红十字会的目的，可以利用任何必要的金融工具；⑪可以自主决定合理地雇用员工并为员工提供合理的报酬和养老金；⑫制定并执行和其他组织或实体合作的安排；⑬建立、支持或者帮助建立、支持包括国际红十字会、红新月社团和红十字会国际委员会在内的其他慈善社团或机构，在世界各地开展与红十字会工作性质相同的慈善工作，为实现共同的目的给予或借与其资金，或者为其提供保证金；⑭开具、接受、背书、签发或者执行本票、汇票、提货单、认股权证和其他可兑现的、可流通的商业票据。⑮采用合法且安全的方式出让、借贷和筹资；⑯为所有向红十字会转移财产的自然人、法人和其他实体提供保证和补偿，妥善处理红十字会与上述主体之间的分歧和争论；⑰通过各媒体报导红十字会的各事项，组织演讲、广播、课程和考查，经国家主管部门同意向上述考查的合格者颁发证书；⑱在合理有效实现目的的要求下，使用和处理红十字会所有的由货币和包括不动产或动产在内的其他财产产生的资金收益；⑲用红十字会的资金支付受托人的赔偿保险费；⑳接管相关慈善机构的资产和债务，并成为他们的继承人；㉑依照相关地方法律，设立具备独立法律实体资格的海外分会；㉒按照法律或者理事会的规定投保；㉓为了筹集资金可兼并全资子公司以开展贸易。

英国红十字会在义务方面的规定与权利方面相比，在范围上显得略小，主要限定在以下两个方面：一是红十字会的收入和财产只能用于实现其目的，不能直接或间接地以红利、奖金或其他形式向其会员或者受托人分配或转移；二是被委派到红十字会办事处的受托人不得领取薪金、费用，不得收受任何酬劳、财物，但特许状不阻止红十字会的如下善意支出：①根据所提供的服务，支付红十字会员、官员或者服务人员合理报酬；②会员（受托人）借贷的利息应该以合理的年利率计算，不能低于由理事会选定的清算银行基本贷款利率的2%；③会员（受托人）出租建筑物的合理租金；④向公司支付的费用、补偿或其他财、物，若公司成员中包含受托人，其所持份额不得超过公司资本的1%；⑤受托人在出席理事会议、委员会议或履行红十字会其他职责时的支出；⑥受托人合理的赔偿保险的费用。

（四）加拿大

根据搜集到的现有文献资料，有关加拿大红十字会权利和义务方面的描述较少，主要体现在以下几个方面：①红十字会可以取得并保有任何取得的财产和收益，并可以随时自主处理这些财产；②只要不与加拿大的法律或任何省的地方法律相冲突，红会可以自行订立章程和规则，并且可以任命若干红会官员，他们可以做出被认为是实施本法规定和提升红会目的的任何合理的行为。③没有红十字会的书面授权，任何人不得以商业或贸易为目的，或以使他人误信其为红十字会组织的成员、代表或代理机构为目的，或任何其他类似目的穿着、使用或展示有关红十字会的各类标志，如有违反，将以犯罪处理。

（五）德国

德国法律对本国红十字会权利的关注显得更少，只是在《德国红十字会法规修正案》中强调了使用白底红十字标志和“红十字”或者“日内瓦十字”名称的权利属于德国红十字会，但是其他第三方可以在德国红十字会没有疑问的情况下描述性地使用这些标志。

德国红十字会的义务主要规定在《德国红十字会章程》中，主要由两大部分组成，第一部分是德国红十字会作为一个在人道主义领域辅助德国政府当局的志愿援助性社团，所执行的国家级红会的任务。这些任务源于1949年《日内瓦红十字公约》及其附属议定书，以及德国的《德国红十字会法》，主要包括：①传播国际人道主义法方面的知识以及国际红十字红新月运动的基本原则和宗旨；②对德国军队的医疗服务提供支持，包括医务船的利用；③承担官方信息办公室的职责；④传递家庭成员间的信件。其第二部分的义务是德国红十字会为自己设定的，主要包括：①为武装冲突、自然灾害及其他紧急事件中的受害者提供援助；②促进健康、福利和教育；③促进儿童和成人间的协作；④在红十字红新月运动的章程和程序性规则之框架下，促进全国的红十字红新月社团的发展；⑤促进其成员分会的活动及成员分会间的合作；⑥支持血液及血液成分的捐献收集工作，以供应大众血液制品；⑦寻人服务和与家人重建联系；⑧促进有生命危险的营救工作等。此外，德国红十字会也需要在德国联邦法律及州法律的框架下，执行这些国内立法指定的任务，同时，其须向社会公众公开其工作情况，并募集捐赠，以保证其工作得以完成。

（六）瑞士

瑞士法律对红十字会权利和义务方面的规定内容很少，《瑞士

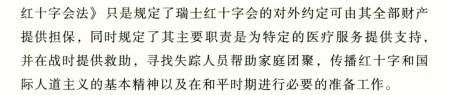

红十字会法》只是规定了瑞士红十字会的对外约定可由其全部财产提供担保，同时规定了其主要职责是为特定的医疗服务提供支持，并在战时提供救助，寻找失踪人员帮助家庭团聚，传播红十字和国际人道主义的基本精神以及在和平时期进行必要的准备工作。

（七）俄罗斯

与英国相似，俄罗斯法律对其红十字会权利、义务的规定较为详尽，《俄罗斯红十字会章程》第四章用一个专章规定了俄罗斯红十字会的权利和义务，其中关于权利的规定多达 26 个条文，关于义务的规定也达到了 9 个条文。

根据条文的规定，俄罗斯红十字会的权利主要有：①全面实施有关社会组织法律规定的权利；②自由地宣传自己活动的信息，宣传自己的观点、目标和任务；③就社会生活的不同问题进行倡议、采取行动，向政府权力机关提出意见；④就与实现自己设定的目标和宗旨有关的问题，进行倡议、采取行动，向政府权力机关和地方自治机关提出意见；⑤在俄罗斯联邦法律规定的范围和程序内，参与国家权力机关和地方自治机关决策的制定；⑥成立出版社、通讯社、印刷厂、媒体和建立成人教育进修机构；⑦举办会议、集会、示威、游行、纠察会议、会谈、讨论等；⑧行使自己的权利，保护自己的权利以及自己成员，参与者和志愿者，国家权力机关、地方自治机关和社会组织中的其他人的合法利益；⑨设立俄罗斯红十字会的区域分支机构和其他结构单元，接受有关它们重组和清算的决定；⑩为了实现俄罗斯红十字会规定的目标和任务，将俄罗斯红十字会的财产分给其分支机构；⑪无论是在俄罗斯自己本国的领土范围内，还是在其边界地区，从事的交易不得和现行适用的法律、现行的规章以及其他的和自然人和法人有关的法律规定相冲突；⑫取得或者处置动产、不动产等保障俄罗斯红十字会活动的财产，同样当这些财产老化或者过时的时候，就从个人资产负债表上冲账；⑬根据现行章程规定的目标，俄罗斯红十字会可以依靠自己的资金来建造自己的机构、出版社、媒体；⑭为了工作、服务、科学研究和工作的深入研究能够顺利完成，要引进劳动和民事法律合同的必要专家，为了有关合同问题的顺利完成，可以创建临时的创造性团体和其他类型的团体；⑮就实现法定活动的问题，通过报纸、视频、音频等推广、普及；⑯根据相应的章程、目标和任务，为了顺利完成俄罗斯红十字会的项目、倡议和计划，可以向法人和公民提供财政和其他帮助；⑰建立社会组织、公会和协会；⑱加入国际社会组织、公会和协会，并且可以退出这些组织；⑲创建经济组织、业务伙伴关系和业务机构；⑳建立红十字青年社会组织和儿童社会组织，这两个组织的成员和志愿者分别是达到 14 周岁和 8 周岁的公民；㉑在和平时期，准许公民和法人使用红十字会的标志并且监督其使用的合法性；㉒创建非营利组织；㉓创建结构性部门、分支机构、代表机构；㉔设立俄罗斯红十字会奖项、奖学金、学位和奖励；㉕在国际红十字会和红新月会范围内，保持直接的国际联系；㉖行使有关社会组织的现行法律所规定的其他权利。

本章程规定的俄罗斯红十字会的义务主要有：①在活动中，执行俄罗斯联邦宪法、法律、国际法以及现行俄罗斯红十字会章程中的规则；②每年要进行工作报告，并对自身财产的使用情况进行说明，或者确保人们可以随时查阅上述工作报告；③每年向俄罗斯红十字会的国家登记机关、决定延长俄罗斯红十字会活动时间的机关报告，向常任理事会的事实所在地说明其名称和上述俄罗斯红十字会领导的数量；④根据社会组织的国家登记机关、领导机关和俄罗斯红十字会的官员的需求提供有关自己活动的年度和季度报表，这些报表同时也要提供给税务机关；⑤准许社会组织国家登记机关的代表们加入俄罗斯红十字会的活动；⑥有义务协助社会组织的国家登记机关的代表们了解俄罗斯红十字会的活动内容；⑦俄罗斯红十字会有义务告知国家登记机构，从国际组织、国外组织、外国人和无国籍人处获得的现金和其他财产的数量，以及对这些财产进行消费或者使用的目标，和这些财产在一定时间内的实际消费或者使用的形式；⑧俄罗斯红十字会有义务通知俄罗斯红十字会国家登记机关有关的变动事项，这些变动是指《有关法人和个人企业的国家登记》法律的第五章第一款的规定，并且在变动发生之日起三日内，告知登记机关；⑨根据俄罗斯联邦有关社会组织的现行法律规定，俄罗斯红十字会有义务完成其他的法律规定事项。

小结：通过以上的比较分析可知，鉴于红十字会人道主义组织的属性，各国法律主要规定了本国红十字会的各项义务，而这些义务的设定也是围绕着如何使红十字会更为顺利地实现其宗旨而展开的，所以各国法律关于其红十字会义务的设定基本限定在灾害救助、提供社会福利工作、帮助政府做好社会福利工作、提供社会帮助等范围内。而权利的赋予也是为了使红十字会更好地完成任务，因此法律关于红十字会权利的规定相对于义务的设定显得较少。虽然俄罗斯和英国对其本国红十字会权利方面的规定较为广泛，大大超过了义务的规定，但是这只是条文数量上的体现，二者在实质内容的设定上，义务的范围依然大于权利，因为权利的赋予是为了义务的履行。

三　组织和管理制度

组织机构是影响红十字会事业发展的组织层因素，也是目前研究的重点之一。郑功成认为，在慈善事业的发展过程中，慈善组织与运行机制始终是起决定作用的因素。[①] 作为红十字会事业的执行载体，红十字会的组织机构建设的合理性必然对红十字会事业影响深远。中外红十字事业的发展实践表明，没有合理的富有效率的组织机构，不可能有发达的红十字事业；没有自

① 郑功成：《中国慈善事业的发展与需要努力的方向——背景、意识、法制、机制》，《学海》2007年第3期。

主、完善的组织机构，同样不会有发达的红十字事业。凡红十字事业发达的国家或地区，必定有完善的富有效率的红十字会组织机构。

红十字组织的管理水平决定了红十字组织的发展高度，而红十字组织的管理机制决定了红十字组织的管理绩效。我国红十字会的产生、发展具有深厚的政府主导的背景，因此它表现为矛盾共同体，作为社会慈善机构，表现出“半官方”的特性，出现政府性与非营利性、行政化与自治化、强制性与志愿性相混杂的局面。

在改革、发展的过程中，中国将自己定位于中国政府的得力助手，是一个独立的从事人道主义工作的社会救助团体，而非官办的慈善机构。根据该定位，中国红十字会需要完善其内部组织机构的建设，使其更加具有系统性，更加富有效率，使红会组织更具有自治性、民间性、独立性。鉴于此，中国红十字会应当遵循国际红十字与红新月运动的基本原则，借鉴各国组织机构建设的宝贵经验。

（一）中国

在组织机构方面，中国红十字会除了全国性的红十字会总会之外，还有各省级红十字会、地级红十字会、县级红十字会、红十字会基层组织，以及行业红十字会、新疆生产建设兵团红十字会、特别行政区红十字会，这组成了中国红十字会的组织系统。

在管理机构方面，中国红十字会设立了全国会员代表大会作为红十字会的最高权力机构，下设理事会、常务理事会、执行委员会、各专门委员会、总会机关内设机构、总会直属单位。

为了更为清晰描述中国红十字会的组织机构设置，特附上图2－1以示说明：

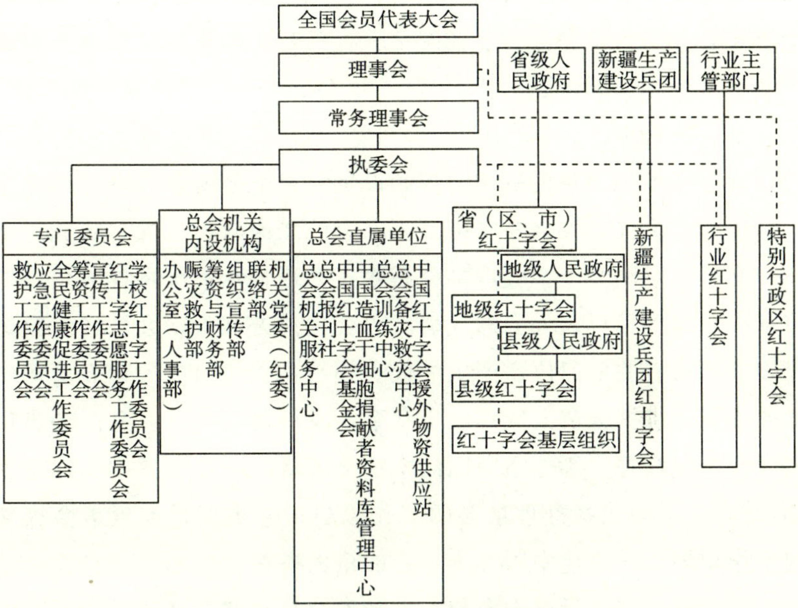

图 2－1　中国红十字会组织机构图

根据《红十字会法》和《中国红十字会章程》的规定，我国红十字会组织机构设置分为红十字会总会以及地方组织和行业分会，各级红十字会设置议事机构和日常机构。《红十字会法》第八条规定："县级以上按行政区域建立地方各级红十字会，根据实际工作需要配备专职工作人员。全国性行业根据需要可以建立行业红十字会。全国建立中国红十字会总会。"第九条规定："各级红十字会理事会由会员代表大会民主选举产生。理事会民主选举产生会长和副会长。各级红十字会会员代表大会闭会期间，由理事会执行会员代表大会的决议。理事会向会员代表大会负责并报告工作，接受其监督。上级红十字会指导下级红十字会工作。"由此可知全国会员代表大会是红十字会的最高权力机构，大会代表由总会和地方红十字会推选的会员代表以及与有关部门协商产生的代表和特邀代表组成。大会由中国红十字会理事会召集，每五年召开一次，决定中国红十字会的重大事项。大会下设理事会，负责执行会员大会的决议，同时理事会接受会员代表大会的监督。第十条规定："中国红十字会总会设名誉会长和名誉副会长。名誉会长和名誉副会长由中国红十字会总会理事会聘请。"红十字会的名誉会长遵循国家惯例，由国家领导人担任。

关于红十字会管理机构的权利设置，以下分别来介绍：

全国会员代表大会是中国红十字会的最高权力机关，每五年召开一次，由中国红十字会理事会召集，如遇特殊情况可提前或延期召开。全国会员代表大会的代表由总会和地方红十字会推选的会员代表以及与有关部门协商产生的代表和特邀代表组成。代表比例由常务理事会根据会员人数和红十字事业发展需要决定。全国会员代表大会的职权是：①选举中国红十字会理事；②修改《中国红十字会章程》；③审议批准理事会的工作报告；④审议批准理事会提交的工作规划；⑤决定中国红十字会的重大事项。

中国红十字会设名誉会长、名誉副会长和名誉理事，根据工作需要，可以设顾问。名誉会长由理事会聘请国家主席担任。

理事会在全国会员代表大会闭会期间执行其决议。理事会任期五年，下一次全国会员代表大会召开时换届。理事构成及比例由常务理事会根据需要决定。会员代表大会期间，理事会会议由大会主席团召集；闭会期间，理事会会议由常务理事会召集，每年召开一次。其职责是：①聘请名誉会长、名誉副会长；②选举常务理事；③选举会长、常务副会长、副会长；④根据会长提名，决定秘书长；⑤增补、更换或罢免理事、常务理事；⑥审查批准常务理事会的工作报告并向全国会员代表大会报告工作；⑦制定发展红十字事业的大政方针、长远规划和年度工作计划；⑧决定其他重大事项。

常务理事会对理事会负责并接受其监督。常务理事会由理事会选举产生的常务理事组成。常务理事会会议每年召开两次，由会长或常务副会长召集并主持。其职责是：①依照《红十字会法》和《中国红十字会章程》的规定，向理事会推荐名誉副会长的人选；②提出修改章程的议案；③审议年度工作报告、计划；④审议总会接受捐赠款物的使用情况；⑤向理事会提出更换、增补及罢免理事、常务理事的议案；⑥批准成立、撤销全国性行业红十字会；⑦聘请名誉理事；⑧决定其他重要事项。

执行委员会对常务理事会负责。执行委员会由驻总会的专职常务理事组成。常务副会长任执行委员会主任并担任中国红十字会总会法定代表人。执行委员会的职责是：①执行会员代表大会、理事会和常务理事会的决议，主持总会日常工作；②负责编制经费预算，审核年度经费财务决算；③指导全国红十字会的工作；④管理总会的动产和不动产；⑤承担总会的民事、法律责任；⑥负责对外交流与合作；⑦聘请顾问；授予荣誉会员；⑧批准成立专门委员会；⑨完成理事会和常务理事会交办的其他事宜。

各级地方红十字会的权力机关是同级会员代表大会。各级地方红十字会会员代表大会每五年召开一次，由同级红十字会理事会召集，如遇特殊情况可提前或延期召开，时间不得超过一年。各级地方红十字会建立理事会和常务理事会，任期五年。有 3 名以上（含 3 名）专职常务理事的红十字会，需设执行委员会，主持日常工作。省、市（地）、县级红十字会名誉会长由同级理事会聘请当地主要领导担任。省、市（地）、县级红十字会会长一般应推选当地同级现职领导担任，其工作变动时应及时改选。常务副会长、副会长和秘书长应保持相对稳定。常务副会长为本级红十字会机关法定代表人，主持日常工作。县级以上红十字会应根据工作需要配备专职工作人员，并具备能够独立自主开展工作的条件。

全国性行业成立的红十字会为中国红十字会的行业红十字会，由中国红十字会常务理事会批准。其工作机构设置和人员配备由行业红十字会常务理事会根据工作需要决定。行业红十字会按照红十字运动基本原则，依照《红十字会法》，遵循《中国红十字会章程》，结合本行业特点开展工作。

城市街道（社区）、农村乡镇（村、组）、企业和事业单位、学校、医疗机构和其他组织中建立的红十字会为基层组织。红十字会基层组织的主要职责是：宣传普及红十字知识，开展人道主义的救助活动，举办初级救护培训、群众性健康知识普及及其他符合红十字宗旨的活动。

根据《中国红十字会章程》第六条的规定，中国红十字会总会对内指导全国红十字会的工作，而各级红十字会也同样是上级红十字会指导下级红十字会的工作。对地方各级红十字会而言，更大的制约力还是来自于同级地方政府而非上级红十字会。在这种状况下，红十字会组织系统内部缺乏有效整合，组织系统相对松散，这导致红十字会跨区域、跨级别的合作难以开展。面对突发灾害，难以迅速有效地调动系统内部的资源。不难看出，目前我国红十字组织的管理体制尚未理顺，管理水平亟待提高，中国红十字事业要上一个新台阶，必须进行管理体制的创新和改革。

《红十字会法》第四条规定："中国红十字会遵守宪法和法律，遵循国际红十字和红新月运动确立的基本原则，依照中国参加的日内瓦公约及其附加议定书和中国红十字会章程，独立自主地开展工作。"从该规定可以看出，法律赋予了中国红十字会社会团体法人的资格，但法律同时又规定了其具有协助政府开展活动的义务，在人员配置和经费来源上具有明显的政府色彩。第五条规定："人民政府对红十字会给予支持和资助，保障红十字会依法履行职责，并对其活动进行监督；红十字会协助人民政府开展与其职责有关的活动。"因此，中国红十字会是具有官办色彩的社会组织。第九条规定："各级红十字会理事会由会员代表大会民主选举产生。理事会民主选举产生会长和副会长。各级红十字会会员代表大会闭会期间，由理事会执行会员代表大会的决议。理事会向会员代表大会负责并报告工作，接受其监督。上级红十字会指导下级红十字会工作。"结合前述《中国红十字会章程》第六条的规定，上级红十字会与下级红十字会为指导关系，各级红十字会在人事、财政等方面受当地政府的影响较大。

现有的管理机制造成了红十字会系统内部的独立性不足，协调性不强。此外，政府在资源占有、资源分配、权力使用等很多方面处于垄断地位，正由于这种绝对优势地位，其决策力和行动力也是其他社会组织无法相比的。因此中国红十字会的这种“半官方”身份为其发展带来强大动力。红十字会的“半官方”组织特征在为其发展带来强劲动力的同时，也被视为红十字会当下所面临的诸多困境的制度性根源。红十字会的官办色彩，是国家侵占了市民社会的领域所致，这使得红十字会沦为政府的一个部门，红十字会在人员配置和运作模式上与政府相似。红十字会不可避免地使自己受到长期以来政府部门的不公开透明、官员的贪污腐化、运作效率低下等负面形象的影响。

（二）美国

美国红十字会的组织机构大致包括全国理事会及其常任理事会，同时包括理事指定委员会、咨询委员会和其他委员会，其中，理事指定委员会包括捐赠基金信托委员会和投资委员会；咨询委员会包括内阁会议和国际服务咨询委员会。全国理事会在各地方设立分会和血站，常任理事会下设执行委员会、审核及风险管理委员会、补偿与发展管理委员会及治理与发展委员会。

为了清楚地描述美国红十字会的组织架构，根据《美国国家红十字会宪章》，绘制图2－2：

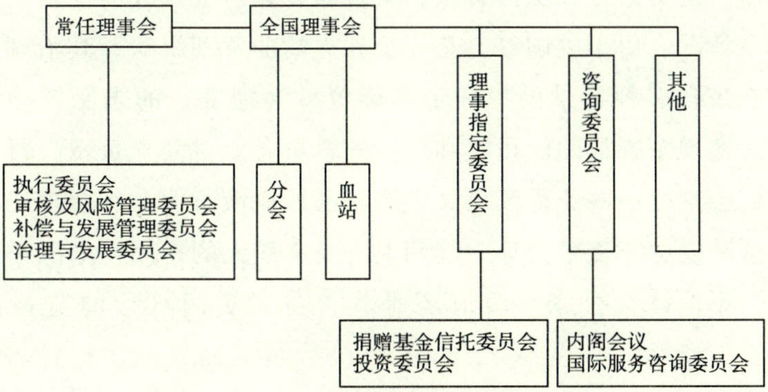

图2－2　美国红十字会组织机构图

作为美国红十字会法律系统具有最高权威的法律，《美国国家红十字宪章》对美国红十字会组织机构的规定内容较为简略。只是在第一章利用 3 个简短条文规定了美国国家红十字会是美国联邦特批成立的机构、哥伦比亚特区的公司法人和政治团体，从而对国家红十字会的法人资格进行了明确。同时规定了协会的名称是“美国国家红十字会”，其参与从事活动，处理事务，以“美国红十字会”名义参加诉讼。并规定除非另有规定，该协会将永久存在。

关于美国红十字会的分支机构，《美国国家红十字宪章》第三章第 2 条规定：“分支机构是协会的地方基本单元。协会依据下列各项制定政策和规则：①授予分支机构以特权并收回特权；②分支机构要与协会的政策和规定相一致。”分支机构的权利由总会授予，同时分支机构须遵从总会的政策与规定。

关于理事会，《美国红十字会宪章》第四章规定：“理事会是协会的管理机构，拥有管理、指导和监督协会的业务和事务的权利。”同时规定在理事会成员中指定成员设立常任委员会，在理事会闭会期间行使委员会的权利。同时设立理事会的咨询委员会，“咨询委员会每年至少向理事会建议、直接报告和会见一次。”美国红会的监管机制更加健全，除了由理事会监督理事长的工作外，红会还设立了监事会，这些监事会的成员多数是不带薪的志愿者，并且具有一定的财务和法律背景，负责监督理事会及专门委员会的工作进展情况。由于美国红会是完全独立的非营利组织，其治理责任体现在来自多种背景的担任董事会董事（理事）的志愿领导人身上，为实现慈善目的而设置和运行的董事会要对公众负责。再加上美国红会享受一些免税政策又拥有自己的血液事业，红会理应服务于公众利益，其董事会理应起到卫士或掌舵人的作用，来维护公众利益，不论社会公众、政府还是其自身对美国红会的监督都很严格。

从与政府的关系上看，美国红十字会在成立和开展活动之初就为政府所承认，活动范围由政府制定法律加以规定，受法律保护的同时也受其制约；同时，美国红十字会也是政府的合作伙伴，特别是在美国联邦政府紧急事务处理中心的应急救援中，美国红十字会牵头民众管理其组织资源，负责管理受灾民众、临时收容所、救援物资、分配食品等事项。美国政府对美国红十字会的态度也非常明朗，政府尽可能地保障其独立发展、扩展或宣传经验、引导其发展方向。

从资金资源上看，美国红会的资金绝大部分来自于社会捐赠和自有财产的增值，虽然政府也会拨款给红会，但是其组织的主要运行资金是来自于社会和提供的服务产品变现。在涉及红会资产上，红会组织向社会提供的服务产品不以营利为目的，一般以无偿提供、低价提供，获得的资金也不以红利的形式分配，而是进入组织系统利用中。

从人力资源上看，红会组织会向其管理人员支付薪水，一般低于企业管理人员的薪金，而红会的志愿者则大多数是提供无偿服务，他们来自于社会各界，具有相当强的专业技术和知识结构，他们参加红会的目的是实现自我价值。

（三）英国

英国红十字会的组织包括皇家特许设立的英国红十字会和在英国海外殖民地上由理事会批准成立的红十字分会，红十字会设主席、理事会等管理机构。《英国红十字会皇家特许状》第七条第1款规定："红十字会应当设主席。主席从红十字会及其继承者中产生，我们的继承人可以随时任命某人履行红十字会的主席和副主席的职责。理事会可以随时授予或者撤销某人其他荣誉称号。"由于英国红十字会是根据皇家特许状组建的，所以其规定主席必须在皇家特许设立的红十字会或者其继承人中产生。理事会又称"受托人理事会"，是根据特许状设立的红十字会的管理机构，它可以决定授予和撤销其他人的荣誉称号。

《英国红十字会皇家特许状》第八条规定了受托人理事会的设

立、权利和义务，根据规定，受托人理事会总管红十字会行政管理事宜，行使法律赋予的权力，理事会缔结的契约、程序和权力应当遵循议事程序。理事会的半数以上成员应当由红十字会会员内部推举选出，并且理事会办公人员的法定人数在任何时候都不能少于受托人数的一半，受托人的任职期限和名额应当符合议事程序的规定。理事会应当委托根据公司法令有权审计有限公司的审计员审计红十字会的账目，为实现议事程序确定的目的，在便利适时的条件下，理事会可以召集红十字会全体会议。

（四）加拿大

由于加拿大红十字会隶属于英国红十字会，根据 1863 年的日内瓦国际委员会的建议，在加拿大设立了一个中央委员会管理加拿大红十字会的运作。根据《加拿大红十字法案》的规定，加拿大红十字会总会的组织机构包括中央委员会、执行委员会，地方层面则存在地方分会。中央委员会是加拿大红十字会的管理团体，由不超过 60 个成员组成，成员产生的办法可以是任命或选举，具体办法由中央委员会决定。中央委员会有权以其规定的规则组织成立加拿大各省的分支机构，各省现有的分支机构可以继续存在。中央委员会从所有成员中以任命或选举的方式产生不少于 20 人且不多于 30 人的执行委员会。执行委员会在中央委员会闭会期间享有并行使《加拿大红十字法案》规定的所有权力，但须符合中央委员会制定的规则和条件。根据法律的规定，执行委员会是中央委员会的常设机构，负责处理红十字会的日常事务。

（五）德国

德国红十字会的组织体系除了全国总会之外，在地方还设有成员分会及地域性分支机构，全国总会负责制定统一的规则和政策目标，并监督德国红十字会内部基本原则的实施情况，促进成员分会的活动及成员分会间的合作。在管理机构方面，全国自上而下设立了全国大会、董事会、理事会、委员会及总秘书处，同时委员会下设各专门委员会，设立联邦性机构主席委员会为董事会提供咨询。为了较为清晰地描述德国红十字会的组织结构情况，采用图 2－3 进行说明。

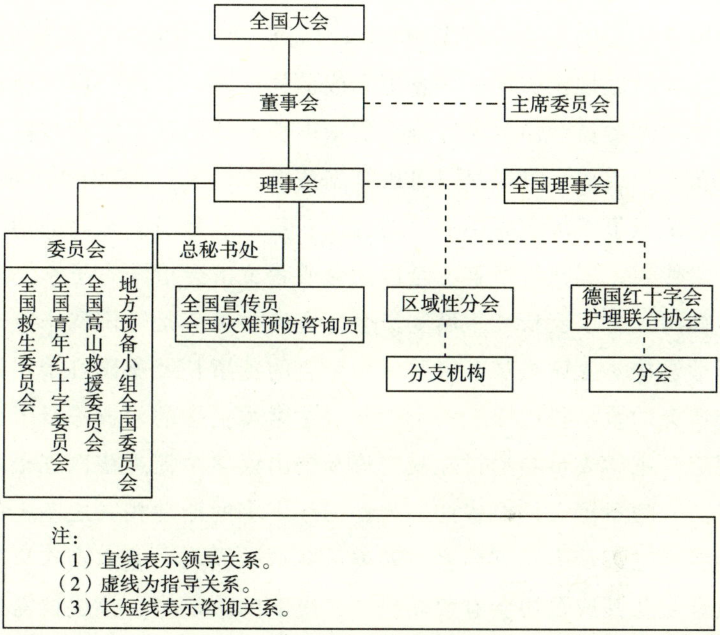

图 2－3　德国红十字会组织机构图

《德国红十字会章程》规定，德国红十字会全国大会是红十字会的最高权力机构，并就全国大会的组成及议事规则等进行了规定。全国大会具有批准年度会计报告、批准董事会提案、通过预算等职权，同时全国大会有权批评和驳回董事会的提案，并提出替代方案。通过全国大会的秘密投票产生董事会主席及其成员和仲裁庭的主席及其副职。

在全国大会之下设立董事会，该章程第十二条对董事会的组成、任期、议事规则等进行了规定。第十三条和第十四条对董事会和董事长的职权进行了规定，董事会促进并协调红十字会的工作，其负责领导和控制全国红会与政策保持一致，并监督全国红会的成员分会。同时董事会具有监督全国理事会、向全国大会作报告、向全国大会提名一名审计员等职能。董事会由以下成员构成：董事长、副董事长（女）、副董事长（男）、全国医学顾问、全国财务总监、各团体的代表（每团体一名）、全国宣传员以及德国红十字护理联合协会的董事长（其基于职位而自动成为董事会成员），同时做出灵活性规定，即一名董事会成员的空额，其由全国大会选举产生。主席委员会由区域性分会的董事长及德国红十字护理联合协会的董事长组成。其成员仅可由其副董事长代表。（德国红十字会）董事长及理事参加主席委员会的会议。董事长是级别最高的德国红十字之代表，其执行章程、全国大会或者董事会指派的任务。

德国红十字会设立主席委员会，主席委员会是德国红十字会的联邦性机构。主席委员会由区域性分会的董事长及德国红十字护理联合协会的董事长组成。第十六条对主席委员会的职权进行了详细的规定，主席委员会通过经验交流及提出议案来促进德国红十字的工作。其为董事会提供咨询。与德国红十字的活动相关之基本问题的所有讨论，董事会都要将主席委员会纳入其内。董事会作出的对成员分会及其成员协会有实质的经济影响的决议时，该决议需要主席委员会的批准。主席委员会依循其自身的程序性规定，可以反对或者撤销全国理事会的决议。

根据第十九条的规定，全国理事会由理事、各成员分会的一位管理人员或者全职理事以及德国红十字护理联合协会的理事长组成。如果任何上述人员未得到具有法律效力的代表其组织的授权，则其职位应由相应组织授权的代表替代。全国理事会中的代表受其相应的董事会之决议的约束。全国理事会会议由总秘书长主持，如果总秘书长不能出席的话，由另外一位理事主持。全国理事会每年举行三次会议。全国理事会有法定人数的要求，即至少一半成员分会出席。全国理事会以其会议中的有效投票的简单多数通过其决议。理事依循全国大会、主席委员会、董事会的决议，负责德国红十字会的商业活动。每位理事有责任以一个谨慎商人的注意义务，完成其商业活动，与董事会磋商后，理事们每年必须完成一份审计报告。

团体委员会及技术委员会之建立，旨在向董事会就与德国红十字相关的问题提供咨询。委员会讨论在其能力范围内的任务，并向董事会提供推荐意见。德国红十字的委员会有地方预备小组全国委员会、全国高山救援委员会、全国青年红十字会委员会、全国救生委员会、福利和社会工作全国委员会，共5个委员会。

总秘书处是德国红十字会的全国总部，由理事负责，理事制定其组织架构，决定并监督商业活动，为财政计划和管理负责，是在全国总部工作的雇员的直属上级，依据劳动法规定雇员相关事项。

（六）瑞士

瑞士红十字会的组织机构包括红十字会代表大会、会员机构、红十字会理事会执行委员会、管理委员会等领导机构，红十字会救援机构、红十字会办公室、红十字会附属机构等。为了清晰地描述瑞士红十字会的组织架构，特用图2－4予以说明：

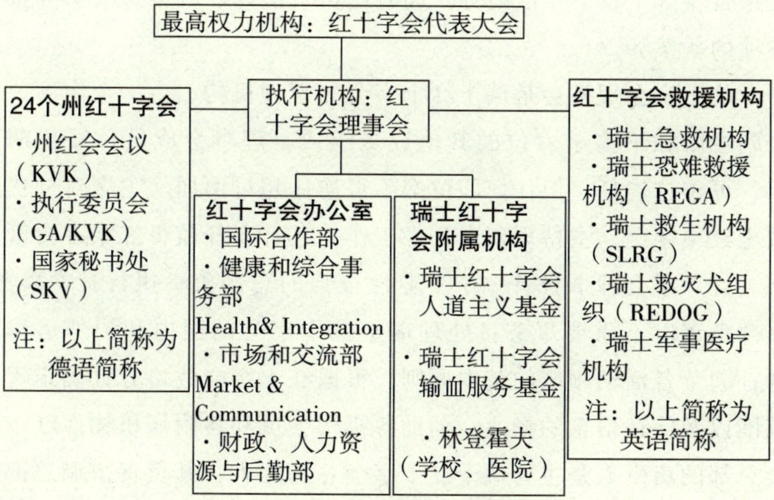

图2－4　瑞士红十字会组织机构图

根据《瑞士红十字会法案》的规定，机构会员是指州一级的红十字会组织和红十字会救援组织，机构会员协助完成瑞士红十字会的工作任务。红十字会附属机构具有独立的法律地位，其成立和运行的宗旨是开展人道主义工作和支持瑞士红十字会，同时要接受红十字会委员会的监督。

瑞士红十字会领导机构包括红十字会代表大会（常规会议）、红十字会理事会（常务会议）、各州红十字会组织全国会议、红十字会管委会和审计机构，领导机构的职责是确保红十字会的各项活动顺利开展并且符合各项法律、章程和指导方针规定的共同目标。

红十字会代表大会是瑞士红十字会最高领导机构，由各州红十字会组织的64位代表和红十字会急救组织的33位代表组成。瑞士红十字会主席任红十字会代表大会主席，在主席需要回避的情形下，由副主席或另一名理事会成员接任大会主席，红十字会代表大会每年至少召开一次。红十字会代表大会选举瑞士红十字会主席和两位副主席及红十字会理事会成员、管委会主任及管委会成员和审计机构成员，并有权批准各机构会员代表席位的分配、红十字会附属机构的组建和解散、红十字会理事会与管委会规章、红十字会年度报告及红十字会年度财务。同时还负责法律、政策、决议等重要事项的备案。

红十字会理事会是瑞士红十字会的管理机构，由一个主席、两个副主席和不多于六位的其他成员组成，理事会成员每届任期四年，可连选连任，但任何职位都不得连任超过两届。主席对外代表瑞士红十字会，主持理事会日常工作并且有责任监督红十字会管理层。红十字会理事会有一个专业性很强的总部负责执行日常事务。总部负责以下重要事务：处理瑞士红十字会的国内和国外运作事务；起草各活动领域的基本原则，根据红十字会战略方针确定责任范围以及保证信息的畅通；辅助各机构会员和各附属机构。红十字会总部的负责人是主管瑞士红十字会总部的人，其负责协调总部和国内各州红十字会、红十字会各组织之间的活动。

执行委员会是瑞士红十字会的执行机构，由 5 ~ 7 名成员组成，组成成员每四年选举一次，可连选连任一次。执行委员会的成员不得作为州红十字会的投票代表参加各州红十字会全国代表大会，并且不得与瑞士红十字会或任何机构会员或红十字会附属机构有契约关系，执行委员会主席负责主持各州红十字会全国代表大会。执行委员会下设秘书处，负责各州红十字会全国代表大会及执行委员会的日常组织和管理职责，为各州红十字会提供必要服务。

瑞士红十字会的管委会的成员不超过 7 名，主席是七位成员之一，每届任期四年，所有成员任期不得超过两届。管委会成员不得兼任理事会及各州红十字会全国代表大会执行委员会成员，而且，管委会成员不得与红十字会及其机构会员、附属机构有契约关系。管委会负责监督红十字会基本原则、法律、章程和红十字会代表大会决议的遵守情况，每年须向红十字会代表大会递交年度报告。

瑞士红十字会代表大会需要任命一个独立的审计机构，该审计机构的工作是进行与审计有关的活动，审计机构的地位由相关的法律条款规定。审计机构的任期为一个财年，任期终止于接受最后一期年度账目审计，任期满后可以再次接受任命。红十字会代表大会可以随时解雇审计机构而不需要提前通知。

（七）俄罗斯

俄罗斯红十字会的结构包括俄罗斯红十字会的道路部门、地方部门，以及俄罗斯红十字会的分支机构和代表机构。在组织机构上，俄罗斯红十字会的组织机构包括领导机构、执行机构和监督机构三大部分，其中，领导机构包括俄罗斯红十字会代表大会、俄罗斯红十字会中央委员会、俄罗斯红十字会主席团，执行机构包括俄罗斯红十字会中央机构、俄罗斯红十字会区域性和地方机构，监督机构就是指俄罗斯红十字会中央监察委员会。

为了更为清晰地描述俄罗斯红十字会的组织情况，特用图 2－5予以说明：

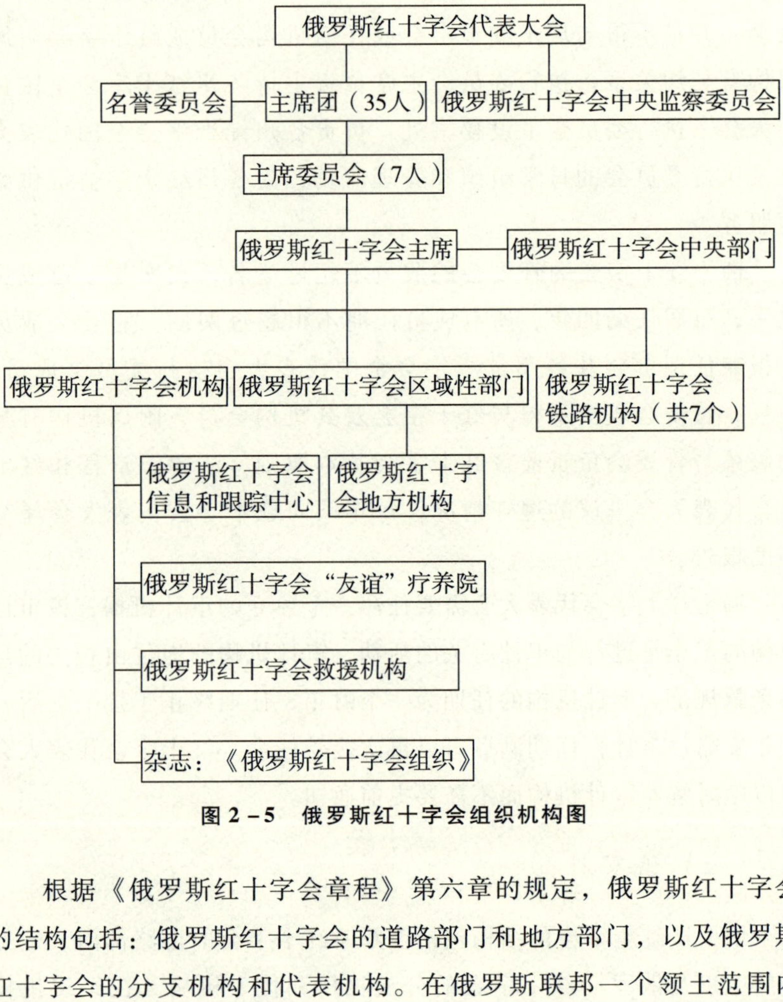

图 2－5　俄罗斯红十字会组织机构图

根据《俄罗斯红十字会章程》第六章的规定，俄罗斯红十字会的结构包括：俄罗斯红十字会的道路部门和地方部门，以及俄罗斯红十字会的分支机构和代表机构。在俄罗斯联邦一个领土范围内（州）只能建立一个区域性部门，其中不算道路部门。俄罗斯红十字会部门根据法律的规定享有法人资格。第六章第 2 条规定，根据俄罗斯联邦法律的规定，俄罗斯红十字会地方机构可以通过与红会主席团签订协议，从而取得法人资格。同时规定，俄罗斯红十字会和地方分会设立主席团。第 4 条明确规定，俄罗斯红十字会的分支机构和代表机构不具有法人资格。

同时，《俄罗斯红十字会章程》分别在第七、八、九章对领导机构、执行机构和监督机构进行了专门规定。第七章规定，俄罗斯红十字会领导机关是俄罗斯红十字会代表大会、俄罗斯红十字会中央委员会、俄罗斯红十字会主席团。俄罗斯红十字会中央机关是俄罗斯红十字会代表大会、俄罗斯红十字会中央委员会、俄罗斯红十字会主席团、俄罗斯红十字会中央机构和俄罗斯红十字会中央监察委员会。俄罗斯红十字会的最高领导机关是俄罗斯红十字会代表大会。特别需要强调的是，俄罗斯红十字会设立董事会，董事会主席是俄罗斯红十字会的荣誉主席。

根据《俄罗斯红十字会章程》第八章的规定，俄罗斯红十字会的执行机构是俄罗斯红十字会中央机构、俄罗斯红十字会区域性和地方性机构。俄罗斯红十字会中央部门是俄罗斯红十字会的常设执行机构。第九章规定，俄罗斯红十字会中央监察委员会（以下简称中央监察委员会）是俄罗斯红十字会的中心机构，其监督俄罗斯红十字会领导机构是否按章行事，监督俄罗斯红十字会领导机构、俄罗斯红十字会中心部门和俄罗斯红十字会结构单元的财政和经济活动，并对监察委员会的组成、权限等作出明确规定。

小结：纵观以上各个国家红十字会的有关规定可知，红十字会管理组织的设置基本上包括决策机构、执行机构和监督机构。在管理体制上，都充分尊重红十字会组织的自治性和独立性，规定本国红十字会在法律授权范围内行使权利和履行义务，尽量排除人为因素的影响。相较其他国家而言，在中国红十字会的组织机构中，政府的主导地位显得较为突出，这充分体现了中国红十字会的官方色彩较为浓厚，这也是我国红十字会管理体制的改革应当注意的问题。

四 标志

根据日内瓦公约及其附加议定书，红十字运动标志包括红十字、红新月和红水晶。其中，红十字为大多数国家使用，红新月主要为中东（伊斯兰教）国家使用，红水晶主要为以色列使用。红十字、红新月和红水晶标志是人道救助标志，具有国际法效力，其使用应严格遵守日内瓦公约及附加议定书等国际公约的规定。为维护红十字标志的专用性，任何组织和个人都应当正确使用红十字标志。为此，各国红十字会法都做出相应规定，对红十字标志的使用进行规范、保护。为履行日内瓦公约及其附加议定书的有关规定，我国于1993年由全国人大常委会颁布了《红十字会法》，于1996年由国务院和中央军委颁布了《红十字标志使用办法》，对红十字标志的使用和管理保护走上了法制化轨道，但随着社会形势的变化，这些法律法规也凸显出其弊端与不足。因此，迫切需要借鉴吸收别国规则与通行做法，通过修改红十字标志的现行法律法规，完善红十字标志使用规则及对违法使用的处理办法。

（一）中国

关于红十字会标志，《红十字会法》和《中国红十字会章程》做了基本相同的原则性规定，而《中国红十字会红十字标志标明性使用规定》对标志的构造、使用人员的限制、使用场合的限制、物品和运输工具上的使用以及标志的使用办法等做了详细的规定。

根据我国当前法律的规定，中国红十字会使用白底红十字标志，这是沿用了日内瓦关于红十字标志的规定，同时规定红十字标志具有保护性使用和标明性使用。对于保护性使用和标明性使用，我国《红十字标志使用办法》分别在第二章和第三章作了详尽明确的规定。虽然我国红十字标志相关法律法规对红十字标志的标明性使用作了相关规定，但并未涉及红会与企业合作情形下的标志的使用问题。然而，在我国企业与红会合作的情形日益增多，且合作企业也在不同程度上使用了红十字，但在合作情形下企业能否使用红十字标志，以及已经出现的使用情况是否合理，却缺乏明确的法律依据，这在一定程度上造成了使用的混乱，并阻碍了红会工作的开展。因此，我国有必要在区分保护性与标明性使用的基础上，对红十字的标明性使用做出更加明确的符合当前实际的规定，以避免当前法律缺位的窘境。

就红十字标志使用的特殊情况，第 17 条规定："因宗教信仰使用红新月标志的，其使用办法适用红十字标志的使用规定。"对因宗教信仰原因而使用红新月标志的适用办法做出准用性规定。第 18 条规定："军队使用红十字标志，依照日内瓦公约及其附加议定书的有关规定执行。"对军队使用红十字标志也做出规定。

我国现行《红十字会法》并未明确红十字标志的国内所有者，至于保护主体，第 19 条第 2 款规定："对于滥用红十字标志的，红十字会有权要求其停止使用；拒绝停止使用的，红十字会可以提请人民政府按照有关法律、法规的规定予以处理。"《红十字会法》在这里使用"滥用"一词，实则包括无权使用以及有权使用但使用不当两种情形，统称为"违法使用"。《红十字会法》对违法使用红十字标志的情形加以禁止，但仍存在一些问题，对于何种情况属于"滥用"并未明确，容易导致违法使用认定的困难。由于法律规定的不明晰，相关制度不健全，实践中违法使用红十字标志的现象仍较多，因此立法中有必要对违法使用进行明确。应当说，我国的红十字标志保护主体是红十字会与政府部门，然而我国对人民政府的具体部门未作规定，实践中有的地方政府通过日常稽查、专项稽查、群众举报或者其他方式，让政府办公室、法制或监察部门进行处理，但总体而言，由于没有明确到具体的执法部门，责任不明晰，使得对违法使用的举报或者投诉无门，或者部门之间相互推诿，使违法使用情形得不到依法处理。同时相较于英国对标志的保

标志的行为进行财产罚或自由罚，同时规定罚没的财产将拨给红十字会。

（五）德国

2008年的《德国红十字会法规修正案》第一章第三节规定："使用白底红十字标志和'红十字'或者'日内瓦十字'名称的权利被指定给德国红十字会。但这并不意味着授予其禁止任何第三方在没有造成疑问的情况下描述性地使用该标志和名字，其他国际红十字会和红新月组织的权利不受影响。"这表明，德国红十字会使用的法定标志是白底红十字标志。在2008年的《德国红十字会法规修正案》里，德国明确表示要严格依照日内瓦公约的规定，强调缔约国有保护红十字标志的国际法律职责，任何组织和个人，无论公私，甚至是其他日内瓦公约的授权组织都不能随意使用红十字或者日内瓦十字的符号和标志，或者任何模仿的相关符号，无论其使用的对象是什么，无论在何时使用，这样的行为都是被禁止的。德国法律认为白底红十字的标志有双重功能，既是保护性标志，又是象征标志，白底红十字标志和"红十字"或"日内瓦十字"的名字在和平和战争时期都被作为是保护性的标志。它们区分国际红十字和红新月运动特定的人、物以及设备，德国的这些规定严格符合日内瓦公约。

根据2008年的《德国红十字会法规修正案》，未经授权使用红十字标志的行为会受到法律的制裁，包括行政违法法案的制裁和国际刑法的制裁。未经授权使用白底红十字标志或者"红十字"、"日内瓦十字"名称的行为是行政违法行为，要受到行政违法法案的制裁；根据日内瓦公约，与武装冲突相关联的不合理使用保护性标志行为，导致人死亡或严重伤害的，应受到国际刑法的制裁。

《德国红十字会章程》序言规定："德国红十字会与德国联邦政府合作，确保《日内瓦公约》及其附加议定书承认的特殊标志得到了保护。"明确了红十字会标志的保护主体是红十字会与联邦政府。其第 5 条第 1 款“其（全国总会）为德国红十字的名称和标志的唯一的法定所有者”及第 2 款第 5 项“全国总会就下列任务承担全部责任：规范红十字的使用，并对其使用进行批准”明确了红十字总会是红十字标志的法定所有者，其对红十字标志的使用行使规范和批准权力。同时对红十字标志的使用做出禁止性规定，《德国红十字会章程》第 3 条第 7 款规定：“成员资格已终止的分会不再享有使用红十字的名称和标志的权利。”

根据《德国红十字会章程》第 6 条第 6 款的规定，只有执行德国红十字会主要任务范围的决议，方能被允许以红十字的名称和标志成立或加入私法上的公司或机构，这些事项需要其上一级部门的事先批准，而且由于涉及红十字名称和标志的使用，还须得到全国总会的事先批准。如果获得上述批准而成立的法律实体试图以任何目的成立、接管或加入其他私法上的公司和机构，前述的批准程序都需要再次进行。同样的规则也适用于子公司的成立和接管。全国总会使用红十字名称和标志方面的权限不因此而受影响。

（六）瑞士

《瑞士红十字会法》第 1 条第 2 款明确规定“瑞士红十字会使用白底红十字符号为其标志”。第 3 条第 3 款规定“瑞士红十字会按照日内瓦公约及其附加议定书、国际红十字大会决议和瑞士本国法律的规定使用和保护红十字会的标志”。第 6 条第 1 款规定“各成员可以使用红十字标志。”强调了瑞士红十字会使用红十字标志的授权依据，同时强调各成员在执行任务时可以使用红十字标志。

（七）俄罗斯

《俄罗斯红十字会章程》在第二章用一个专章规定了俄罗斯红十字会的标志使用规则，根据该章程的规定可知，俄罗斯红十字会是俄罗斯联邦领土范围内唯一的红十字会组织，俄罗斯红十字会有使用“红十字”这个名称的特权，并且可以使用红十字会的特殊标志，该标志是众所周知的商标，而且也是服务性标志。

在对俄罗斯红十字会标志的描述上，该章程的描述可谓是详尽，该章程第二章第2条规定："俄罗斯红十字会的标志是在白色底面上，由两条一样长度、一样宽度的直线（垂直线和水平线）交叉形成直角，并且没有达到底面的边界的红十字的图案。其中长与宽的比例是3:4。"第3条继续规定："俄罗斯红十字会的旗帜是中间带有红十字标志的长方形白布。旗帜的长宽比例是3:2。红十字形成的是正方形，它的边长正好是旗帜长度的一半。"

俄罗斯红十字会的区域性部门和地方部门，在秉承章程的宗旨和目的的前提下，可以使用俄罗斯红十字会的名称和标志，但是从事营利活动（企业家活动）和把权利让渡给第三人的除外。

根据俄罗斯联邦的法律规定，俄罗斯红十字会享有使用自己名称和标志的权利（其中包括俄罗斯红十字会自己本身以及俄罗斯红十字会和其他组织一起实现、完成的商品、工作和服务的识别标志）。根据1949年的日内瓦公约和其中的补充议定书，以及1991年制定的有关使用标志的法规，俄罗斯红十字会有权在俄罗斯联邦领土范围内，制定有关红十字标志使用的规则。

小结：各国在红十字会标志的选取上，都遵从日内瓦公约的规定，使用"白底红十字符号"为其标志，同时规定该标志具有保护性和标志性。其中，英国和加拿大不仅承认"白底红十字符号"为红十字标志，还将对标志的保护拓展到对"具有鲜明特征的标记、符号和图像"的保护，如红新月、红水晶等。

五　财产

非营利组织要生存和实现其宗旨，必须有可靠和持续的资金来源。而只有声誉好、参与度高、公信力强的组织才能得到更多的捐款和支持。红十字组织要实现其宗旨，财产是不可或缺的。红十字会大量动员和使用国际机构和社会公众捐赠的资源，应当着重建立财产使用审计监督机制和公开制度，以提高红十字会的社会公信力。唯有如此，红十字组织才能够有可靠和持续的资金来源，实现其宗旨。当前，我国《红十字会法》对红十字会的资金来源、使用、监督等方面制度的设计存在不少缺陷，导致红十字会面临信任危机。对世界各国红十字会立法的研究，有助于增强我国红十字会资金捐赠透明度，有助于建立资金使用监督审计机制，同时对资金可否用于投资增值等问题都有借鉴意义。

（一）中国

根据《红十字会法》和《中国红十字会章程》的规定，红十字会经费的主要来源有：①红十字会会员缴纳的会费；②接受国内外组织和个人捐赠的款物；③动产和不动产的收入；④人民政府的拨款。

基于红十字组织的公益性，法律在其资金方面明确加以扶持。第 21 条规定："国家对红十字会兴办的与其宗旨相符的社会福利事业给予扶持。"第 22 条规定："红十字会为开展救助工作，可以进行募捐活动。"第 23 条规定："红十字会接受用于救助和公益事业的捐赠物资，按照国家有关规定享受减税、免税的优惠待遇。"

对红十字会组织进行合理、合法、有效的监督才能够保证组织的公信力，对红十字资金的监督是对红十字会监督的核心内容。第 24 条规定："红十字会建立经费审查监督制度。红十字会的经费使用应当与其宗旨相一致。红十字会对接受的境外捐赠款物，应当建立专项审查监督制度。红十字会经费的来源和使用情况每年向红十字会理事会报告。"第 25 条规定："红十字会的经费使用情况依照国家有关法律、法规的规定，接受人民政府的检查监督。"同时法律明确禁止对红十字经费和财产的侵占和挪用。第 26 条规定："任何组织和个人不得侵占和挪用红十字会的经费和财产。"

（二）美国

关于红十字会财产使用的监督，《美国国家红十字会宪章》第十章“年度报表和审计”规定：“提交报告——在本公司的财政年结束后（财政年可以由理事更改），协会向国防部长提交本财政年的活动报告，并逐条列记收入和花销。审计报告提交给国会。部长审查报告提交一份副本给国会。审计花销的支付。协会需要支付部长审查账户的费用。所付款总额应当作为预算外收入从美国财政部提取。”

《美国国家红十字会宪章》第九章规定：“协会的捐赠基金由理事会选举出的管理委员会保存和投资。协会制定政策和规定来决定管理委员会的任期、责任以及花销。”美国红十字会则对投资主体进行了明确的规定——管理委员会，其由红十字会选举产生并受到红十字会政策和规定的约束。

（三）英国

《英国红十字会皇家特许状》第5条第4款“申请和接收所有性质的捐赠、捐款、拨款和礼物，无论其为无条件的还是有条件的。在遵守红十字会运动原则、政策和规则的前提下，以合法的手段获取财物”，第6款“为了实现目的，可以获得世界范围内任何地方的利益，无论该利益为动产或不动产，服从一切关于买卖、租赁、抵押或者其他交易行为的法律规定。在说明原因的前提下建设、提供、保持、维修和变换任何房屋、工厂、轮船、商铺、工场和其他财产”，第7款“若符合信托的要素或者目的符合特别信托的要求，则可以获得任何不动产和动产信托，但是上述信托财产应当与红十字会的其他财产和资金相互分开”明确红十字会为实现宗旨，其财产来源包括各种捐赠、动产或不动产。同时规定在符合信托要求的情况下，可以获得动产或不动产信托，但这种信托财产应当与其他资金相区分。

关于红十字会财产的监督机制，《英国红十字会皇家特许状》第9条规定：“理事会应当委托根据公司法令有权审计有限公司的审计员审计红十字会的账目。”

关于红十字会资金的投资，《英国红十字会皇家特许状》附则一第5条规定："理事会可以使用红十字会的闲置资金进行投资、购买有价证券或者不动产，但是投资应当听取合理的建议，并充分考虑合适性，满足多样性需求。"英国红十字会法将投资对象限定于有价证券和不动产，同时要求投资应当满足合适性、多样性。同时《英国红十字会皇家特许状》附则一第6条对投资管理的授权委托进行了详细规定，包括财务专家的条件、酬劳、权限及红会对投资的管理和控制。附则一第7条规定在不违背当地法律的前提下，理事会可以将红十字会的投资或者其他财产置于被任命者名下，或者作为红十字会保管受托人或者被任命者，在受托人控制范围内向充当保管受托人或者任命者的法人实体支付受托人合理的酬劳，可以根据财务专家的工作支付其合理的费用。

在红十字会财产使用的禁止性规定方面，《英国红十字会皇家特许状》第6条规定："红十字会的收入和财产只能用于实现目的，不能直接或间接地以红利、奖金或其他形式向其会员或者受托人分配或转移；被委派到红十字会办事处的受托人不得领取薪金、费用，不得收受任何酬劳、财物。"严禁将红十字会的收入和财产对其会员或者受托人进行分配或转移，但同时对这种禁止做出了例外规定。

同时，《英国红十字会皇家特许状》第11条规定："红十字会以自己的资产免除受托人、官员和审计员由于执行任务而引起的民事或刑事赔偿责任，承担一切费用和损失，其前提为法院对其疏忽大意、不履行义务、违反信托约定或者违反职责的行为做出有利判决、无罪判决或无罪认定。"明确了当受托人、官员和审计员在履行职责无过错的情况下，红十字会以其财产负赔偿责任。

（四）加拿大

《加拿大红十字会法案》第5条第1款规定："红十字会可以购买、取得、持有、支配、保留和享有任何财产，包括不动产、动产、有形财产或无形财产，以及任何赠予、拨付、遗赠、划拨、购买或以其他方式获得的或在其使用范围内的不动产及其相关利益。”对红十字会可以持有的财产的形式（动产、不动产、有形财产、无形财产）、获得财产的手段进行了罗列式的规定。

在财产投资方面，《加拿大红十字法案》第5条第1款后句规定：“红十字会可以随时以他认为明智的方式处置上述任何财产，并且可以将上述财产、不动产或权利进行授予、转让、典当、抵押或以其他方式处置。”可见，加拿大红十字会财产的处置原则是相对灵活的——任何其认为明智的方式。同时《加拿大红十字会法案》第5条第2款“由加拿大红十字会持有或信托受益的不动产每年的总价值不得超过20万美元。”对红会从不动产中投资获益的数额进行了限制。

（五）德国

关于德国红十字会财产的来源，《德国红十字会章程》只对会费进行了规定，其第26条第5款规定：“成员分会每年向全国总会提交会费。这些会费的数额由全国大会决定，具体细节由‘财政规则’规定。”

关于红十字会财产的使用原则，《德国红十字会章程》第26条第1款规定：“德国红十字会在人力资源和财务能力的限制下执行其任务。其致力于在财务和管理行为上透明化。”第2款规定：“德国红十字会的资源必须节俭而经济地加以利用。其管理应符合预算。”第27条第3款规定：“德国红十字会的资源仅可用于其章程中规定的目的。”突出强调了财产使用透明、节俭、符合宗旨的基本原则。同时对财产的使用做出了禁止性规定，《德国红十字会法》第27条第6款规定：“德国红十字不能通过向并不服务于德国红十字宗旨的工作支付报酬或支付不相称的过高报酬，而恩惠任何人。”禁止对不符合宗旨的工作支付报酬。

关于财产的使用的监管，《德国红十字会章程》第26条第3款规定："德国红十字会依据商法上关于年度会计报表的规定，准备年度会计报表。其也要准备一份情况报告。"第4款规定："年度会计报表由审计员（注册会计师）认证。审计结果必须在年度报告提交之后，通知全国大会。年度报告阐述了年度会计报表，并描述了全国总会的财政状况及可能影响其发展的形势。"第8款"财政年度与日历年度一致"对红十字会的财政年度进行了规定。德国对审计人员做出明确规定，要求是注册会计师或者是有权审计有限公司的审计员。

《德国红十字会章程》第26条第7款规定："全国总会以其自有资产，仅对其自身之义务负责，不对其他任何成员分会负责。"第27条第5款"德国红十字会的成员分会不能以其成员的地位，接受全国总会的任何财政资金"强调红十字会总会财产与分会的独立性，红十字会总会财产仅对自身行为负责。

关于红十字会财产的税收优惠，《德国红十字会章程》第27条第1款"德国红十字会所追求的宗旨具有纯粹的直接的慈善性，并有益于公共利益，在联邦税法典之'免税资格的宗旨'条文的含义之内"明确表明只要符合红十字会的宗旨，其财产便是免税的。

（六）瑞士

《瑞士红十字会法案》对红十字会财产的规定很少，只是原则性的规定："红十字会的对外约定由其全部财产负责。"突出红十字会应当以其全部财产对其行为负责。

（七）俄罗斯

关于俄罗斯红十字会财产的归属，《俄罗斯红十字会章程》第十章第10条第1款和第3款都肯定了俄罗斯红十字会是捐赠所得财产的所有人。

关于俄罗斯红十字会的财产来源，《俄罗斯红十字会章程》第十章第13条规定，俄罗斯红十字会财产的来源包括：①自愿的捐款、捐赠；②俄罗斯红十字会成员缴纳的入会费以及年会费；③从俄罗斯公民、外国公民、无国籍人以及外国和国际组织处获得的慈善捐款；④从举办的讲座、展览、抽奖、拍卖、运动和其他的活动中取得的收益；⑤慈善捐赠；⑥因非经营性业务获得的收益；⑦通过吸引资源的活动取得的收益；⑧根据慈善家的意愿，出售慈善家的财产所得的捐赠物；⑨在由俄罗斯红十字会创建的经济组织中取得的收益；⑩志愿者的劳动；⑪因销售商品、提供服务等获得的收益；⑫因股票、债券、其他有价证券以及存款获得的利润；⑬从俄罗斯红十字会所享有的财产中获得的收入；⑭因民事法律事务所获得的收益；⑮依法由联邦、区域、地方提供的预算；⑯从事对外经济活动所取得的收入；⑰由俄罗斯红十字会创建的经济合作社、组织和其他的经济机构所取得的收入；⑱来自经营活动的收入；⑲其他没有被俄罗斯联邦法律禁止的收益。

关于财产的取得，为了实现俄罗斯红十字会章程中规定的目标和任务，其区域性组织和地方组织有权利进行法律明确规定的经营性活动来筹集资金和物品。为了实现现行规章规定的目标和任务，俄罗斯红十字会有权进行经营性活动。按照现行法律规定的程序，在取得执照后，根据执照的形式进行活动。因俄罗斯红十字会的经营活动而取得的收益，不得在俄罗斯红十字会成员之间进行分配，而是应该将此收益用于实现章程中规定的目标。俄罗斯红十字会可以进行经营活动，因为这些都是为实现法定的目标服务的，也正是为此目标，才创建了俄罗斯红十字会。俄罗斯红十字会进行经营性活动时，要遵守《俄罗斯联邦民法》及其他俄罗斯联邦法律的规定。俄罗斯红十字会有权利按照俄罗斯红十字会主席团的规定创建公积金。

关于财产的使用，《俄罗斯红十字会章程》第十章规定：俄罗斯红十字会以所有权形式或者其他物权形式享有的财产，首先要按照俄罗斯联邦法律和俄罗斯红十字会的现行章程的规定，保证俄罗斯红十字会的活动顺利完成。俄罗斯红十字会是俄罗斯红十字会财产的所有者，该财产包括区域性部门和其他登记注册的机构单元的财产。俄罗斯红十字会主席团以俄罗斯红十字会的名义行使所有者的权利。有关处分不动产的决定，只能由俄罗斯红十字会主席团决定。俄罗斯红十字会区域分支机构和其他登记注册的结构单元具有法人地位，可以支配管理自己拥有的财产，有独立的预算或者平衡。俄罗斯红十字会的财产只能用于实现俄罗斯红十字会章程中规定的目标和完成章程中规定的任务。因俄罗斯红十字会的经营活动或者其他活动获得的收入，不能在俄罗斯红十字会成员之间进行分配。该收入应该用于实现俄罗斯红十字会章程中规定的目标和任务。俄罗斯红十字会根据自己的所有权或者其他物权，可以进行任何的交易，但是不得违反俄罗斯联邦的法律，不得违反俄罗斯红十字会的章程以及慈善家的旨意。俄罗斯红十字会无权将自己的财产用于支持政党、运动、社会团体以及公司。俄罗斯红十字会的财产不能（以出售、支付商品和服务费等其他形式）以比转给第三人更为优越的条件转给其内部成员。根据俄罗斯联邦法律的规定，俄罗斯红十字会用其自己的财产对自己的行为承担法律后果。

关于红十字会资金的监督，第十章第 18 条规定：“俄罗斯红十字会的核算和报表：①俄罗斯红十字会，其区域性部门和地方登记部门，按照俄罗斯联邦对于法人的法律规定，都实行税务记录和财务报表；②俄罗斯红十字会，其区域性部门和地方登记部门，具有法人的地位，其有义务按照俄罗斯联邦法律规定的程序和期限提交有关财政收入和支出的财政报表；③被任命为俄罗斯红十字会、其区域性和上述地方机构的领导机构的全权代表，承担俄罗斯红十字会进行财政活动时的法律责任；俄罗斯红十字会中心部门的总会计师，上述的俄罗斯结构单元的总会计师，按照俄罗斯联邦法律的规定权限范围，承担相应的法律责任。”

小结：关于红十字会的财产，除了俄罗斯明确表明红十字会是捐赠财产的所有者外，其他国家并没有明确捐赠财产的归属，但是几乎无一例外地赋予红十字会对其财产的管理权和使用权，而且规定对财产的管理和使用必须是为了实现红十字会的目标和宗旨。各国针对红十字会财产的使用和管理都制定了一定的监管措施，用以保证红十字会对财产的合理使用，以有利于红十字会目标和使命的完成。

《中华人民共和国红十字会法》立法后评估报告

一　评估背景和目的

《中华人民共和国红十字会法》（以下简称《红十字会法》）自中华人民共和国第八届全国人民代表大会常务委员会第四次会议于1993年10月31日通过实施至今已近19年。为了充分了解在《红十字会法》制定实施以后，各级政府、红十字会系统、各相关部门以及其从业人员乃至社会公众对于《红十字会法》的认知程度，科学评价《红十字会法》所设定的相关制度的合法性、协调性、合理性、可操作性、规范性和实效性，检验各项制度的实施对于我国红十字事业的健康发展和社会效果的影响，及时发现目前《红十字会法》中因社会的发展和人们观念的变化而存在的不足之处，并对此进行研究分析，进而提出健全完善相关制度的意见和建议，中国红十字会总会和北京大学非营利组织法研究中心共同组织对本法的实施情况开展立法后评估。

鉴于本次评估的时限和其他因素，评估将主要围绕以下内容展开：一是对于《红十字会法》的评估主要着眼于《红十字会法》的本身目标和制度，同时结合各级地方政府的规章制度以及各级红十字会的相关文件；二是对于《红十字会法》中所规定的几项具体制度的评估，即红十字会的法律地位、活动原则、职责与业务范围、组织机构、红十字会的标志使用规范、经费与财产制度、政府扶植政策等；三是客观评估《红十字会法》所存在的制度缺陷和制度真空。

希望通过对以上内容的具体研究和评估，将红十字事业的法律规范工作推向一个新的高度，通过对法律制度提出具体建议以及意见，为相关法律的修改完善提供科学依据。同时，本次评估将在条件允许的情况下，深入探讨红十字会的相关理念、原则在我国的接受和普及情况，完成一次广大人民群众关于红十字事业的总体思考，进而推动红十字事业的综合改革。

二 评估标准

根据评估内容，本评估小组选用了以下评估标准：

（一）合法性标准

即评估对象是否符合法制统一原则，各项规定是否与上位法一致，尤其是评估对象实施后，出台了新的上位法或者上位法进行了修改的；没有上位法的，是否符合我国有关法律的立法精神和有关政策要求。

（二）协调性标准

即与同位阶的法律是否存在冲突，评估对象本身规定的制度之间是否衔接，配套规定是否完备。

（三）合理性标准

即各项规定是否符合公平、公正原则，是否符合立法目的，所规定的措施和手段是否适当、必要；有关法律责任的设定是否妥当，处罚的规定是否适当。

（四）可操作性标准

即所设定的各项措施能否实施以及实际效果如何，包括是否适

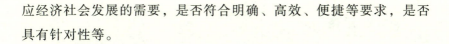

应经济社会发展的需要，是否符合明确、高效、便捷等要求，是否具有针对性等。

（五）规范性标准

即立法技术是否规范，逻辑结构是否严密，表述是否准确。

（六）实效性标准

即立法是否得到普遍遵守和执行，是否实现预期的立法效果。

三 评估方法

（一）文献检索、信息收集以及资料和信息的筛选和整理

围绕本次评估的目的和内容，评估小组收集了以《红十字会法》为中心的相关法律文件，以及相关问题的研究文献，包括专著、教材、论文集、学术论文、调查和研究报告，文献范围涉及国内外，并对收集到的这些文献进行全面筛选和整理，按照时间脉络，对相关问题做出专题研究。

关于国内文献，评估小组整理的法律、法规等规范性文件有：国际规则 1 个，国内法律 1 个，行政法规 2 个，地方性法规、条例 31 个，部门规章 36 个，地方政府规章 30 个，红十字会规定 5 个，共计 106 个文件。

关于国外文献，评估小组组织人员翻译了 8 个国家的法律文件，包括《美国国家红十字会国会宪章》、《瑞士红十字会法案翻译》、《英国红十字会皇家特许状》、《德国红十字会章程》、《加拿大红十字会法案》、《俄罗斯红十字会章程》等十几个法律性文件。同时，评估小组还专门针对红十字会的相关制度做了比较法研究，为本次评估提供了更加充实的参考资料。

（二）访谈

为了更为深入地了解有关问题，评估小组对目标群体进行了多次访谈，目标人群涉及以下人员：红十字领域专家学者、主管部门相关管理人员、红十字会系统工作人员。每个群体都选择了若干对象，通过面对面的访谈，得出了研究问题的第一手资料。

（三）座谈会和研讨会

在评估项目进行期间，评估小组选派人员跟随红十字会总会 6 个调研小组奔赴 13 个省、自治区，所到之处，参与了红十字会组织召开的有关省、市、县三级管理部门、主管部门、服务机构的座谈会，针对本次评估的问题，与座谈会与会人员进行了交流。

（四）实地考察

评估小组派员参加了红十字会总会调研小组的调研活动，本次调研选取了江西、湖南、山西、内蒙古、安徽、陕西、辽宁、四川、贵州、福建、广东、江苏、浙江共 13 个省（自治区）。这些省（自治区）的选择充分考虑了各地经济发展水平及红十字会发展现状，基本包括发达地区、中度发达地区和欠发达地区三个梯度。在对这些地方的省、市、县三级红会进行实地走访和考察的同时，也在当地召开了小型研讨会，深入了解评估所涉及的问题。

（五）问卷调查

评估小组组织人力设计了“《红十字会法》立法后评估调查问卷”和“中国红十字组织基本信息调查问卷”。前者主要针对红十字会内部工作人员，后者中的问题针对的是各级红十字会组织。

问卷的发放与回收主要通过以下两种途径：一是通过中国红十字会总会 6 个调研组现场发放与回收，发放范围遍及江西、湖南、山西、内蒙古、安徽、陕西、辽宁、四川、贵州、福建、广东、江

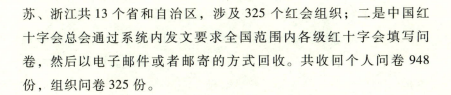

苏、浙江共13个省和自治区，涉及325个红会组织；二是中国红十字会总会通过系统内发文要求全国范围内各级红十字会填写问卷，然后以电子邮件或者邮寄的方式回收。共收回个人问卷948份，组织问卷325份。

四 评估内容

为了实现本次评估的目的，评估活动主要围绕以下内容进行。

（一）《红十字会法》的总体实施效果

《红十字会法》自中华人民共和国第八届全国人民代表大会常务委员会第四次会议于1993年10月31日通过实施至今已有近19年。19年来，中国红十字会在“人道、公正、中立、独立、自愿、普遍、统一”原则的指引下，在《红十字会法》的规范引导下，得到了前所未有的发展，在开展人道主义救助、救护、救援等方面做了大量卓有成效的工作：建立了较为完善的备灾救灾网络和群众性自救互救网络，传播国际人道法和红十字基本知识，普及卫生救护和防病知识，开展卫生救护、预防艾滋病宣传等方面的培训，开展社区红十字服务，开展有益于青少年身心健康的红十字青少年活动，参与和推动无偿献血工作，建立中国造血干细胞捐献者资料库，协助政府参与突发事件的救助，进行国际人道主义援助，促进国际交流与合作，加强与港澳台的联系等。在救死扶伤、扶危济困、敬老助残、国际人道主义救援等发面发挥了不可替代的作用，对维护国家改革、发展、稳定的大局和提升国际形象、加强国际交流与合作，以及弥补政府失灵、提供社会公共物品等方面均发挥了独特作用。在《红十字会法》的指引下，各级地方政府分别颁布实施了自己的法规和条例，完善了红十字会自身的法律体系，并依此建立了各地的红十字会组织，实现了红十字会组织力量的壮大。同时通过各级政府法规和规范性文件的宣传，提高了民众对红十字事业方面的了解和认同，促进了红十字事业的发展。

然而，随着社会经济的飞速发展，我国红十字会也面临诸多挑战，《红十字会法》面对复杂的社会形势也日益显露出其弊端和不足。

1.《红十字会法》颁布后的具体实施活动

据调查，《红十字会法》颁布实施以后，为了贯彻实施该法，红十字会在制度建设、组织建设、设施设备建设、机构建设、成员发展、备灾救灾、救援和捐赠等方面开展了各类活动，具体情况如下：

在制度建设方面，据不完全统计，围绕《红十字会法》，国务院先后颁布了《中华人民共和国红十字标志使用办法》和《国务院办公厅转发〈中国红十字会总会关于进一步加强红十字会工作意见〉的通知》等两个行政法规性质的文件；各省、自治区、直辖市共颁布了31个地方性法规、条例，以及30余个地方政府规章；相关部门颁布了36个部门规章；红十字会内部颁发了5个自治性规定。经过多年的实践，此外，中国红十字会还建立了比较完整的备灾救灾体系，制定了自然灾害和突发事件救助规则，建立了灾情报告与评估制度，接受捐赠和开展募捐活动、物资采购、管理与分发、实施过程中的监督与管理制度，以及国际救援制度等，为中国红十字会开展日常工作和参与救援救助工作提供了制度保证。

在组织建设方面，截至2011年底，中国红十字会有31个省（自治区、直辖市）红十字会、334个地（市）级红十字会、2848个县级红十字会和新疆生产建设兵团红十字会、铁路系统红十字会、香港特别行政区红十字会、澳门特别行政区红十字会；全国共有9.8万个基层组织，215.6万名志愿者，11万个团体会员，2658万名会员，其中1775万名青少年会员，成为国际上会员最多的国家红十字会。基本建立了覆盖全国的工作网络和工作队伍，为红十字会的工作提供了组织保证。从1998年到2010年，中国红十字会与红十字国际委员会连续签署了4个传播工作合作计划，借助国际资源的共享，举办各类传播培训班，系统地培训了红十字会专职干部和广大会员。

但是，根据对13个省（自治区）的149家红会组织的调查结果，红会组织的力量显得较为薄弱。调查问卷显示，在2011年，没有备灾救灾项目的红会占据了样本的51.7%，没有开展卫生救护和防病知识宣传项目的占51.0%，没有输血献血项目的占72.5%，没有开展红十字会青少年活动的占80.5%，没有开展人道主义救援项目的占53.0%，没有红十字会理念和原则宣传项目的占63.8%，没有开展员工及志愿者培训项目的占73.8%，没有进行学习交流项目的占79.9%。以上这些项目，尽管有少量的红会组织有所开展，但是其用于各类项目的资金也是少量的。这些调查数据表明，红十字会在过去的一年中，在任务的履行和工作的开展方面存在明显不足，没有充分发挥红十字会的社会作用。

在设施设备建设方面，截至2011年底，中国红十字会初步形成了救灾物资储备网络。中国红十字会现有的备灾救灾中心大多具有接收募捐、仓储、转运和培训等功能，平时是物资募集、储备和培训基地，灾害发生时则是进行灾害救助的枢纽，大大增强了红十字会的灾害应急能力，加快了红十字会的应急反应速度。但是根据最新的调查数据，当前红十字会的设施设备显得落后于社会需求。如对13个省（自治区）红十字会的调查数据显示，292家受访的红十字会中，有76.8%的组织没有网站，有46.7%的组织没有办公地点，占总数的将近一半。按照组织级别来看，参与调查的省级红会均有网站，而县级红会中没有网站的比例最高。这说明，红十字会的设施设备建设亟须加强，否则无法满足其履行社会职能的需要。

在救援活动方面，中国红十字会积极参与国内外各类救援活动。在国内方面，在1998年长江特大洪水时期，中国红十字会及时成立了救灾小组，由红十字会领导和各部门负责人组成，同时向全国红十字会和国际红十字会发出援助呼吁，积极向灾区募捐。在加强红十字会的内部治理，健全外部监管体制，促进各级红十字会之间的交流与合作，均起到了推动作用。此外，法律体系还明确了红十字会组织的职责，并为其职责的履行提供特殊的法律保障。

从对立法目的的实现程度看，《红十字会法》实施近20年来，在很大程度上实现了当初的立法目的。《红十字会法》第一条规定了其立法目的："为了保护人的生命和健康，发扬人道主义精神，促进和平进步事业，保障红十字会依法履行职责。"在该法的规范和指引下，全国的红十字会组织致力于救灾救助、社会救济，在保护人的生命和健康方面发挥了不可忽视的作用。每遇到灾害发生，就有红十字会组织呼吁募捐，往灾区递送救援物资。通过参加各种救助活动，举办各类公益活动，对红十字会的形象和人道主义精神进行了大力宣传和推广。

但是，随着新情况、新问题的出现，《红十字会法》的滞后性逐渐呈现出来，这些问题不适合红十字会发展的需要，也对实现其立法目的产生制约性影响，因此亟须立法进行调整。

4. 组织发展不平衡

调查发现，红十字会组织的发展具有严重的不平衡性，这种不平衡主要体现在三个方面：一是体制不平衡，有的红会相对独立，有的还挂靠在卫生系统。在机制上，有些地方红十字会员代表大会、理事会、常务理事会制度不健全，没有按照章程要求召开会议，也没有成立执委会，有些地方红十字会名义上理顺了体制，而人员却没有到位，尚不具备独立开展工作的条件。二是层级不平衡，红十字服务对象和力量源泉都在基层，但组织建设越向基层越薄弱，呈现"头重脚轻"的现象。各地区各级红十字会建制规格不统一，内部部门设置少，工作人员不足，专业素质不高现象普遍存在。三是城乡不平衡，受交通、通信、成本等诸多因素限制，红十字进基层多是选择在城市社区进行，在广袤的农村地区，红十字工作的知晓率、推广率还差之甚远，基层红十字会依法履职能力不足。

组织发展的不平衡致使地方红会的发展呈现出散乱态势，彼此之间的联系甚少，合作交流不强。根据对13个省（自治区）红十字会的调查数据，在合作方面，只有44.6%的受访者表示去年（2011年）曾和其他红会联合开展过活动，而55.4%的受访者则表示没有，即使有合作，合作频次也不高。而在联合活动的具体内容方面，选择频率从高往低依次是交流学习（78.0%）、联合紧急救援（37.6%）、其他（23.0%）、联合组织献血（17.5%）、联合劝募（15.1%）。这表明，区域红十字会之间尚未建立联动机制，缺乏交流合作的积极性，而且交流方式较为单一。

调查发现，基层红会组织的力量较弱，而多数人认为基层红会的设置必不可少，这就需要加强基层红会的组织建设和能力建设。在组织建设方面，总会应加大对基层红会的扶持力度，制定红十字会基层组织建设标准，给以配套项目、资金支持，充分利用红十字模范单位的表彰机会，对各类基层组织进行分别表彰，增强基层红会影响力、向心力和公信力，夯实红十字事业发展的基础。在能力建设方面，应进一步加强红十字系统专兼职干部的理论和业务知识培训，拓展干部素质教育，拓宽干部视野，加大干部培养力度，开展上挂下派交流，为红十字会干部成长创造有利的条件。此外，还应加强对基层红会事业发展的支持力度，一方面，应当加大经费支持，切实增强地方红会造血功能，为贫困地区红十字事业发展奠定基础。利用非定向资金理财收入，支持地方红会开展救援队建设、公益性救护培训等核心业务工作。另一方面，应建立对口支援机制，可由总会出面组织建立东部地区红会支持中西部的对口支援机制，开展人员交流和项目合作。

（二）《红十字会法》与相关法律法规之间的协调

1.《红十字会法》的法律位阶与效力问题

在法律位阶方面，《红十字会法》是由中华人民共和国第八届全国人民代表大会常务委员会第四次会议通过的法律。由于《红十志的罚则规定，弥补了《红十字会法》的制度缺陷。另一方面，为贯彻落实《红十字会法》，推进我国红十字事业的发展，国务院办公厅于2004年转发了《中国红十字会总会关于进一步加强红十字会工作意见》的通知，该通知要求各级政府充分认识红十字会的地位和作用，切实加强对红十字事业的扶持，切实帮助红十字会提高救助能力，大力加强红十字会组织机构和干部队伍建设，努力推动国际和地区间交流与合作的深入开展。该通知的颁发细化了《红十字会法》的规定，进一步加强了《红十字会法》的贯彻实施。

在地方性法规、条例方面，全国22个省（除台湾省之外）、5个自治区、4个直辖市都依据《红十字会法》规定了《实施〈红十字会法〉办法》或者《红十字会条例》。各地方性法规均表示要贯彻实施《红十字会法》，重申了《红十字会法》宣扬的“人道”精神，并对各地红十字会的组建、工作的开展、主要职责、经费的来源和使用以及监管制度等做了更为详细的规定，这是各地对《红十字会法》原则性规定的具体化，为各地贯彻实施《红十字会法》提供了制度保证。

在地方政府规章方面，各省、自治区、直辖市人民政府响应《国务院办公厅关于转发〈中国红十字会总会关于进一步加强红十字会工作意见〉的通知》，按照该通知的要求，结合本地实际，对如何加强本地红十字会的工作做了安排部署。这不仅是对国务院政策精神的呼应，也与《红十字会法》一脉相承，都对推动红十字会的工作起了积极作用。但是，几乎所有的地方性文件都是对国务院文件简单复述，鲜有地方特色内容，基本没有超出国务院文件的规定。

在部门规章方面，民政部、卫生部、财政部、国家税务总局、中编办等国务院各相关部门为推动红十字会的工作颁布了大量的规范性文件。其内容较为丰富，有关于红十字会经费和人员编制问题的，有要求配合红十字会工作、发挥其社会作用的，有关于红十字会总会机构改革的，有关于红十字会享有优先通行权的。这些文件

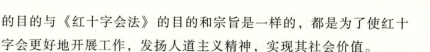

的目的与《红十字会法》的目的和宗旨是一样的，都是为了使红十字会更好地开展工作，发扬人道主义精神，实现其社会价值。

五 《红十字会法》的具体制度评估

（一）红十字会的法律地位不明确

红十字会的法律地位是确立其他方面规范的起点和根据，但是《红十字会法》对红十字会组织的法律性质、是否具备法人资格以及如何取得法人资格等没有明确界定。该法第二条规定："中国红十字会是中华人民共和国统一的红十字组织，是从事人道主义工作的社会救助团体。"该法第十一条又规定："中国红十字会总会具有社会团体法人资格；地方各级红十字会、行业红十字会依法取得社会团体法人资格。"从第二条来看，红十字会似乎是一个专门的"社会救助团体"，但是从该法第十一条来看，其又是"社会团体法人"，对红十字会的属性、特征没有理清。1996 年 11 月 15 日中共中央组织部办公厅颁布的《中国红十字会总会机关参照〈国家公务员暂行条例〉管理的实施方案》规定："中国红十字会总会所属事业单位，不列入参照《国家公务员暂行条例》管理的范围。"这使得公众对红十字会的法律地位和性质更加模糊。在调查中也发现，红会的组织身份较为复杂，参与调查的组织多定位于事业单位和群团组织，而县级红会作为政府部门的比例较高。

按照社会团体登记条例，各级红十字会都需要在同级民政部门进行登记注册，而作为参照公务员法管理的群众团体机关只要编制部门批准则不需要注册登记。在认识上，多数省、区红十字会均认为没有必要到民政部门进行登记。但在申请应急救护培训经营服务性收费时，机关不可以申请，社会团体可以申请。在收取会员会费时，如果没有在民政部门进行社会团体登记，则不能领取会费收据等。目前，全国各级红十字会中多数属政府联系的社会团体，但内蒙古等地红十字会则属党委联系的群众团体，到底是社会团体还是群众团体，有待进一步明确。因此，建议在现行《红十字会法》修改过程中，首先明确各级红十字会的群团（或社团）组织属性，并对是否进行社会团体登记作出明确规定，以改变目前红会在登记问题上存在的不一致和混乱状况。

此外，《红十字会法》第十一条本身也有矛盾之处，因为根据该规定，红十字会总会具有社会团体法人资格，地方各级红十字会、行业红十字会依法取得社会团体法人资格，这即是说，对于地方不同行政层级的组织机构的法律性质尚未有明确的说明。根据对地方相关法规、规章的分析可知，各地方法规规章对于地方红十字会组织社团法人资格的取得问题（是自动取得还是依照申请取得）有不同的理解。行业红十字会取得法人资格的程序、行业规模、基层红十字会的法人资格取得问题以及地方上专职工作人员和办公地点等相关问题在各地方性法规中有不同规定。

因此，建议引入法定机构的概念，通过立法明确其特定的职责、红十字会和政府之间的关系以及与之相适应的治理结构。

（二）红十字会的职责定位不清晰

在主要职责方面，《红十字会法》的规定是：救灾救助、普及卫生救护知识、人道主义工作、开展红十字会青少年活动、宣传、完成人民政府委托事宜等。地方性法规、规章对红十字会主要职责的界定与《红十字会法》的规定基本一致，大致规定红十字会主要履行以下职责：备灾救灾，卫生救护，人道主义服务，红十字青少年活动，国际合作与港澳台事务的合作，完成人民政府委托事宜。这种较为原则、笼统的规定，导致红会的核心业务不明确，其职能意识也不清晰。

调查中也发现，部分地区红十字会工作人员对红十字事业的本质与宗旨并不清楚，部分专职工作人员还不能全面准确把握红十字理念内涵、工作重点，只是凭着自己的片面感知，做出“盲人摸象”的判断。红十字工作的观念与能力面临一定挑战，大局观念、群众观念、品牌观念、法制观念、社会化观念有待增强，项目策划、组织实施、文化宣传、社会公关等能力整体比较弱，在业务拓展方面缺乏自主创新意识，核心业务发展缺乏活力和开拓精神。在职责的性质方面，《红十字会法》和地方法规的规定都存在短板，二者均未对职责的性质作出明确界定，红十字会的职责是职权性的还是义务性的，法律、法规未作出回答，也未对最低限度的义务性职责作出规定，更没有规定地方红十字会应该承担的相应法律责任。

在履行职责的特殊保障方面，《红十字会法》和地方法规都规定了三种职责保障措施。一是管理使用救助物资，处分捐赠物资；二是执行任务时的优先通过权：在自然灾害和突发事件中，执行救助任务并标有红十字标志的人员、物资和交通工具有优先通行的权利；三是履行职责受保障权：任何组织和个人不得拒绝、阻碍红十字会工作人依法履行职责。但是，《红十字会法》和地方法规对红十字会财产和工作人员的保护性规定较为笼统，并且保护力度不足。对于红十字会工作人员在履行职责时的人身保护未做规定。虽然对红十字会的物质、人员和交通工具的优先通过权作了规定，但是对过路费等具体事项未作出细致性的规定。

因此，应当明确定位各级红十字会的职责。其一，根据各层级最适于承担的职责和能力，建议将地县级红会定位为基层红会。建议不必按行政体系在所有地县均建立独立的红会会员组织，而是根据发展的需要与可能，设置建立基层红会组织的基本条件。基层红会在组织建设上的基本职能是建设和发展红会会员组织即个人会员、团体会员和会员小组；在业务工作上的基本职能是服务于红会会员组织的需求。其二，建议将省级红十字会的主要职能集中在紧急救援能力的建设与核心业务的执行与开放上。其三，中央级红十字会即中国红十字会总会的主要职能应定为：对外服务国家外交大局，开展人道外交，参与国际人道援助；对内进行包括信息化建设和项目研发管理等的自身建设；同时作为社会主义精神文明建设的生力军，把握精神文明倡导方向。

同时，应当在立法中明确红十字会的核心业务，进一步突出红十字会的“应急”服务功能，做好紧急救援、应急救护培训工作。这是红十字会的法定职责，也是核心业务，集中体现了保护生命和健康的红十字运动宗旨。目前，红十字会开展的很多工作尚未列入《红十字会法》，这影响了红十字会依法发展。建议随着工作范围的不断拓展，造血干细胞捐献、人体器官捐献、红十字志愿服务等工作应以法定形式给予确认。特别应将学生、国家公务人员、高危行业从业人员参加红十字应急救护培训作为一项硬性要求写入法中，把取得红十字救护员证作为驾驶人、矿山工人等人员上岗的必要条件，从法律上予以保障，并使此项工作成为红十字会专属及永久性工作。

（三）红十字会与政府的关系有待理清

研究发现，新中国成立以来，红十字会总会一直由卫生部代管，直到1999年，中央机构编制委员会办公室印发《关于理顺中国红十字会总会管理体制的通知》，将红十字会总会由卫生部代管改为由国务院“领导联系”，其机关党委的工作由中央国家机关工委领导，干部按中组部有关规定进行管理，经费列国管局。这一改动使红十字会脱离了卫生部的直接控制，同时也推动地方红十字会理顺管理体制。红十字会由政府部门的助手转变为政府人道主义工作的助手，尤其是中国红十字会会长从此不再由卫生部部长担任，其与卫生部的关系发生了实质性的转变。

但是，受中国行政管理体制的影响，红十字会总会实际上很难真正地独立，其与政府的关系很密切。对于分会来讲，政府对红十字会的影响更为严重，特别是基层红十字会几乎依靠当地政府生存，红会的管理基本听由政府的号令。

从机构性质来看，红十字会属于事业单位。1996年，中组部和人事部联合发出一份《关于印发中国红十字会总会机关参照管理的实施方案的通知》，其中指出，把红十字会总会的工作人员招聘纳入国家公务员序列统一组织，在中央机构编制委员会办公室的网站上，中国红十字会总会机关与中华全国总工会机关一起，被列为“中央编办管理机构编制的群众团体机关”。《中共中央办公厅、国务院办公厅关于印发〈21个群众团体机关机构改革意见〉的通知》（中办发［2000］31号）、《工会、共青团、妇联等人民团体和群众团体机关参照〈中华人民共和国公务员法〉管理的意见》（组通字［2006］28号）都明确红十字会机关列入参照《公务员法》管理范围。在领导层方面，会长、副会长等大多具有担任政府部门要职的经历。

《红十字会法》第五条规定了红十字会与人民政府的关系："人民政府对红十字会给予支持和资助，保障红十字会依法履行职责，并对其活动进行监督；红十字会协助人民政府开展与其职责有关的活动。”但是在实践中，政府与红十字会的关系往往表现为“领导与被领导”的关系。根据对13个省（自治区）红十字会调查的数据，高达88%的受访者承认这种“领导与被领导”关系。而且在政府对当地红会财权的影响方面，有近70%的受访者认为政府对当地红会财权和人事权的影响很大或较大。此外，红十字会与政府之间的另外一层表现是既有合作，又有竞争。一方面，红十字会与政府之间有合作关系。非营利组织兴起后，在社会公共物品的提供上，出现了三个主体：政府、企业、非营利组织。政府的主要职能是维护社会稳定和发展，但是其能力是有限的，为了达到目标，政府需要让渡一部分职能给非营利组织，比如红十字会。二者在一些共同的领域、面对共同的对象、提供类似的公共产品比如社会救助、医疗、教育、抢险救灾等方面，是相互合作的。地方法规规章在地方红十字会组织与政府关系层面，认为地方政府应该支持和资助地方红十字会组织的发展，对于资助的具体方式在地方红十字会的经费来源中部分有明确规定，并且地方政府有监督红十字会相关活动的职责，地方红十字会协助政府开展与其宗旨相符或职责有关的活动。从这点来讲，红十字会既能弥补政府失灵，又能对政府的工作起到督促作用。另一方面，红十字会与政府之间存在竞争关系。出于行政管理的需要，政府会对红十字会提供一定的支持，同时，政府也会对红十字会组织有控制作用，使得红十字会具有很强的政府性。这种政府性表现在两个方面：一是中央政府主动承担红十字会总会的业务主管单位，从人力资源和财政资源上都给予了很大支持；二是最高领导人担任总会名誉会长，各级分会的名誉会长也由各级党政机关领导人担任，相关官员参与红十字会的各种活动。红十字会募捐会对政府的税收构成影响，这是二者产生竞争的一大因素。这首先是因为捐赠是免税收的，根据调研数据，税收优惠政策对企业的捐赠意愿产生很大的激励作用。其次还因为非营利组织和政府都是提供社会公共物品的主体，企业或个人如果对政府提供的公共产品不满，就会转而将资金捐赠给提供满意公共产品的非营利组织如红十字会，随着捐赠的增多，政府的税收就会减少。所以，从这点来讲，二者是存在竞争关系的。

在地方性法规中，关于红十字会组织与地方政府的关系在各地方有不同的界定，地方红十字会组织的独立性应通过何种形式进行保障尚未能够明确，同时，红十字会地方法规规章对地方单位组织对地方红十字会的支持义务并没有作出保障性的规定，支持的具体义务行为形式尚未有明确规定。地方政府特别是基层政府对基层红十字会组织的发展几乎起着决定性的作用。基层红十字会的发展速度和规模基本与当地政府的支持成正比。而且，基层红十字会组织不能脱离政府的管理，一方面由于没有良好的社会捐赠环境和捐赠文化，基层红十字会的运行经费基本全部依赖基层政府的拨付；另一方面，基层红会的社会影响力较小，须借助政府行政资源才能承接大型项目，推进工作，因此不得不充当基层政府命令的执行者。

从以上的规定可以看出，虽然法律赋予了中国红十字会社会团体法人的资格，但法律同时又规定了其具有协助政府开展活动的义务，在人员配置和经费来源上具有明显的政府色彩。红会的官办色彩在基层更为明显，更体现出政府性强、独立性弱的特征，而这不全是由于基层红会组织自身原因造成的。在市场和政府规制之间艰难生存和发展，不健全的法律、政策环境和相应的政府角色异位也是原因。从管理角度看，基层红会缺乏个人利益激励，缺乏提高效率的竞争机制，缺乏绩效评价的有效方式，行政干预严重，缺乏有效社会监督，缺乏社会公信度，缺乏奉献精神，这是制约基层红会组织发展的因素。但是调查显示，红十字会尤其是基层红会往往会受益于它的这种“半官方”身份。对13个省（自治区）红十字会的调查数据显示，在半官方身份对于筹款的影响方面，41.4%的受访者表示利大于弊；在半官方身份对于开展项目的影响方面，68.4%的受访者表示利大于弊。由此可见，当地红会在开展项目活动时，更倚重于体制内资源，红会系统开展项目时对政府体制较为依赖，显示了资源、能量不对等情形下的单向度关系。

红十字会的“半官方”组织特征在为其发展带来强劲动力的同时，也被视为红十字会当下所面临的诸多困境的制度性根源。红十字会沦为政府的一个部门，红十字会在人员配置和运作模式上与政府相似。红十字会不可避免地使自己受到长期以来政府部门的不公开透明、官员的贪污腐化、运作效率低下等负面形象的影响。

综上，法律应当在保证红十字会组织独立性的同时，明确政府对红十字会的监督责任，同时应当明确上级红十字会对下级红十字会的监督和管理职责。

（四）红十字会总会与分会的关系未能明确

从上下关系看，《红十字会法》对红十字会上下级的管理规定较少，且规定得较为笼统。如规定“县级以上按行政区域建立地方各级红十字会”，这造成地方政府将建立地方红十字会当成一项行政任务，进而又将设立后的红十字会当做自己的附属机构或一个部门。根据调查，实际情况基本如此。另外，对于红十字会上下级关系方面，该法规定“上级红十字会指导下级红十字会工作”，这导致红十字会总会对地方红十字会没有问责权，地方红十字会基本是各自为政，总会无法统一领导。由于组织机制不健全，上级红十字会对下级红十字会管理能力严重欠缺。因完全实行属地管理，各省红十字会很难对下级红十字会实施人、财、物、事等方面的实际管控，除了在款物支持方面，上级红十字会对下级红十字会在监督制约、人事管理等方面均无能为力。

由于法律将总会和分会的关系规定为“指导”，从而导致现行管理体制不畅，使总会无法对分会进行有效监督和指导。大多数地方性规定对红十字会相关机构的选举和决定程序未作出具体规定，也有一些省（自治区）、市如福建、山东、湖南、广东、广西、云南、甘肃、青海、宁夏和青岛市等没有对内部机构作出规定。

依据对 13 个省（自治区）红十字会调查问卷的统计结果，高达 74.8% 的受访者认为总会和分会的关系是“指导与被指导”，而认为二者的关系是“领导与被领导”的受访者仅有不到 20%。且受访者大多认为上级红会在人事、财务等方面对下级红会基本没有发言权，相反，近九成的被调查者认为当地政府对红会具有直接的领导关系，对红会的人事、财务等事务享有发言权。这种现象，源于《红十字会法》对红会上下级关系“指导”性质的认可。然而，正是这种“指导”关系的定位，架空了上级红会对下级红会的直接管理权，而政府由于红十字会机构的特殊性，又不愿意或者没有精力去管理，这就使红十字会的管理体制随着当地政府对红会的态度而呈现出不同的特色，而失去了红会作为一个整体的特性。

关于红会总会与地方分会的具体模式，调查中有的意见认为，应当遵循非营利组织扁平化的组织结构设置规律，推进有效协同管理模式，不宜实施覆盖全国的垂直行政管理体系。可借鉴内蒙古经验，总会应争取协同地方政府对地方红十字会进行管理，在领导者任免、重大筹资事项、保护红十字会的声誉等方面享有建议权、复审权、否决权等必要的权力。可实行目标化管理，建立行业自律标准、自评标准和统一的工作标准，依据行业自律议定标准对各级地方红十字会进行监督、考核和评估。总会领导同志有计划地到各级地方进行工作联系，促进当地政府和地方红十字会之间的高层次会晤，推动红十字会的工作。有的意见强调垂直管理，有的主张双层管理、分级协同，还有的提出，总会负责提供平台、出台政策，省级红会负责监督管理，市级红会审核把关，县级红会具体实施。也有个别意见指出，过多强调上下级红会的条管关系不一定好，与地方联系减少，在争取地方支持、干部成长交流上很不利。

因此，建议从根本上彻底理顺红十字会的管理体制。根据调研结果的反映，关于红十字会的定性、定位，主要有三种意见：其一，红十字会是第一个以政府身份同国际打交道的团体，天然带有官方性，完全去行政化可能导致红十字会的职能减弱。其二，即使在现有框架中改革，也一定要跳出强化官办、强化行政色彩的思路，否则会导致自身包袱过重，也会招致社会各方面反感。其三，红十字会应当准确定位为政府的助手，要侧重于专业特色领域，着重在政府及其他社会组织的空隙中发挥拾遗补缺的作用。红十字会应当定位为人道组织，关心的是生命的权利和关爱，应当与一般慈善组织相区别。政府与红会的关系，是伙伴不是对立。改革的方向要坚持市场化、社会化，但也要充分发挥与政府、社会组织和市场的资源整合、配置优势。这种性质和定位，需要重新构建新型的社会管理体制，真正理顺与政府、社会组织的关系，不是简单地去行政化。

总之，对于总会和分会的关系，现行《红十字会法》规定的是“指导”关系，这不利于总会对分会的监督管理。该法第八条规定：“县级以上按行政区域设立地方各级红十字会，根据实际工作需要配备专职工作人员。”第十一条规定：“中国红十字会总会具有社会团体法人资格；地方各级红十字会、行业红十字会依法取得社会团体法人资格。”第九条规定：“上级红十字会指导下级红十字会工作。”实践中，地方数千家红十字会由各级地方政府设立，都具有独立法人资格，总会对其只有指导职能，并不具有监督职能，因此目前红十字会系统内地方分割和行业分割现象严重，总会对地方红会的人事、财务都没有决策建议权。建议在修改《红十字会法》时明确总会与分会之间的关系，并授予总会一定的职权，这不仅是改变现有问题和弊端的需要，更是符合世界红十字和红新月运动统一性原则的要求。

（五）红十字会总会的权限不足

《红十字会法》规定："全国建立中国红十字会总会。"中国红十字会的组织机构有：总会机关（办公室、赈灾救护部、事业发展部、联络部、项目办公室、监察审计室）；总会事业单位（中国红十字会援外物资供应站、总会训练中心、中国造血干细胞捐献者资料管理中心、总会报刊社、中国红十字基金会、总会机关服务中心）。

从权力来源看，红十字会的很多权限是由政府转让的，与政府工作具有很大的重合性。但是由于中国红十字会总会的工作不在党和国家的中心工作范畴，进入不了中央核心决策层，也没有特定的利益代表，因此其力量弱小，尤其是在基层没有强大的推动力，同时由于红十字会的工作性质与民政、慈善总会等很多部门存在重叠现象，所以政府赋予红十字会总会的权力也是分散的。

从上下级关系看，红十字会总会有权对地方各级红十字会的工作进行指导。《红十字会法》第九条第四款"上级红十字会指导下级红十字会工作"明确规定了上级红十字会对下级红十字会是指导关系，而非领导关系。依据《红十字会法》，总会就地方红会承担的"三救三献"（救灾、救助、救护，义务献血、造血干细胞捐献、人体器官捐献）以及国际人道法传播、红十字青少年等方面的工作进行部署和指导，不负责他们的人事管理，不承担他们人员工资和工作经费的划拨，类似于工、青、妇等人民团体的组织管理模式。总会对分会的监管主要是业务方面的监管，比如布置的工作是否按要求落实、拨付的救灾款物是否及时安全分发到位等，主要监管方式有自上而下的内部监督检查，也有外部审计和第三方评估。各级红十字会及其基层组织无论人事、财政都隶属于地方各级政府，红十字会总会基本无权过问。这样的组织体系也导致红十字会系统内部横向、纵向联系不够。纵向联系一般仅局限于完成某一项目或年终总结，横向联系更加少，缺乏信息共享的概念。但是，由于品牌方面的牵连，红十字组织任何一个局部的失误和过错都会影响红十字整个品牌。

从对外关系看，红十字会总会是中国红十字会组织在国际上的唯一合法代表。同时，红十字与红新月运动的统一性原则要求“任何一个国家只能有一个红十字会或红新月会”，即在红十字运动中，一个国家的红十字会如果要得到国际红十字会运动的承认，它必须是“该国唯一的全国性红十字会或者红新月会，并由一个中央委员会领导”。这项原则主要关注的是一国红十字会的内部结构和制度。统一性意味着行政的统一，从内部事务的角度看，即只能有一个中央机构（即总会或总部）从事全面筹划，负责分配所获得的各种资源，确定各种行动；从对外关系来说，国家红十字会要参加国际会议，也只能由一个中央机构来代表其作为正式成员。

因此，红十字会总会应当加强管理体制改革，加强对地方红会项目管理和社会捐赠的管理，增强红十字系统内部的信息交流，逐步理顺红十字组织的管理体制。

（六）治理结构的规定不完善

会员是红十字会工作的社会基础，是动员社会资源支持、扩大红十字会社会影响的力量源泉；拥有强大的民主参与的会员体系，也是建设强大的国家红会所必备的条件。但调研表明，很多地方红十字会的基层会员机制名存实亡，会员构成仍然以医疗卫生机构团体会员为主，很少看到真正意义上的个人会员，会费收缴等最基本的义务也得不到履行。

靠行政指令理顺体制，导致资源匮乏的红会组织因岗设人无事

对开展的项目缺少独立的第三方评估，这些都是造成红会进一步发展受限的制度性根源。

建议在修改时增加关于会员资格与权利义务、会员大会职责及议事规则、理事会职责及议事规则、监事会职责及议事规则、高级管理人员权利义务责任、利益冲突规则和信息公开等方面内容，以优化红十字会治理结构，确保其对国家和社会公众的责任。

（七）财产管理制度不完善

对红十字会的财产关系作出明文规定的法律文件主要有《红十字会法》、《中国红十字会募捐和接受捐赠工作条例》、《中国红十字会红十字标志标明性使用规定》、《中国红十字会会费管理办法》和《中国红十字会章程》，这几个规范性文件对红十字会财产关系的规定主要有以下几个方面。

从红十字会的经费来源方面来说，地方法规比《红十字会法》规定的经费来源范围有所扩展。《红十字会法》规定的经费来源主要有：①红十字会会员缴纳的会费；②接受国内外组织和个人捐赠的款物；③动产和不动产的收入；④人民政府的拨款。而地方法规除了上述四类经费来源外，还扩展了所属企业事业单位上缴的收入、所在单位的资助等。

从募捐的规定来看，各地对于募捐基金的使用规定有差异。虽然各省市的地方法规都统一规定红十字会依照有关规定开展应急性或者经常性的募捐活动，在公共场所设立募捐点或者组织义演、义赛、义卖等其他募捐活动，但对于募捐基金的使用规定有差异。《红十字会法》规定，红十字会为开展救助工作，可以进行募捐活动，捐赠物资按照国家有关规定享受减税、免税的优惠待遇。红十字会有权处分其接受的救助物资，在处分捐赠款物时，应当尊重捐赠者的意愿。《中华人民共和国公益事业捐赠法》从总则、捐赠和受赠、捐赠财产的使用和管理、优惠措施、法律责任五个方面对捐赠活动作了全面的规范。从这个角度看，地方法规对募捐活动的规定虽然比《红十字会法》有扩展，规定得更为具体，但是在许多方面仍然不够详尽、全面。

从募捐的组织机构看，多数地方性法规对红十字基金会的设立作了规定。在34个省、自治区、直辖市中，有9个省市规定由省红十字会依法设立红十字基金会，有14个省市规定县级以上红十字会可以设立红十字基金会，还有部分省市对红十字基金会未作出具体规定。但是，对基金会与红十字会的具体关系，地方性法规几乎均未作出明确规定，《红十字会法》对红十字基金会也未作规定。

从财产监管制度看，《红十字会法》没有明确规定必要的内部和外部监管制度。在内部监管方面，《红十字会法》仅规定了报告制度，并未具体规定负责报告的机构、具体的报告程序等。地方法规在内部监管方面比《红十字会法》规定得更为具体，一般规定设立专门账户制度，有的省市更为突破，规定设立内部的专门审查委员会。在外部监管方面，《红十字会法》规定红十字会的经费使用应当与其宗旨相一致，经费的使用情况接受人民政府的财政监督检查和审计监督检查。各省市实施办法还规定行业红十字会和基层红十字会的经费使用情况接受所在部门和单位的检查监督。上级红十字会对下级红十字会的财产使用情况进行监督检查。在财产的外部监管方面，地方法规的规定对《红十字会法》的规定进行了必要的扩充。增加了红十字会上下级之间的层级监管以及针对行业红十字会和基层红十字会的监管制度。

调查发现，由于经费投入机制不尽合理，虽然各级政府对红十字会的支持力度逐年加大，然而相对于日益增长的群众需求和红十字事业发展需要而言，政府投入还明显不足，很多地方红会存在“有多少钱办多大事”的消极心态。不少地方领导对红十字会不重视，甚至认为红十字会可有可无。红十字会的经费投入不足，已经严重影响到红十字会的发展，而且越往基层，这种现象越明显，这也是基层红会无法摆脱对政府依赖的主要原因，因为脱离政府的支持，基层红会的财政便难以为继。同时在财务管理方面，各地会计制度不统一，地市以下红十字会缺少专门的财务工作人员，银行账户虽然多数实现单独开立，但实际上很多都是由政府财政部门管理。而且在资金收支管理过程中，普遍缺乏合同管理的意识，只有极少数地方红十字会聘请社会审计机构对资金进行审计，一些地方红十字会没有支付社会审计机构的费用。根据对13个省（自治区）红会组织的调查数据，在由谁进行审计这个问题上，仅有23.1%的组织表示由“独立的会计/审计事务所”审计，而选择“政府内部审计”的却高达69.2%。这表明，政府对红会的财产制度几乎拥有控制权，而缺失独立的财产审计制度对于红十字会这样一个公益机构来说，无疑是严重的障碍，它是造成红会失信于社会的重要推手之一。

因此，应当着手推动全国红十字会系统在财务上的改革：一是要确定红十字会的财务管理的独立性，将红十字会的财政资金与社会捐款分别管理；二是要全国红十字会系统使用同样的会计制度，明确行业内特殊的会计核算方法和统一的财务管理标准，实现财务的精细化管理；三是要加大对全国红十字会系统财务人员的免费专业培训；四是总会应当加大与财政部、审计署等相关部门的沟通，在公益捐赠税前扣除资格的认定、筹资成本、项目支持费用提取和财务记账依据等方面，争取到统一、明确的政策。

此外，应当尽快健全监管机制，构建新的财产治理结构。在健全监管方面，一要成立专业的评估体系，加强评估工作，使钱真正落到实处。二要建立完善的信息公开机制和第三方监督机制，确保公众知情权实现，但也不是每个人、每笔款的捐赠动向等信息都要公布，否则成本太高。三要引入中介机构进行审计，但也要适当控制审计收费成本，避免加重经费负担。应当建立完善捐赠款物接受、管理、使用分配的公示、跟踪和反馈制度，构建阳光透明物资采购公开运行机制，主动接受政府有关部门审计、监管和媒体、公众的监督。尽快建立全国一体化的捐赠信息公开平台，应研究信息公开的程度，明确公开的内容、时限、方式等，制定统一的信息公开标准，实现系统信息公开的制度化、标准化和规范化。要将法定监督与非法定监督、内部监督和外部监督结合起来，通过设立监事会，加强政府审计、社会审计、信息公开等方式保障红十字会运转透明高效。严格落实廉政责任制，建立健全反腐倡廉长效机制，从制度建设上保证红十字会工作的透明性。

可见，现行《红十字会法》第五章中对于经费和财产进行了原则规定，但是对于具体的财务制度、审计制度、行政成本和公益支出、增值保值规则等内容未能进行详尽的规定，导致实践中出现无法可依的窘境。

地方红十字会法规中对于经费财产的规定也有很多问题，主要有：对于人民政府拨款的性质是专项性的还是笼统性的未作出界定，未对不同来源的经费和财产在支出比例上作出限定，未对募捐活动的开展作出地域性的限制，部分地区设立红十字基金会，但对于红十字基金会与红十字会的关系未出明确的规定，两者是领导关系，还是指导关系，还是相互独立的关系，均未作出界定。在红十字会的财产监管制度方面，地方法规虽然都有关于经费的使用情况的报告制度、政府的财政监督和审计监督制度，但是规定得过于粗略，缺乏操作性和执行性。在内部监管方面，是否有必要设立专门的内部审查机构？其效果怎样？在外部监管方面，政府财政审计监管、红十字会的层级监管、社会监管三种模式的实际效果怎样？这些问题无论是法律还是地方性法规，都未给出明确的答案。

从法律分析的角度，经费和财产是红十字会履行权力和职责的保障，也是发展红十字事业的前提。为了社会公益事业的顺利开展，红十字会各项工作的有序进行，应该建立起完善的红十字会财产监管制度，对经费的收支、财产的管理以及捐赠物设立专项账目的审查监督制度，严格做到公开、公正，主动接受审查监督、社会监督、舆论监督。规定得比较有特色的地区是天津市、济南市，规定在理事会内设立财务审查委员会，对本会的经费收支、财产管理进行审查监督。设立专门的内部审查委员会可以做到权职明确，各负其责。加强内部监管体系的建立有利于及时发现问题，有效地防范腐败的风险。建立政府财政监管、审计监管制度有利于加强地方政府对红十字会的监督，红十字会上下级的层级监管有利于从财产方面加强上级红十字会对下级红十字会的领导，而社会监管更有利于及时纠正一些因工作疏忽而导致的错误，是一种有效的事前风险防范机制。

因此，我们建议地方法规对红十字会与红十字基金会的关系作出明确的界定，建立起内部财产审查制度，以及由政府财政监管、审计监管、社会监管相协调、相配合的外部审查机制。从多角度全方位地保证红十字会财产的有效管理。

（八）志愿者管理制度不完善

志愿服务是国际红十字运动七项基本原则之一，是我国红十字组织从事人道救助工作的重要形式和内容，红十字志愿者是各级红十字组织的重要人力资源，也是从事志愿服务最早的志愿组织之一。为加强志愿服务和志愿者的管理，一些地方的红十字组织制定了本地方的红十字志愿者服务管理（注册）办法，对规范红十字志愿服务起到了很好的作用。然而，我国现行《红十字会法》除了总则中“自愿加入”的原则性规定外，对志愿服务只字未提，志愿服务的法律主体、法律责任和法律义务不明确，志愿服务风险防范措施处于空白状态，志愿者储备、培训制度有待建立。

志愿者管理、品牌管理也有待完善，各类冠名红十字的单位、红十字志愿者的组织及会员单位，在一定程度上存在“种类多，规范少；挂名多，作为少；发展多，巩固少”的现象，志愿服务运行成本得不到保障，队伍管理不够规范，红十字品牌使用、保护管理不严、措施不力。地方红十字志愿者的招募、培训、管理、保障没有建立长效机制。志愿者管理存在“只招募，无培训，无活动”的问题，开展活动又经常出现“无经费、无保障（险）”的状况，不利于志愿者队伍长期、稳定地开展工作。

根据问卷调查的数据发现，从有志愿者、有志愿者协调和管理部门，再到经常招募志愿者，肯定性回答的比例不断下降，到了志愿者年培训次数以及对志愿者能力认可方面，这一比例更低，即仅有26.2%的人表示自己所在红会组织在去年（2011年）一年给志愿者提供过三次以上的培训，仅有8.8%的参与调查者认为志愿者在突发事件中能够胜任。问卷显示，之所以出现这种现象，大多数人认为最大的原因是相关经费缺乏，其次，总会认为培训不足也是重要原因，东部地区的红会则认为是管理经验不足，中西部认为这两个原因具有同等的挑战性。

此外，对法条的分析发现，各地的法规、规章由于是仿照《红十字会法》的内容而制定的，所以对志愿服务的法律关系规定、风险防范方面也是基本留白，没有对志愿者的法律地位、志愿者人身保护等重要问题做出规定，这限制了志愿服务的开展。

在现在编制条件下，会员和志愿者均为红十字事业发展的重要补充力量。由于志愿服务组织经常组织活动，其成员稳定，工作活跃，在红十字事业发展的过程中发挥了普通会员无法比拟的作用，因此建议，应大力发展志愿者队伍，建立中国红十字志愿者协会，加强对志愿者的管理，建立表彰奖励制度。争取国家立法，保障志愿者人身保险等权利，协调相关政府及部门，使用人单位对在红十字事业中做出突出贡献的志愿者在同等条件下可以优先录用等。

（九）信息披露制度不健全

根据《红十字会法》的现行规定，红十字会的财物状况只受到红十字会理事会和任命政府的监督，对于捐款人的监督则没有明确规定。在中国红会现有机制中，捐款人在红会官网上的捐款查询系统只能查询善款是否到账，而没有善款流向、使用情况的告知；审计署并非每年都对红会的财务进行审计；募款对象为全社会公众的红十字会不受《基金会管理条例》的约束，每年的财务收支情况、项目执行情况等，按照《红十字会法》只需向理事会报告，而没有向公众公示的义务；虽然承诺“定期向社会公众公布财务收支情况”，但红会官网上的“统计数据公告”至今也才披露到2007年；将中国红十字会年报与美国等其他国家的红十字会相比，发现中国红十字会的披露数据和红基会的年报内容太过简略。通过调研发现，红十字会信息化建设存在障碍，所有被调研的地方红十字会都通过互联网进行定期或不定期的捐赠信息发布，但没有统一的标准和要求，发布内容、格式各异。西部地区省份红会信息化程度不高，只建有对外宣传的网站，项目管理文档都是纸质材料，尚未实现办公自动化、信息化、无纸化。根据13个省（自治区）红会的调查数据，在红会财务公开方面，虽然高达71.8%的受访者认为其财务有过披露，但这其中有49.8%的组织是“向组织内部所有成员公开”。此外，仍有15.8%的人明确表示没有披露，另有12.4%的人表示不清楚。这说明，真正公开披露的红会组织很少。而认为所在红会财务有披露的参访者中，选择“通过网站、媒体等向全社会公开”的比例为50.8%，选择“内部公开”的比例为37.3%，选择“仅仅理事会成员知道”的比例为6.1%，其余选择了“其他”，例如“公示栏”等。不同地区红会对财务披露的看法统计结果显示，东部地区红会的披露程度较高，中西部不披露的程度较高。这些数据表明，信息公开披露制度作为一项重要财务管理制度，在红十字会系统中尚未得以普及，这会严重影响红十字会的社会信誉，以至于影响其生存和发展，应当建立完善的信息披露制度。同时，调查也反映出了此类问题的原因。根据调查结果，地方信息化建设的主要障碍有：一是已上线的信息化系统较少，除网站外各地方红会基本没有其他应用系统；二是信息化建设经费匮乏，各地方红会普遍反映信息化经费缺失；三是信息化建设人才不足，各地方红会编制偏紧，基本没有信息化专业人才。

所以，应当在法律层面完善中国红十字会的信息披露制度，真正落实捐款人的监管权利。其实，在信息化的今天，不仅应当完善红会系统的信息披露制度，而且应当建立信息共享机制等全方位的信息制度，不仅使财产制度得以健全，也使全国红会系统实现资源共享，为红会发展创造有利环境。加强信息化建设，一是采用软硬件“大集中”的建设模式。由于总经费金额有限，地方红会无信息化建设的经费和人才，因此采用软硬件“大集中”的建设模式是唯一的正确选择。通过在总会建设统一的信息化软硬件平台，为全国红会提供相关的信息化服务。二是采用“云计算”的技术架构。由于红会信息化建设中的重要组成部分是供公众查询的捐赠信息，其查询并发量极大，传统的技术架构无法应对，会造成系统瘫痪。三是把标准化建设作为红十字会信息化建设的重点。尤其应特别注意信息公开、数据共享、流程固化和运行维护四个方面的标准。

（十）红会标志的保护力度不够

为了更有力地保护红十字会的标志，我国于1996年由国务院和中央军委颁布了《红十字标志使用办法》，使红十字标志的使用和管理保护走上了法制化轨道。《红十字会法》第七条规定：“中国红十字会使用的标志为日内瓦公约规定的白底红十字标志。”同时规定，红十字标志具有保护作用和标明作用，红十字标志的保护使用是标示在武装冲突中必须受到尊重和保护的人员和设备。其使用办法依照日内瓦公约及其附加议定书的有关规定执行。红十字标志的标明使用是标示与红十字活动有关的人或者物。其使用办法由国务院规定。另外，我国《商标法》规定，同“红十字”、“红新月”的名称、标志相同或者近似的标志不得作为商标使用。这些法律法规都转变了我国历史上长期以来医院、药店等随意使用红十字标志的情况，对红十字标志的规范化使用是有积极意义的。

在国外，红十字标志最初是战地医院和救护人员的保护性标志，其后随着和平时期红十字运动工作的拓展，红十字标志的标明性使用得到进一步发展。在企业与红会组织合作的情形下，企业可以在满足相关条件的基础上以标明性方式使用红十字标志。在我国，企业与红会合作的情形也日益增多，且合作企业也在不同程度上使用了红十字标志。由于现行红十字标志法规对标志使用的规定过于严格，使得合作情形下企业能否使用红十字标志以及已经出现的使用情况是否合理缺乏明确的法律依据，这在一定程度上造成了使用的混乱，并阻碍了红会工作的开展。

《红十字会法》规定，禁止滥用红十字标志，对于滥用红十字标志的，红十字会有权要求其停止使用；拒绝停止使用的，红十字会可以提请人民政府按照有关法律、法规的规定予以处理。虽然《红十字会法》对违法使用红十字标志的规制提供了法律依据，但是可行性却稍显不足。由于法律规定的不明晰，相关制度的不健全，实践中违法使用红十字标志的现象较多。根据《红十字会法》现行规定，红十字会没有执法权限，对于违法使用标志的情形，红十字会可以提请人民政府按照有关法律、法规的规定予以处理。实践中有的地方政府通过日常稽查、专项稽查、群众举报或者其他方式，由政府办公室、法制或监察部门进行处理，但总体而言，由于没有明确到具体的执法部门，责任不明晰，使得对违法使用，举报或者投诉无门，或者部门之间相互推诿，使违法使用情形得不到依法处理。

此外，我国《红十字会法》中并没有“团体会员”的规定，但调研中发现，团体会员已经成为地方红十字会筹款的普遍方式，据受访者反映，这是根据中国红十字会章程设立的。但是在国外，捐款者一般只称为“红十字运动的赞助者”，并不具有团体会员的身份。违反红十字法使用红十字标志的问题，适用其他有关侵权的法律，修法时可以不予考虑。问题是我国的红十字会标志使用规定中有“冠名”的条款，是否超出了《红十字会法》的范畴，值得商榷。因此，从法律上建立对滥用红十字会标志行为的司法追惩机制是有必要的。

《红十字会法》第十九条规定：“禁止滥用红十字标志。对于滥用红十字标志的，红十字会有权要求其停止使用；拒绝停止使用的，红十字会可以提请人民政府按照有关法律、法规的规定予以处理。”而作为专门保护红十字会标志的法规，《红十字会标志使用办法》第十九条也做了类似的规定：“（违法使用红十字会标志的），红十字会有权予以劝阻，并要求其停止使用；拒绝停止使用的，红十字会可以提请人民政府责令停止使用。”可见，对于违法使用红十字会标志的行为，无论法律还是行政法规，均只提供了来自行政权力的保护，而缺少来自司法制度的保护。对于滥用红十字标志的行为，88.2%的人表示自己所在红会有权进行制止，79.3%的受访者认为红会有必要取得执法权。但是，根据《红十字会法》现行规定，红十字会是不享有执法权限的。这就导致对于违法使用标志的情形，红十字会只能提请人民政府按照有关法律、法规的规定予以处理，而不能通过有效的司法路径进行维权。

在看待滥用红十字标志的行为方面，也存在标准不一的情况。对13个省（自治区）红十字会调查的数据显示，虽然有72.8%的人表示当地没有滥用红十字标志的情况，但27.2%的受访者表示有此情况存在。而且，在看待滥用红十字标志的行为方面，存在着“四高”现象：其一，学历越高，认为当地存在滥用红十字标志的情况的比例越高；其二，总会认为当地存在滥用红十字标志的情况的比例比其他三个地区的红十字会要高；其三，专职人员认为当地存在滥用红十字标志的情况的比例比兼职人员要高；其四，处级人员认为当地存在滥用红十字标志的情况的比例要比其他行政级别以及无行政级别的人员要高。这表明，在对滥用红十字标志行为的认定标准方面，不同的群体会有不同的认识，这也是法律、法规规定不明确所造成的。

（十一）法律责任的相关规定较少

无论是《红十字会法》还是地方性法规，基本只对两项行为规定了法律责任：一是妨碍红十字会履行职责的行为责任；二是对侵占红十字会财产经费的行为责任。但是由于《红十字会法》本身规定的模糊性，而地方性法规又是基本照抄法律的规定，所以也没有明确的法律责任。

《红十字会法》对法律责任的规定内容极少，只在两个条文中有显示。第十五条第二款规定："在自然灾害和突发事件中，以暴力、威胁方法阻碍红十字会工作人员依法履行职责的，依照刑法有关规定追究刑事责任；阻碍红十字会工作人员依法履行职责未使用暴力、威胁方法的，适用《中华人民共和国治安管理处罚法》第五十条的处罚规定。"第十九条第二款规定："对于滥用红十字标志的，红十字会有权要求其停止使用；拒绝停止使用的，红十字会可以提请人民政府按照有关法律、法规的规定予以处理。"第十九条第二款的规定缺少明确的罚则规定，这使红会在面对滥用红会标志的强硬行为时也束手无策，因为根据条文的规定，如果滥用标志者拒绝停止使用红会标志，红十字会想保护红会标志的话，则只能提请人民政府对该行为进行处罚，而没有属于红会自己的执法权。在调研中，许多被调查者都认为应当赋予红会执法权，以便更好地保护红会标志。

受限于当时的立法条件，地方性法规基本是照搬《红十字会法》的规定，因此对法律行为的规定基本同于《红十字会法》：一是妨碍红十字会履行职责的行为责任，"对于拒绝或者阻碍红十字会工作人员依法履行职责的，依照《中华人民共和国治安管理处罚条例》的有关规定予以处罚；构成犯罪的，依法追究刑事责任"。二是对侵占红十字会财产经费的行为责任，"对于侵占或者挪用募捐、捐赠款物的，由所在单位或者有关部门责令退赔，对直接负责的主管人员和其他直接责任人员给予行政处分；构成犯罪的，依法追究刑事责任"。

因此，无论法律层面，还是法规、规章层面，基本没有明确的法律责任，这使红十字会开展工作失去了法律保障。

中国红十字会地方法规规章梳理与分析

根据中国红十字会总会与北京大学慈善、体育与法律研究中心签订的《中国红十字会地方性法规规章梳理与分析课题协议书》，本课题基于《中华人民共和国红十字会法》等中央法律法规，对各省（区、市）红十字会的实施办法或条例等地方法规规章进行分类梳理统计分析，结合对地方法规规章实施效果的访谈，最终作出对红十字会地方法规规章的评估报告，并提出红十字会地方法规规章的规范性建议模板。课题项目负责人为北京大学法学院副教授，北京大学慈善、体育与法律研究中心主任凌斌，执行人为北京大学慈善、体育与法律研究中心执行副主任，北京大学法学博士何远琼，研究成员包括北京大学法学院硕士研究生牟媛、杜慧超。本课题从9月份开始收集红十字会地方法规规章资料，10月份对中国红十字会地方法规规章进行分类梳理统计分析，并展开地方法规规章实施效果访谈，进行比较分析和研究，11月形成红十字会地方法规规章研究报告并拟定红十字会地方法规规章的规范性建议模板。现将课题研究成果报告如下：

从红十字会法律体系的规范性出发，研究应致力于对红十字会地方性法规规章进行梳理与分析，即基于《中华人民共和国红十字会法》等中央法律法规，对各省（区、市）红十字会实施办法或条例等地方法规规章进行立法依据规范性分析、法律规则效力性分析、法律规则法理性分析、法律规则的博弈理论分析、成本效益评估分析、实施效果实证分析，并结合对地方法规规章实施效果的访谈，对其适用效果进行统计分析，发现不同地方在具体发展红十字事业中的普遍性的法律保障需求，以及不同发

部分在当时是为了解决“红十字标志使用问题”不能单独立法，但需要尽早明确问题而采取的立法办法，在《红十字标志使用办法》出台后，这一问题已经能够得到解决，所以地方红十字会组织在实施《红十字会法》时的主要针对内容是以红十字会主体为核心的建立、监管、经费和财产等各项制度规定。因而本课题对地方性法规的文本梳理将从总则性内容、组织、职责、经费和法律责任几个方面进行内容梳理。

在纵向上，本课题以法律体系分析为梳理基础。课题梳理对象为各省（自治区、直辖市）、市为具体实施《红十字会法》而先后颁布的法规文件。以《红十字会法》为基础和核心，从中央和地方的法律文本的关系入手，把握各地方对中央法律文件的具体实施情况，在确定全国范围统一性的内容和实施要素的前提下，发现各地方在结合本地实际的立法和司法过程中的特别性，以及在具体化过程中法律层级效力和法律体系冲突等可能存在的相关问题。各省份、地方先后出台的实施《红十字会法》办法或条例的内容均是以《红十字会法》的法律文本为基本内容的，是为贯彻、实施《红十字会法》而颁布的地方性的、具体的法律制度规定。课题的梳理对象从效力层级上看，具有统一的地方性特征，就内容和体系而言有全国性的法规文本作为实施对象，这奠定了本课题梳理的基本框架是中央和地方法律内容和体系上的关联性，对地方法规的梳理工作需要从《红十字会法》的体系框架出发，考察各省份、地方对《红十字会法》的地方性规定。

在中央和地方法律关系分析的基础上，《红十字会法》作为一部组织法，我们有必要从规范地方红十字会主体的维度对各地方法规规章对组织的界定、权利义务内容的规定和设立及运行中的行为监管等主体层面和行为层面作出分析。一方面，我们以红十字会组织本体为出发点，对围绕其所发生的法律关系作出梳理，以明确地方红十字会主体与其他地方性机构主体的相关关系；另一方面，针对地方红十字会组织的行为对象，从主体行为角度对法律文本的规范效力和效果作出规范分析。因而，在《红十字会法》原有的总则、组织、职责、经费和财产框架下，结合一些地方的具体立法实践，我们会对现有的地方法规规章中有关红十字会组织的监管和表彰方面的规定作出梳理，以从内容的组织机构管理和外部的行政监管和鼓励两个层面了解红十字会组织运行中的具体法律制度实施。

同时，本课题还结合各地方法规规章的具体适用情况，结合当地红十字会组织和事业的发展特点，对相关文本的社会效果进行考量、分析。地方法规的实际效力和意义在于结合各个地方的具体情况对中央法律文件进行有效的落实，课题将通过对梳理对象的司法适用的案例整理以及对地方红十字会组织的访谈了解各地方法规规章在实际适用中的效果。

二 红十字会地方性法规的梳理

（一）梳理的范围

1. 总量及效力的分析

本课题主要收集了《红十字会法》及各省（自治区、直辖市）实施《红十字会法》办法或条例，以及济南市、青岛市、武汉市三个市级行政单位实施《红十字会法》办法，共34个样本。从立法法的角度看，《红十字会法》由全国人大常委会通过并公布，属于法律。各省、自治区、直辖市实施《红十字会法》办法或条例均由各省、自治区、直辖市人大常委会通过并公布，均属地方性法规。根据立法法的规定，地方红十字会的实施办法或条例属于地方性法规，不得同宪法、法律、行政法规相抵触，在本辖区内高于同级人民政府制定的规章、条例。

2. 进展性分析

34个样本的制定颁布时间在1990年至2010年期间，以每5年为一时间段，各时间段中的样本数量占样本总数的百分比如图2-6所示：49%的省市是在1996年至2000年期间，也就是在《红十字会法》制定颁布之后的五年里制定地方的实施办法的。包括河北、山西、吉林、黑龙江等17个省市。

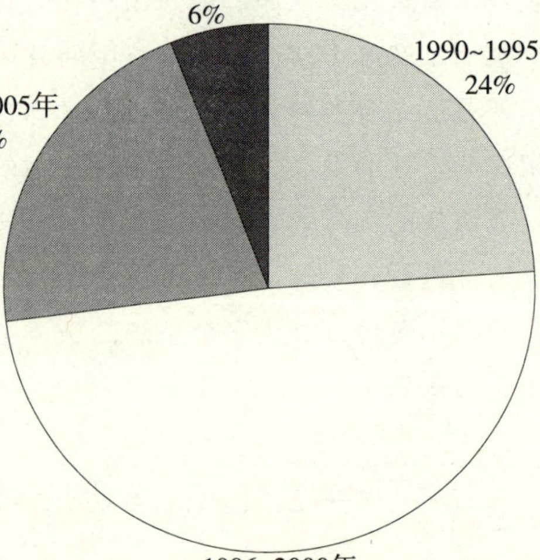

图2-6 各时间段中制定地方性法规的省市比例

3. 地域性分析

34个样本中包括22个省（未包含台湾地区）、4个直辖市、5个自治区的实施《红十字会法》办法或条例以及济南市、青岛市、武汉市三个市级行政区的实施《红十字会法》办法或条例。全国23个省级单位都已先后出台实施《红十字会法》办法或条例。但是部分市、县还未作出具体规定。我们并没有发现地方法规的具体颁布时间与该省市的经济发展水平有明显的密切的关系，这也凸显出红十字会和《红十字会法》的独特性质，即以人道主义救助为其主要宗旨。

（二）文本规定的梳理

结合《红十字会法》以及现有的22个省（未包含台湾地区），5个自治区和4个直辖市以及3个市级实施办法的架构安排，本报告将从总则性规定，地方红十字会组织、职责、经费和财产以及地方红十字会的法律责任 5 个方面对现有的地方红十字会法规进行梳理。

1. 总则性规定

地方性法规规章的总则性部分主要对立法目的和立法依据作出了规定。

就立法目的而言，地方性法规规章的主要目的是推进红十字事业在地方的发展，少数地方法规在文本中将红十字会的发展目标作为地方法规的立法目的，有的地方（北京、陕西、青岛）法规中将实施《红十字会法》作为立法目的，少数地方（上海、江西、湖南、甘肃、宁夏、新疆、济南）没有对立法目的作出规定，只规定了立法依据。

从立法依据上看，《红十字会法》的主要立法依据是宪法和法律、国际红十字和红新月运动确立的基本原则以及中国参加的日内瓦公约及其附加议定书；地方红十字会法规规章全部规定的依据是《红十字会法》和地方实际，部分省、自治区、直辖市（江西、重庆、贵州、西藏、青海、宁夏）将“有关法律、行政法规”内容作为自身立法的依据之一，而其他省份只是单一规定了《红十字会法》。

《红十字会法》在总则方面规定：“为了保护人的生命和健康，发扬人道主义精神，促进和平进步事业，保障红十字会依法履行职责，制定本法。”

一般而言，总则性规定通常包括序言、宗旨、适用条款、关于基本原则的条款、定义条款等内容，对一部具体法律文件而言，总则性内容的详略程度应与其之后正文的内容和体例安排相互协调一致。较为重要的宗旨性内容通常由目的、任务和依据几部分构成。

《红十字会法》在总则部分对宗旨、基本原则和定义进行了规定，同时就中国红十字会会员和中国红十字会的工作原则和红十字标志的使用进行了扩展性的规定。地方红十字法规在《红十字会

容（上海、河南、江苏、湖北、广东、广西、陕西、甘肃、新疆、济南市）。

《红十字会法》对中国红十字会总会的内部机构的建立、组成和职责内容进行了概括性的规定：会员代表大会选举产生理事会，理事会选举产生会长和副会长。并对名誉会长和副会长的聘任进行了规定。理事会对会员代表大会负责，接受其监督。在组织部分没有对会员作出相关规定，只是在总则部分体现了自愿入会等原则性内容。

关于组织内容的管理机构的规范内容通常应包括不同级别机构的产生、组成和具体的权利义务内容以及机构之间的关系；关涉会员部分，应包含会员的入会和退会条件、在组织中一些关键性的具体的权利和义务内容。

《红十字会法》只对总会的内部机构进行了规范，对地方性机构的机构建设没有作出引导性的规定，同时没有对会员内容进行专门的规定；地方法规规章作为《红十字会法》的实施办法或条例，目前缺少红十字会地方组织内部权力和决策机构主体和程序的规范性内容，会员的一些基本性的权利内容，如提案权、投票权等尚未有规定，同时会员的缴费标准和缴费依据等内容在地方法规规章中也没有进行规定。

(3) 地方红十字会的外部监管和支持。地方法规规章在地方红十字会组织与政府关系层面，认为地方政府应该支持和资助地方红十字会组织的发展，对于资助的具体方式在地方红十字会的经费来源中部分有明确规定，并有监督红十字会相关活动的职责。地方红十字会协助政府开展与其宗旨相符或职责有关的活动。在上下级关系层面，通常认为上级红十字会指导下级红十字会的工作，地方红十字会指导同级行业红十字会的工作。部分地方，如辽宁、山东等省份规定了其他单位组织，如广播电视、文化、卫生等部门对地方红十字会的支持和宣传义务以及全社会对红十字会活动的关注与支持责任。

《红十字会法》规定了“人民政府对红十字会给予支持和资助，保障红十字会依法履行职责，并对其活动进行监督；红十字会协助人民政府开展与其职责有关的活动。上级红十字会指导下级红十字会工作”。

关于外部监管组织的规定，通常应明确监管主体及其监管范围。涉及具体的地方政府对红十字会组织的监管，首先应明确地方政府与地方红十字会组织的关系，对地方政府的监管方式与监管责任加以明确规定。在保障和支持层面，不同社会机关的保障和支持除了要有倡议性规定外，还应该针对一些必要的具体机构的支持保障义务进行明确规定。

《红十字会法》在总则部分规定“人民政府对红十字会给予支持和资助，保障红十字会依法履行职责，并对其活动进行监督”，未对政府对红十字会组织的监管职责作出概括性或具体性的规定。地方红十字会组织与地方政府的关系在各地方有不同的界定，地方红十字会组织的独立性应通过何种形式进行保障尚未能够明确，同时，红十字会地方法规规章对地方单位组织对地方红十字会的支持义务并没有作出保障性的规定，支持的具体义务行为形式尚未有明确规定。

（4）地方红十字会的交流与合作。地方法规规章通行规定：根据独立、平等、互相尊重的原则，发展同香港、澳门、台湾地区红十字会以及各国地方红十字会和红新月会的友好合作关系，福建省特别规定了省红十字会受中国红十字会总会或者省人民政府委托参与台湾海峡两岸双向遣返工作，协助人民政府处理闽台两地涉台突发事件和海难事件，为两岸同胞提供人道服务。

《红十字会法》第六条规定：中国红十字会根据独立、平等、互相尊重的原则，发展同各国红十字会和红新月会的友好合作关系。

3. 职责

（1）主要职责。红十字会以“保护人的生命和健康，发扬人道主义精神，促进和平进步事业”为其工作的主要宗旨，具体体现在红十字会的职责中。从我们梳理的34个文本中来看，地方法规在主要职责的规定上并没有差异，基本都规定红十字会主要履行以下职责：

备灾救灾：积极开展救灾的准备工作，在自然灾害和突发事件中，对伤病人员和其他受害者进行援助，还进行灾后重建。北京、上海、云南、湖南等15个省（自治区、直辖市）建立了省级救灾物资储备中心，培训救灾人员。中国红十字会应急管理体系逐步完善，全国32个省、市红十字会制定了应急预案，其中27个应急预案被纳入本省级总体应急预案体系。

卫生救护：红十字会总会及地方各级红十字会依法开展初级卫生救护培训和防病知识的宣传普及工作，组织群众参加现场救护。

人道主义服务：推动无偿献血工作，参与输血献血工作，开展其他人道主义服务活动。参加国际人道主义救助工作。在此项工作职责中，辽宁、上海等15个省、市明确规定红十字会有建立造血干细胞捐赠者资料库，参与、推动人体器官捐赠工作的职责。江苏、福建等8个省、市明确规定了参与艾滋病的宣传教育以及关怀艾滋病患者、感染者的工作。此外，上海、江苏还规定了开展失散亲属人员的寻亲工作。由于地理位置的缘故，福建省还规定省红十字会依照有关委托参与台湾海峡两岸双向遣返工作，为两岸同胞提供人道服务。

红十字青少年活动：中国红十字会在各级各类学校对红十字青少年进行人道主义教育和自救互救知识教育，开展社会服务活动，配合学校素质教育，改善学生健康状况，促进学生的德育发展；开展国际交流，增进与各国红十字青少年的友谊。

国际合作与港澳台事务的合作：红十字会宣传国际红十字和红新月运动的基本原则和日内瓦公约及其附加议定书。开展与国际红十字会或红新月会及其他国际组织的交流与合作。

完成人民政府委托事宜。

《红十字会法》有关职责的规定是：救灾救助、普及卫生救护知识、人道主义工作、开展红十字会青少年活动、宣传、完成人民政府委托事宜等。

一般而言，法律有关职责的规定都坚持权责与义务相统一的原则，既明确规定相关主体的职权，即在什么情况下享有哪些权利，履行哪些职责，又明确规定主体的义务，即在不履行、不当履行或者违法履行有关职责时应当承担怎样的法律责任。从这个角度看，《红十字会法》和地方法规的规定都是有缺失的，都未对职责的性质作出明确的界定，红十字会的职责是职权性的还是义务性的，文本本身未作出回答。也未对最低限度的义务性职责作出规定。更没有规定地方红十字会应该承担的相应的法律责任。

（2）履行职责的特殊保障。《红十字会法》和地方法规都规定了以下三种职责保障：

管理使用救助物资，处分捐赠物资：红十字会有权处分其接受的救助物资；在处分捐赠物时，应当尊重捐赠者的意愿。

执行任务时的优先通过权：在自然灾害和突发事件中，执行救助任务并标有红十字标志的人员、物资和交通工具有优先通行的权利。

履行职责受保障权：任何组织和个人不得拒绝、阻碍红十字会工作人员依法履行职责。

一般法律有关主体在履行职责时的特殊保障主要是从人身与财产两个方面加以规定的。例如，人身自由受保护，财产的自主处分与不得受他人非法侵害等。相比而言，《红十字会法》和地方法规的规定较为笼统，并且保护力度不足。对于红十字会工作人员在履行职责时的人身保护未做规定，虽然对红十字会的物资、人员和交通工具的优先通过权做了规定，但是对过路费等具体事项未作出细致的规定。

4. 经费与财产

（1）经费和财产的来源。地方法规规定，红十字会的经费和财

宗旨相一致，经费的使用情况接受人民政府的财政监督检查和审计监督检查。各省市实施办法还规定行业红十字会和基层红十字会的经费使用情况接受所在部门和单位的检查监督。上级红十字会对下级红十字会的财产使用情况进行监督检查。

地方实施办法规定的有特色的是江苏省，其规定救助经费向社会公布，接受捐赠者的监督。陕西、江西、甘肃也有向社会公布的规定。

可见，在财产的外部监管方面，地方法规的规定对《红十字会法》的规定进行了必要的扩充。增加了红十字会上下级之间的层级监管以及针对行业红十字会和基层红十字会的监管制度。

5. 法律责任

地方性法规通常对以下两项法律责任作出了具体的规定：一是妨碍红十字会履行职责的行为责任，“对于拒绝或者阻碍红十字会工作人员依法履行职责的，依照《中华人民共和国治安管理处罚条例》的有关规定予以处罚；构成犯罪的，依法追究刑事责任”。二是对侵占红十字会财产经费的行为责任，“对于侵占或者挪用募捐、捐赠款物的，由所在单位或者有关部门责令退赔，对直接负责的主管人员和其他直接责任人员给予行政处分；构成犯罪的，依法追究刑事责任”。

《红十字会法》第十五条规定：任何组织和个人不得拒绝、阻碍红十字会工作人员依法履行职责。在自然灾害和突发事件中，以暴力、威胁方法阻碍红十字会工作人员依法履行职责的，比照刑法第一百五十七条的规定追究刑事责任；阻碍红十字会工作人员依法履行职责未使用暴力、威胁方法的，比照治安管理处罚条例第十九条的规定处罚。

法律责任的一般性规定应该包括对不同类别的主体侵犯红十字会组织各项权益的行为描述和法律后果规定。

《红十字会法》以概括性的方式对红十字会组织内和组织外的两类主体的法律责任进行了统一的规定；地方性法规对外部妨碍红

十字会履行职责的行为以及内部侵占红十字会经费财产的行为进行了法律责任的规定。

（三）红十字会地方性法规实施情况梳理

通过上一阶段对红十字会地方法规规章以及《红十字会法》文本内容的梳理，发现了地方性法规规章在内容规定上的相关问题的存在，结合部分实践中红十字会相关的司法案例，针对各个地方规定差异性较大的一些问题，按照《红十字会法》的立法结构设计了适用于本次课题调研的调查问卷（见附件二）。为了便于受调查者参与调查以及相关问题的数量统计，调查问卷设计了可选性题目，同时为了更为细致地反映地方红十字会在实际中法律适用情况，调查问卷设计了一些开放性的题目。本次问卷调查的对象为各省（自治区、直辖市）红十字会和市级红十字会工作人员。本次问卷调查共发放问卷 80 份，有效回收 48 份。

在统计调查问卷信息的基础上，对在文本梳理过程中表现出来的一些相对重要的问题以及调查问卷反映较为集中的问题，本课题组选择了中国红十字会总会法规处和部分地方红十字会负责人进行了深度的访谈。

通过问卷调查和深度访谈发现，地方性法规规章在实施过程中，其相关的法律规范性问题集中体现在以下几个方面：

1. 组织设立

在地方红十字会组织设立这个层面，81% 的受访者表示当地县级以上的红十字会是依法定程序申请取得法人资格的，同时有 63% 的受访者认为县级以上的红十字会应该自动取得法人资格；67.2% 的受调查者认为当地的基层红十字会组织可以取得社会团体法人资格，关于行业红十字会，54% 的受访者表示应该接受全国性行业红十字会的领导，32% 的受访者认为应当接受地方红十字会的指导；76% 的受调查者认为应当将地方红十字会的一些关键性问题纳入地方性法规的规定之中，这些关键性的问题主要包括：各级红十字会的机构、编制、经费保障，工作人员参照公务员管理的问题以及依法取得社团法人资格问题。受调查者未能反馈存在相关问题的原因。

2. 内部的机构管理

通过调查问卷和访谈，课题组发现在实践中，地方红十字会内部机构的运行与会员管理等事宜依照《中国红十字会章程》的相关规定进行运作。《中国红十字会章程》规定地方红十字会组织要有健全的理事会和办事机构，配备专职工作人员。办事机构在常务理事会领导下进行工作。[①] 并对全国会员代表大会、理事会、会长及常务副会长的相关职责进行了明确的规定，在第四章从会员的入会条件、义务和权利、会员分类、退会自由以及会员的表彰方面作出了具体规定。[②] 关于会费标准，在实践中，一些地方是依据上级红会制定的标准，另外一些地方是通过法规章程的规定，还有一些地方是依据收入及经济状况，部分地方还进行了城乡的差异区分，还有地方依照工会的会费标准，同时部分地方红十字会表示无明确依据。统计问卷调查发现，74.2%的受访者表示希望《中国红十字会章程》对组织治理机构产生条件、程序和相互关系作出更详细的规定。57.9%的受调查者表示需要将一些关键性的规定纳入地方性法规中，32.4%的受调查者认为不需要将会员管理的关键性内容纳入地方性法规中，而是通过《中国红十字会章程》加以明确和详细的规定。

结合国际红十字会的统一性和独立性原则，以及中国地方红十字会的发展实践来看，地方红十字会应作为“中国红十字会总会”的“分会”，明确“分会”概念后，再从中国红十字会作为社会团体法人的角度出发，总会依法自然取得法人资格，在此基础上，地方红十字会作为分会组织则无需在地方政府部门进行登记，而依总会与分会之间的相关关系而取得社会团体法人资格。随着地方红十

① 见《中国红十字会章程》第二十一条。

② 见《中国红十字会章程》第四章。

字会自然灾害救助经验的不断丰富和对中国社会地方灾害的深刻理解，地方红十字会的法律性质问题可能还与这些地方性组织是否可以成立地方红十字会基金会的相关法律实践问题有关，对总会与分会的性质界定是否可以同样适用在中国红十字会总会基金会以及地方红十字会基金会的实践中还需要全面的讨论。同时，明确地方红十字会和中国红十字会总会以及地方政府的关系也与地方红十字会的法律性质相关。由于各地红十字会发展传统不一，《红十字会法》和地方的实施法规规章的相关规定尚未能够在各地进行统一的实践与落实。

关于地方红十字会组织的财政和人员编制问题，因为各地方经济情况发展不一，历史传统差异较大，所以尽管《红十字会法》对中国红十字会总会的相关问题进行了有效的规定，各地方在推出实施办法之时仍然结合了自己的实践和现实状况进行了一些差异性的规定。这一问题的讨论关系到如何在坚持红十字会统一性和独立性的原则下实践地方政府对地方红十字会的保障和支持，以及地方红十字会在哪些领域内有最低的配合政府完成相关任务的职责要求，这也是值得我们考虑的。在明确地方红十字会法律性质的前提下，规范全国范围内地方红十字会的财政和人员编制问题有助于对红十字领域的主体行为进行有效的规范和制约，在这个过程中，可以结合各区域之间的不同经济条件和实践经验。依据《红十字会法》，地方法规规章规定“县级以上的红十字会组织取得法人资格并有专职的编制工作人员”，这一做法较为普遍，但县级行政单位以下的红十字会组织因其不同的发展规模和地方经济水平，是否可以视情况在一些发展较充分的基层组织中完善红十字会的机构和人员配备，以更好地履行红十字会基层组织的职责和作用？

在缕析上述两个问题的基础上，结合国际红十字会的职责和目标要求，交流中发现对于红十字会组织的“职责”内容缺乏性质上的界定，是否可以认为《红十字会法》和地方法规规章规定的组织职责即为一种法定义务？也有负责人表示可以将现有法律法规中的职责内容规定为最低法定义务，各地方再结合不同的实践经验，自我丰富和发展。

3. 职责

对于职责可选性问题的统计结果，36%的被访者认为红十字会职责的性质为职权，44%的被访者认为是义务性的，只有20%的被访者认为红十字会的职责是职权与义务两者兼具的。所有被访者都认为红十字会的职责与其他救助机构有重叠之处。36%的被访者认为地方红十字会组织的职责有地域限制，64%的被访者认为没有地域限制。

对于职责的开放性问题的回答主要有以下几种：认为人道主义救助、应急救护培训、在捐赠者与受赠者之间建立起桥梁等工作是红十字会的最低义务性的责任。在应急救护培训工作、募捐活动方面与其他救助机构有重叠之处。红十字会的救灾救助、人道主义救助、造血干细胞和人体器官的捐献工作有地域排他性的限制。从调查问卷看，地方红十字会在实际中常见的政府委托事宜有：贫困地区的口对口援助工作，在公务员单位、学校、城市农村社区中开展救护知识的培训，关爱白血病、先天性心脏病儿童工作，艾滋病的预防与宣传等。

对于职责问题的访谈提出问题存在的原因有：民政部门的慈善中心常借用“官方”的身份来排挤红十字会进行募捐，认为红十字会具有“半官半民”的性质，导致红十字会的募捐活动遇到很大的障碍，其主要原因是红十字会的法律性质和法律地位未得到明确的界定。另外红十字会在履行职责时面临人力和财力两方面的阻碍。

从职责问题的地方性法规完善层面上提出以下几点建议：立法上清晰界定红十字会职责的性质，明确只能由红十字会履行的职责，提出在有关职责与其他救助机构发生冲突之时的协调程序，具体规定红十字会接受政府委托的事宜。

对于职责的特殊保障的可选性问题的统计结果是：17.9%的被访者认为红十字会在履行职责时享有的特殊保障权的实际效果很

好，实践中没有遇到障碍，53.7%的被访者认为实际的效果一般，而有28.4%的被访者认为效果很差。

对职责特殊保障权的开放性问题的回答有以下几种：在实践中红十字会遇到的实际障碍有救灾物资在运输过程中的路桥费未能得到减免，有关新闻部门在公益事业的宣传上不能给予有力的支持和配合，募捐和救助培训时会遭到政府部门的阻碍和不支持等。

从职责特殊保障的地方法规完善层面上提出以下几点建议：立法上明确规定相关的救护培训工作只能由红十字会负责，各地政府的应急救援队由红十字会领导指挥，规定红十字会在运输救灾物资时免收路桥费。有关的宣传部门应无偿地配合、支持红十字会开展募捐和宣传活动，宣传公益爱心，倡导文明风尚和奉献精神。

4. 经费和财产

对于经费和财产的可选性问题的回答的统计结果为：19.2%的被访者认为红十字会的募捐活动的开展没有地域的限制，80.8%的被访者认为具有地域的限制。在红十字基金会与红十字会的关系问题上，53.8%的被访者认为是领导关系，30.7%的被访者认为是指导关系，15.5%的被访者认为是独立关系。36.8%的被访者认为有必要设立专门的募捐基金会，63.2%的被访者认为没有必要设立专门的募捐基金会。

对于经费和财产的开放性问题的回答如下：认为红十字基金会在实际管理中的利处在于可以有专职人员负责募捐工作，分工明确，有利于募捐活动的开展，有利于募集基金的管理。但同时存在弊端，基金会自身存在的大部分问题归因于红十字会，基金会经常拒绝受红十字会的监督，不配合红十字会开展相关工作。

对经费和财产的访谈提出的问题有：在募捐工作中，捐赠者要求开具募捐发票，而红十字会常因为未在当地的民政部门登记而无法领取有关的发票。

对经费和财产问题在地方法规完善层面上的建议如下：明确规定红十字会的募捐活动具有地域限制，明确界定红十字基金会与红十字会的关系，由红十字会总会统一管理全国的募捐发票。

对于经费和财产的监督管理的可选性问题的统计结果为：所有的被访者均认为有必要在红十字会内部设立专门的审查机制。在外部监管上，61.5%的被访者认为政府审计监管的实际效果更好，23.1%的被访者认为红十字会上下级之间的层级监管的实际效果更好，15.4%的被访者认为两种监管模式的实际效果相当。

对于经费和财产的监督管理的地方法规完善，我们建议设立内部的审查机制，在外部监管上坚持政府的财政监管和审计监管、红十字会的层级监管相结合的监管模式。

三　梳理分析

通过以上对各地方法规规章体系、内容和适用效果的梳理，红十字会地方法规规章的主要学理性问题可概括为以下方面：

（一）组织

关于地方红十字会组织方面的法规内容，在文本分析中反映出来的问题主要包括设立程序及法人资格取得程序不统一、对行业红十字会的管理有不同指导意见，内部管理机构的权责和相关程序在地方性法规中内容较为简略，会员的义务和权利内容规定较为片面，同时地方人民政府和相关单位机关的支持和保障义务是倡议性的规定，没有明确具体内容。

通过调查问卷和深度访谈，上述法律文本内容在实践层面的反映主要包括：在描述与地方政府的关系问题中，选择“领导关系”的地方最多，“指导关系”其次，“影响关系”也成为部分地方红十字会的选择；地方红十字会还表示在资金预算、管理者任命、经费支出项目选择和工作人员薪酬和福利方面都受到政府直接影响，部分地方认为政府的影响还包括业务活动范围；关于地方红十字会（包括基层红十字会组织以及行业性红十字会）的组织资格的界定问题各个地方都反映出了不同的实践程序。同时地方红十字会在依照《中国红十字会章程》的相关规定管理内部机构和会员成员时，由于对一些程序性和实体性的权利等问题缺少具体规定，各地方的行为标准不一致，同时地方红十字会组织的受调查者表示需要将地方机关单位的支持保障纳入明确规定的范围之内。

从法律理论分析的角度看上述地方红十字会法规在文本梳理和实践中的问题，其关键性的问题是地方红十字会法律性质界定以及组织和政府的关系，另一方面的问题可以概括为地方红十字会组织的治理结构问题。

地方红十字会法律性质的界定关涉其与地方人民政府的关系以及和中国红十字会总会的关系。对于中国红十字会总会的法律性质界定，依照《关于理顺中国红十字会总会管理体制的通知》，红十字会应按照社团的工作机制独立自主地开展工作①，在实践中，总会是依照法律规定自然取得社会团体法人资格的；关于地方红十字会，“县一级的情况比较复杂，各地应当区别不同情况，逐步推进理顺管理体制的工作……在条件不具备的地方，应当争取先有专人、有经费，能够依照红十字会法和章程开展工作。”② 从法律理论层面出发，在法律上的设立可能包括“总会和分会”的形式，类似中国公司法中规定的“母公司和子公司”形式，以及“总会指导地方红十字会”的形式。从《红十字会法》的法理上分析，一个国家只能设立一个社团法人，在总会之下设立分会的结构是相对合理的，结合中国对国际红十字会的统一性和独立性原则的保留，红十字会在中国的发展实践过程中设立了地方组织，同时还是按照地域行政级别设立的，因而中国红十字会总会具有法人资格，地方上的红十字会也应该能够依照地方性法规的规定自动取得社会团体

① 详见中央机构编制委员会办公室颁发的《关于理顺中国红十字会总会管理体制的通知》（中编办字［1999］136号）。

② 彭珮云：《不懈的追求——蓬勃发展的中国红十字事业》，社会科学文献出版社，2010，第296页。

障规定得过于窄，无法有效地保障红十字会职责的顺利履行。

实践中暴露的主要问题是红十字会的部分职责被视为职权性的，因此疏于履行。经常发生红十字会的职责与其他救助机构的职责相重叠和冲突的情况。对于政府的委托事宜，未考虑到红十字会的人力和财力的实际情况，导致红十字会无法独自完成。而在职责的保障方面，实际的效果并未达到立法的预期，给地方红十字会的职责履行带来很大的障碍。

从法律分析的角度，地方法规在职责的规定上的关键问题是未能对职责作出清晰的界定以及缺少对地方红十字会组织跨地域行为的规范。

对于第一个问题，从我们梳理的文本可以看出，无论是《红十字会法》还是地方法规，都未对各级红十字会的职责的性质作出清晰的界定，都只是笼统地列举出红十字会的几项职责，这些职责究竟是职权性的还是义务性的或是两者兼有，单从文本本身无法找到明确的答案。从我们的调查问卷来看，各地的红十字会领导对红十字会职责的性质也有着差异性的见解。这种在文本中未能对红十字会的职责的性质作出清晰界定的缺陷，在现实生活中将导致诸多弊端，不仅仅是红十字会对自身的职责性质不能得出统一看法这种表层的缺陷，更严重的是在实际履行这些职责时，对最低义务性的责任未能有清晰的认识，极易造成失职、推诿等现象。

从学理上看，职责包括职权和责任两层含义。法律上讲求权责相一致的原则。对于国家机构来说，就是指法律赋予的职权实际上是赋予的义务和责任，国家机关必须采取积极的措施和行动依法履行其职责，擅自放弃、不履行其法定职责或违法、不当行使其职权，要依法承担相应的法律责任。中华人民共和国立法法及相关法规、规章将权责统一确定为一条立法原则，在制度上保证权利与责任的统一。之后随着实践的发展，权责相一致的原则已成为依法行政的基本要求之一。在现代民主法治条件下，法律授予国家机构职权的同时，实际上已经赋予了国家机构义务和责任，可以说是权责同授；国家机构在接受授权的同时，也接受了义务和责任，亦是职权同承。职权与职责不可分离，是一个统一体的两个对立统一的侧面。任何国家机关在行使职权时，都必须履行相应的职责；在履行职责时，也应当享有职权。职权可以保障职责的履行，职责对职权的行使进行监督制约。若两者不一致，或者由于滥用职权、滥用职责，会因违法或不当，侵犯公民的合法权益；或者不行使职权，不履行法定职责，导致公民合法权益的受损。因此我们要掌握实现权责统一的规律，始终不渝地落实权责统一的要求。

因此，各地的红十字法规应当坚持权责相一致的原则，清晰地明确职责的性质，明确地规定诸如人道主义救助最低义务责任，明确地方红十字会必须履行的职责，以及当出现滥用职权、违法行为或者不行使职权、不履行法定职责时应当承担的法定责任、行政责任。

对于缺少地方红十字会组织跨地域行为的规范的问题，地方红十字会法规未明确规定地方红十字会组织的职责有地域性的限制。调查问卷显示的结果表明，地方红十字会组织的职责并没有地域性的限制。但是各地的地方法规都未对跨地域行为作出明确的规范，也未对具有地域排他性的职责作出明确的规定。这种制度设计上的缺陷，导致现实生活中出现许多不利于红十字会有效履行职责的现象，各地方红十字会对于地域排他性的职责理解不一致，相互争权，推诿职责，或者造成地方保护主义的势头。

从学理上分析，我国地方红十字会是按照行政区划设立的，组织上、管理上、财政上都具有地域性，因此职责上也应该具有地域性的限制。做到分工明确、各司其职。尤其是对于救助和捐赠活动的规定更应该体现出地域的限制，因为这两项职责是红十字会的最为重要的，也是涉及红十字会自身利益的活动，若在制度规定上模糊、缺乏明确的地域限制，将会在捐赠活动中出现争夺捐赠者、尽力夸大自己的捐赠活动范围的现象，捐赠活动陷入混乱，也不利于建立各地的捐赠账目，不利于捐赠活动的管理，因此应该在地方法规中明确规定只能在本红十字会的辖区内开展捐赠活动，严禁到其他红十字会的辖区进行募捐。同时对于必要的全国范围内的或者跨地域的捐赠应该由红十字会总会进行或者在红十字会总会的批准和监督下由相应的地方共同开展。而在救助职责上，更应该明确规定各地的红十字会必须承担本辖区内的救助工作，及时对遇难者和需要帮助者进行救助。若在制度上不作出清晰的规定，极易造成其他地方的红十字会擅自开展跨地域的救助工作，初看起来似乎更有利于保护遇难者的人身、财产安全，但从长远考虑，容易导致应该履行救助职责的地方红十字会拖延、不当履行。

因此，我们的建议是各地方法规应该明确规定地方红十字会的职责具有地域性的限制，地方红十字会应该各司其职，及时有效地履行相应的职责，并且明确规定对违反该规定、擅自到自己辖区以外的地区开展活动的地方红十字会，由红十字会总会给予严厉的处罚。

（三）经费和财产的管理

从我们梳理的文本来看，地方红十字会法规对于经费财产的管理存在很多问题，主要有：对于人民政府拨款的性质是专项性的还是笼统性的未作出界定，未对不同来源的经费和财产在支出比例上作出限定，未对募捐活动的开展作出地域性的限制，部分地区设立红十字基金会，但对于红十字基金会与红十字会的关系未做出明确的规定，两者是领导关系，还是指导关系，还是相互独立的关系，文本均未作出界定。在红十字会的财产监管制度方面，地方法规虽然都有有关经费的使用情况的报告制度，政府的财政监督、审计监督制度，但是规定得过于粗略，缺乏操作性和执行性。在内部监管方面，是否有必要设立专门的内部审查机构？其效果怎样？在外部监管方面，政府财政审计监管、红十字会的层级监管、社会监管三种模式的实际效果怎样？这些都是值得我们探讨的问题。

从实践层面看，若对红十字会的财产缺少必要的、可行的、有效的制度性的管理，在现实生活中就会出现许多本应可以避免的负面影响。既有内部人员的贪污、挪用救灾款物，又有外部人员利用红十字会财产制度上的缺陷进行诈骗。这些现象都对红十字会正常开展工作造成极大的障碍。

从法律分析的角度，经费和财产是红十字会履行权力和职责的保障，也是发展红十字会事业的前提。为了社会公益事业的顺利开展、红十字会各项工作的有序进行，应该建立起完善的红十字会财产监管制度，对经费的收支、财产的管理以及捐赠物设立专项账目的审查监督制度，严格做到公开、公正，主动接受审查监督、社会监督、舆论监督。规定得比较有特色的地区是天津市、济南市，其规定在理事会内设立财务审查委员会，对本会的经费收支、财产管理进行审查监督。设立专门的内部审查委员会可以做到权职明确，各负其责。内部监管体系的建立有利于及时发现问题，有效地防范腐败的风险。建立政府财政监管、审计监管制度有利于加强地方政府对红十字会的监督，红十字会上下级的层级监管有利于从财产方面加强上级红十字会对下级红十字会的领导，而社会监管更有利于及时纠正一些因工作疏忽而导致的错误，是一种有效的事前风险防范机制。

因此，我们的建议是地方法规应该对红十字会与红十字基金会的关系作出明确的界定，建立起内部财产审查制度，以及由政府财政监管、审计监管和社会监管相协调、相配合的外部审查机制。从多角度、全方位地保证红十字会财产的有效管理。

四　总结性建议

基于上述法律文本梳理、实践调查和法理分析，课题组针对红十字会地方性法规有以下几方面建议：

(1) 在地方红十字会组织方面：目前存在的关键性问题一是地方红十字会法律性质界定以及组织和政府的关系，二是地方红十字会组织的治理结构问题。在前一问题上，我们认为首先要尊重红十字会的社团特性，保持其相对独立性。在此基础上，同样要尊重红十字会这一社团在中国的特殊属性，要探寻民间组织中政府力量与民间力量的组合模式，明确地协调地方政府与红十字组织的关系。这是发挥红十字会组织价值、功能作用和社团优势的关键性要素。基于这一原则，在地方红十字会的设立问题上，应该根据红十字会社会团体的属性强调依法设立，但同时鉴于由政府统一设立和批准的背景，可以直接规定省市县地方红十字会具有社会团体法人资格，更基层的地方红十字组织和地方行业性红十字组织依法取得社会团体法人资格。后一问题主要包括机构的组成以及不同机构之间的实体性权利和义务。课题组认为，在地方红十字会的治理机构问题上，应该在丰富《中国红十字会章程》的基础上，在红十字会地方性法规中明确规定地方红十字会理事会、会员代表大会、会员等治理机构的组成、成立的程序性规定、相互间的权力结构安排。

（2）在地方红十字会的职责方面：一是在法律文本中明确规定地方红十字会相应职责的法律性质，即为义务性的还是权利性的，义务性的是地方红十字会必须履行的，否则红十字会总会有权采取相应的处罚措施。二是明确规定地方红十字会相应职责的归属性，即是地方红十字会独有的还是与其他人道主义救助机构可以发生重叠，以及与其他救助机构职责发生冲突或重叠时的争议裁决权限及相应程序。三是明确规定地方红十字会相应职责的地域性，即地方红十字会的职责是否具有地域性限制，哪些具有地域性限制，防止地方红十字会之间相互推脱或争夺而导致的失职或滥权，比如，禁止某一地方红十字会到其管辖的地域范围外开展现场募捐活动、人体器官现场号召捐赠工作等，但不限制其他地域的主动捐献。四是对地方红十字会的义务性责任应该明确最低义务标准，比如用于救助救灾的资金支付最低比例等。五是对现在没有任何限制范围的政府委托事宜增加限制条件，即超出《红十字会法》和《中国红十字会章程》明确规定的地方红十字会职责范围的事宜除外。

(3) 在职责的特殊保障方面：根据调研中收集到的现有保障性措施实施效果不佳的意见，建议一是在红十字会地方性法规中明确规定地方政府、其他地方机构对地方红十字会职责保障的具体义务，如地方电视电台有义务播放有关地方红十字会救助救灾等相关公益广告。二是增加在实际职责履行过程中亟待增添的保障措施，如地方红十字会在运输救灾物资时路桥费的减免的规定。

(4) 在红十字会的财产和经费的管理方面：一是建议明确界定当地政府为地方红十字会财政拨款的义务性和财政拨款占地方财政收入的比例。二是建议对不同来源的经费和财产在救助救灾和管理费用等各项支出上的比例限制，比如，用于地方红十字会自身管理费用的支出不得超过相应经费的8%。三是对于设立红十字基金会的地方，明确界定红十字会对红十字基金会的领导关系。四是清晰界定地方红十字会所募集的物资和资金的专项管理权力，即由地方红十字会专项管理，专项用于募集目的，排除地方政府的不当干预和使用。五是细致地规定红十字会的财产监管制度，包括经费使用情况的报告制度、政府的财政监督和审计监督制度、红十字会上下级之间的监管制度、红十字会内部的财政监督制度，并且逐步建立起社会监督和舆论媒体的监督机制。

在地方性法规梳理过程中，我们发现，文本梳理所反映出的一些关键性的问题是由红十字会组织本体的特殊法律性质和地位以及中国红十字会管理的政治思路和影响来决定的。因而，在红十字会地方性法规的梳理完善工作中，我们建议还要考量以下两点：

(1)《红十字会法》修改与红十字会地方性法规修改的先后关系。从法律层面观察红十字会地方性法规的完善，基于地方性法规作为实施办法或条例的法律位阶，在法律体系层面和法律效力层面应该先对《红十字会法》作出修改，红十字会地方性法规才能在此基础上结合地方实际加以完善。但从中国法治建设经验来看，一些全国性法律的修改或改进在一些情况下是通过地方性法规先做改革的试点模式，在吸收和借鉴地方性法规在修改过程中的经验和对相关问题的总结的基础上，整合全国各地情况进而启动的。在现有的《红十字会法》的规范框架之内，我们建议各地方人大可以先行对红十字会地方性法规在内容和规范体系上进行完善，但同时要考虑到现阶段进行地方性法规的实质性修改和完善可能会发生与《红十字会法》等相关法律法规规定相冲突的情况和应对的措施。

（2）红十字会地方性法规修改时与地方政府、红十字会总会、其他救助机构间利益的博弈关系。现阶段《红十字会法》的修改除了从法律体系内部的规范性和有效性角度考虑，还需要把中国红十字会发展的历史经验和政治现实结合进来。红十字会作为一个较为特殊的社会组织，其基本法（包括中央和地方）的修改可能在一定层面引发立法博弈，如确定红十字会与政府或独立或依存的关系，以及红十字会与其他慈善公益组织的公益慈善竞争问题，包括红十字会作为社会组织，与行政上的主管部门等相关关系的确定都会引发部门利益争斗的问题。这些问题都是我们在对《红十字会法》、红十字会地方性法规进行完善时必须加以衡量和考虑的。

基于对红十字会地方性法规的梳理、分析及各种关键因素的考量，课题组根据对红十字会地方性法规的修改完善相关建议，起草了红十字会地方性法规的规范模板，并提供了草案性和说明性两个版本，详见附件。

法定机构理论研究

法定机构是政府为履行专项公共管理或公共服务职能而设立的非部门性、半独立性公共组织。[①] 其特殊的组成方式、运作模式及其在公共服务体系中的特殊定位，使它们能够表现出标准纵向政府部门和传统工业单位等难以发挥的特定作用。目前，我国还没有成熟运营的法定机构这一特殊公共服务组织形式，它还仍然处在实验过程之中。对法定机构的运作模式及各国相关情况等的研究，势必有助于我国当前法定机构的改革。

一　法定机构概述

（一）法定机构概念

法定机构在英国被称为“执行机构”，在美国被称为“独立机构”，在法国被称为“独立行政机构”，在日本被称为“独立行政法人”，在韩国被称为“独立执行机构”，在新加坡和香港被称为“法定机构”。综合来说，法定机构是指立法机构通过专门立法设立的与政府决策部门相区别的，相对自主、独立运作，负有法律赋予的执行政府政策、提供公共服务或发展经济职能的公共管理机构。[②]

法定机构是根据立法机关通过的专门法律或者一部法律的某些条款而设立的。任何法定机构都不是凭空设立的，都是由于新型职

① 傅小随：《法定机构及其在公共服务体系中的特殊作用》，《行政论坛》2009 年第 2 期。

② 崔健、杨珊：《前海合作区法定机构运作模式研究》，《特区实践与理论》2011 年第 5 期。

能和新任务的产生，或者政府管理经济和社会事务的方式方法的调整，并且以立法机构的特别立法为依据而设立的。就是说，政府无权直接设立法定机构，只有立法机构才有权决定法定机构的设立和撤销。

一般说来，法定机构的设立有两种方式：①根据政府职能的调整或转移以及某项管理任务的强化，根据法律而新设立一个机构，即在设定机构的同时就对其进行法定化管理。②随着社会的变迁和形势的发展，根据法律将某些非法定机构转变成法定机构，即机构的设立与机构的法定化不同步，机构的设立在前，其法定化在后。

（二）法定机构的产生和发展

法定机构并不是新鲜事物。瑞典执行机构的历史可以追溯到17世纪，决策与执行的结构分离是瑞典行政体制的主要特征。现代意义的法定机构是由英美等盎格鲁—撒克逊国家发端并逐步扩展至世界范围的“新公共管理”运动的产物。所谓“新公共管理”运动是指20世纪70年代中期以后由英国及其他OECD国家掀起的政府改革运动。当时，西方世界面临着大政府、高赤字、低效率、经济滞涨等一系列问题。在这样的背景下，“撒切尔主义”应运而生，它针对传统官僚体制机构臃肿、效率低下、不经济、浪费等一系列弊端，主张重新发掘市场机制的作用，削弱政府的作用，以私有化、分权、非管制化等手段鼓励竞争，并通过竞争刺激经济发展和政府的行政效率。有数据显示，截至2002年3月，英国有127个执行机构，工作人员占公务员总数的78%。

“新公共管理”运动在美国被称为“政府再造”运动，截至目前美国共有30多个独立机构。“新公共管理”运动从OECD国家扩散到新兴工业化国家和发展中国家和地区，法定机构在世界范围内大量设立。20世纪80年代和90年代，超过80%的国家进行了公共管理的改革，截至2006年，韩国独立执行机构达45个，1984年新加坡有83个法定机构，近来减少到62个，目前香港有超过200个法定机构。[①]

（三）法定机构的类型及特点

1. 法定机构的类型

法定机构大致可以分为三大类：美国模式、英国（新加坡）模式和香港模式。下面对这三种模式简要介绍。

（1）美国模式：法定机构在美国称为独立机构，被称为于立法、司法、行政三部门之外的“第四政府部门”。其特点在于独立机构集立法、司法、行政三权于一身，这样问题在同一个机构中就能得到全面解决，避免了机构间相互推诿、扯皮，办事效率大大提高。同时，三权集于一身，使得独立行政机构的权威性很高，监管能力很强。大多数独立机构都是为处理某一专门事务，或为满足某一专业领域之需而设置的，因此工作内容专业性强，技术程度高，而且管理人员专业化程度也很高。在美国，这类独立机构数量有60多个，并具体分为独立管制机构和行政事务机构两类，前者一般实行委员会制，直接对国会负责，具有准立法权、行政监管权和准司法权，包括美国证券交易委员会、联邦电讯委员会、美联储等。后者主要为政府或者公众提供特殊或专门服务，实行首长负责制，包括美国邮政局、环境保护署、联邦总务署等。与后者相比，前者具有广泛的管理和监督权力。[②]

根据美国《联邦行政程序法》，独立机构有三大职能：①制定、发布、解释和废除有关条例规章；②审理行政诉讼案件；③进行一般性行政管理及监督工作。

独立机构是根据立法机关（国会）的立法命令成立的，即它必

---

① 崔健、杨珊：《前海合作区法定机构运作模式研究》，《特区实践与理论》2011年第5期。

② 刘新华：《探索法定机构管理模式推进行政管理体制改革》，《行政管理改革》2010年第3期。

表 2-1　新加坡水务、电力与煤气、地铁、电信、固体垃圾行业的所属政府部门及法定机构

公用事业行业	水务	电力与煤气	地铁	电信	固体垃圾
政府部门	环境发展部	贸易与产业部	交通部	交通与资讯科技部	环境发展部
法定机构	公用事业局	能源管理局	陆路交通管理局、公共交通理事会	电信发展局	全国环境理事会

新加坡的法定机构经过多年的发展完善，已经形成了一个非常成熟的组织形式。法定机构的内部结构一般分为三层，见图 2-7 所示。

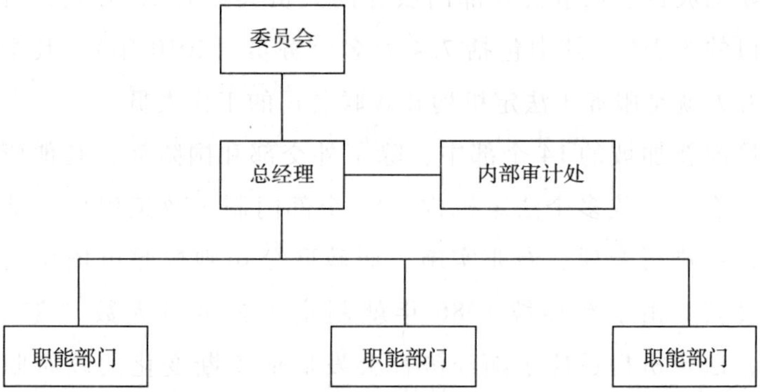

图 2-7　新加坡法定机构的内部结构

上层是法定机构委员会。它是最高领导和决策机构，其构成为主席 1 人、副主席 1 人和委员 6～10 人（见表 2-2）。委员会的组成人员都是由来自政府部门、商业企业、教育机构、传媒和工会组织等的官员和专家学者兼任，他们由政府主管部门部长任命，一届任期为两年且可以连任。在人员的选择上，不仅要求都有与该行业相关的背景，有较深的专业知识，而且要求有较高的个人道德品质。委员会成员的薪金不在法定机构领取，由国家专门设计发放，委员会成员也不参加法定机构的日常经营活动，这样可以使他们不为机构利益和被监管者的利益所左右，在处理问题的过程中能够做到公平、中立和负有较强的社会责任感，固定任期也可以使他们的行为和决定不为政治势力所影响。

表 2-2　水务、电力与煤气、地铁、电信、固体垃圾行业法定机构的委员会人数和职能部门数

单位：个

	公用事业局	能源管理局	公共交通理事会	陆路交通管理局	电信发展局	全国环境理事会
委员会人数	10	10	8	—	10	12
职能部门数	11	6	3	8	3	7

第二层是总经理。法定机构的总经理由委员会从经理人市场上或从国外聘请，这是新加坡实现国际化的一个主要措施。委员会面向全球招聘总经理，从而能够把国际上的先进的管理经验和技术带到新加坡来，使新加坡的国际竞争力能够在国际上保持领先地位。委员会把日常的经营和管理工作交给总经理完成，而使自己专职于制定政策、营造市场环境上。

第三层是法定机构下属各职能部门。根据法定机构发展和对企业监管的需要，每个法定机构都设有多个职能部门来执行各项政策（见表 2-2），各职能部门下面还有一些相应的辅助机构。各个职能部门之间相互协作，信息共享，共同推动着法定机构的发展。这种组织形式使机构内部各个部门分工明确，职责清晰，相互之间能合作协调，信息共享，减少内部交易成本，提高监管效率。①

（3）香港模式：香港法定机构是公共管理制度的一大特色：首先，香港的法定机构既不像“美国模式”三权集于一身，也不像“英国模式”隶属于一个政府部门，而是一个独立的体系，与有关政府部门保持“虚线”联系，属于“半官方”机构；其次，香港法定机构数量很大，达到了 200 多个；最后，香港法定机构类型多

① 周勤、李家平：《什么是好管理者》，《产业经济研究》2007 年第 1 期。

样，非常复杂，根据设立宗旨、职责、职能、运作模式等，有服务类、咨询类以及公营公司、大学、公立医院、慈善机构、“上诉委员会”、“信托委员会”等。

香港的法定机构，又称为法定公共机构，是根据香港法例的个别条例成立并受有关机构条例监管的机构，主要负责特定公共服务或政府认为需要较多社会人士参与的工作。

在香港，法定机构的财政来源可以分为两类：一类是受政府经常资助、负责需政府经常资助的公众服务的机构；另一类是政府出资设立、按商业原则运作、提供收费服务的机构，类似于内地公用事业类国有企业。

香港法定机构按照职能也可以分为两大类：一类是政府有关机构；另一类是大专院校、公立医院、法定慈善机构、公用事业公司和某些地区组织。

（4）日本模式：法定机构在日本被称作独立行政法人，该制度的主要内容，就是政府对于那些已无必要由行政组织直接管理但又不能完全交由民间机构实施的公共事务和事业，在以立法的方式将其目的、任务和业务范围做出明确规定之后，授予承担这些事务和事业的公共组织以独立的法人资格，使它们在业务经营、资金运用、人事管理等方面享有充分的自主权。① 日本的独立行政法人分为非公务员型独立行政法人和公务员型特定独立行政法人两类。根据《独立行政法人通则法》第2条第2款之规定：所谓“特定独立行政法人”是指在独立行政法人中，其业务的停滞将会对国民生活和社会经济稳定产生直接而显著的影响，同时综合考虑到该独立行政法人设立的目的、业务等特征，根据个别法的规定，赋予其干部和国家公务员身份的独立行政法人。特定独立行政法人（公务员型）和独立行政法人（非公务员型）依据其是否伴有国家公务员

① 朱光明：《日本的独立行政法人化改革评析》，《日本学刊》2004年第1期。

身份，两者的区别可如表 2－3 所示。①

表 2－3　日本独立行政法人的种类及区别

	公务员型	非公务员型
身份保障	除法令规定的事由外，不得违背其意愿降职、退职或免职	关于免职事由等，根据就业规则，由各法人长自行决定
工作条件	在中期计划范围内，由法人长裁酌	
薪酬标准	以民间企业、国家公务员的薪酬为基准，由法人长决定	结合社会一般情况，由法人长决定
服务限制	适用国家公务员法	根据就业规则决定，根据需要可设置假想公务员规定
定员管理	不属于法令定员制度的对象，实际人数需向国会报告	由法人长裁酌，无须向国会报告
职员任命	由法人长以公务员法为基准任命，可灵活掌握采用标准	由法人长任命，采用标准由法人长制定

尽管在日本独立行政法人机构依然隶属于各个行政省厅，但主管部门和主管大臣除了对其事业发展目标给以提示、对其业务发展计划进行必要审查、对其经营绩效做出评估之外，对其通常业务活动则一般不加干预。日本独立行政法人制度的具体内容由以下几个方面构成。

第一，独立行政法人的组织管理和财政制度。独立行政法人实行首长负责制。虽然行政首长（所长、校长、馆长等）由政府直接任命，但多数法人机构的行政首长将通过公开招聘方式产生，国立大学校长则根据大学教授会的推荐任命。行政首长作为法定代表人，全面负责机构的事业规划、业务经营和人事管理，重大事项经高层管理人员组成的“运营会议”讨论后由行政首长做出决定。此外，政府还向每个法人机构派遣 2 名监事，负责对其业务活动，尤

① 孙志毅、荣秩、乔传福：《OECD 国家日本的独立行政法人制度及其启示》，《亚太经济》2006 年第 5 期。

其是财务运行和资产管理进行监督。

政府对独立行政法人实行中期目标管理。法人机构正式设立后，行政主管部门将向该机构提出一个要求在3至5年（国立大学为6年）内达到的中期目标。中期目标由事业发展目标、公共服务目标、财务改善目标、经营管理机制转换目标等一系列具体指标构成，各项指标将尽可能采用便于考核与评估的量化形式。法人代表将根据中期目标的要求，拟定事业发展的中期计划。中期计划主要包括以下几点：①为推进事业发展和提高业务绩效而采取的主要措施，为提高公共服务水准而采取的主要措施；②财务预算（包括人事费）和资金收支计划；③业务运营所需短期贷款的限额；④重要财产转让或需要提供担保的项目；⑤结余资金的主要用途；⑥主管部门规定的其他重要事项。中期计划经评估组织审查同意并报财政部门承认后，主管部门将予以批准。此外，法人机构还必须根据中期计划制定各个年度的业务推进计划。中期计划和年度计划是政府对法人机构进行绩效评估的主要依据。

虽然日本行政改革总体方案曾经规定，独立行政法人的财务管理原则上采用企业会计制度，实行成本核算制，但这些机构毕竟是政府举办的公共服务组织，其业务活动具有较强的公益性，需兼顾社会效益和经济效益两个方面，故简单套用企业会计制度并不合适。为此，日本政府于1999年3月专门颁布了《独立行政法人会计基准》。按照该基准，各个法人机构必须将每年度的收支情况、贷借情况、盈亏情况及有关利润和亏损的具体处理方法等按照标准格式做成财务明细表上报主管部门；在呈送上述财务报表时，还必须将年度事业报告书、决算报告书和监事对决算报告的审核意见作为附件一并提出；政府将根据有关法律和民间股份公司的惯例，委托专门机构对其财务管理进行定期审计；法人机构的重要资产所有权发生变更或为其他法人提供担保时，必须事先得到主管部门批准。

政府将根据评估机构的评审意见，在财政预算中单独列支独立行政法人事业运营所需经费，并按照统一标准向各法人机构拨付事业费；已列入中期计划的固定资产购置所需资金，也将由政府提供，但不得与事业费混用。法人机构业务经营所需流动资金，可通过向金融机构申请短期贷款的方式解决，由政府提供担保，但其数量不得超过中期计划中的限额并在事业年度内偿还；各法人机构服务性收费的用途由政府统一规定，其标准可在允许的范围内自行确定；法人因改善经营管理而节余的资金，可在法律规定的范围内自主使用，但中期计划完成后的结余资金则由主管部门处置。

第二，独立行政法人的人事制度。独立行政法人的职员身份，实行国家公务员型和非国家公务员型两种类型并存制。即国立大学的教职员不再享有国家公务员身份，而其余绝大多数法人机构的工作人员则继续保持国家公务员身份。但是，随着经济与社会的发展，今后这些机构也将逐步向非国家公务员型转换。即使采用国家公务员型的机构，其新进人员也不再享有国家公务员资格。不论法人机构采用何种职员身份类型，国家都实行统一的组织管理制度和绩效评价制度。

独立行政法人的新进人员，一律面向社会公开招聘。法人机构举行招聘时，应将空缺岗位必须具备的专业学历、专业经历等资格条件和遴选程序提前公布；招聘将根据平等竞争原则，采取考试与考核相结合的方式；法人首长根据招聘委员会的考评结果，择优确定录用人选，并及时向社会公示。

法人机构的内设组织与岗位、人员任用标准与方式、薪酬等级与奖惩措施等，由法人首长根据有关法规和本机构情况自行决定。国立大学等非公务员型法人机构的专业技术人员，在确保完成本职工作和不给本单位造成利益损失的前提下，可以到其他机构兼职，但兼职活动的地点、时间、内容和收入等信息必须向法人首长申报并公开。法人机构的工资标准，应参照国家公务员工资水平和民营企业工资水平制定并报各省评价组织备案；法人机构可根据职员的不同情况，分别采用年薪制、职级制、浮动工资制等灵活多样的分配形式，但其工资收入总水平必须与法人机构的经营绩效挂钩。

第三，独立行政法人的绩效评估制度。为保证中期目标的实现，政府对独立行政法人的业务活动定期进行评估。评估由总务省的“独立行政法人评价委员会”和各主管省的“独立行政法人运营评价委员会”共同承担。两级评价组织的成员均由行政部门之外的有关专家担任，其中各省的“独立行政法人运营评价委员会”中必须有一名熟悉评估技术的注册会计师。总务省“独立行政法人评价委员会”的基本职能是：对独立行政法人机构的设立和主营业务变更进行审查；对各省“独立行政法人运营评价委员会”的评估结果进行核查；以白皮书形式统一公布各法人机构的有关资料。各省“独立行政法人运营评价委员会”的基本职能是：对主管部门提出的中期目标进行审核；对各法人机构提出的中期计划和年度计划进行审查；制定关于法人机构的业务评价基准，并据此对其经营绩效进行评估；向主管部门提出改善法人机构经营管理的建议；向主管部门提出对法人机构行政首长和职员进行奖惩的建议。

评价组织的评估结果作为政府对独立行政法人实施管理的主要依据，将对法人机构的事业发展、资源分配、人事变更和收入分配产生直接影响：①如果该机构的业务活动已明显偏离了既定的公益目标，未能向社会提供有效而充分的公共服务，已引起公众的普遍不满，政府将据此终止该机构法人资格；②如果法人机构业绩不良是因经营管理不善而造成的，政府将据此减少对其经费支持，并责令该机构在新的年度计划或中期计划中提出具体改进措施；③如果法人机构业绩不良是因业务目标不适而引起的，主管部门则必须对先前制定的中期目标进行调整；④如果法人机构绩效明显下降或重大事故发生，确与其行政首长的素质、能力和责任心有关，主管部门将在下次中期计划启动前改聘其他人选，必要时也可在中期计划执行期间解聘；⑤法人机构职员的工资标准、奖金额度和福利水平，将主要根据评价组织的评估结果确定。

第四，增强透明度，强调公开。一般来说，政府组织的事务目标、计划等并不是完全明确和透明的，为加强对独立行政法人的社会监督，提高公共服务部门业务活动的透明度，各法人机构必须及时公布每年度的《事业计划执行报告》。同时，政府将以《独立行政法人白皮书》的形式，定期公布各法人机构的业务概况、财务报表、决算报告、中期目标和中期计划、各省运营评价委员会的评价结果、监事的财务审查报告、机构的业务变动和人事更动等有关资料。①

（5）法国的独立行政机构：法国设立独立行政机构最初的目的是尝试在管理者和被管理者之间确立一种新的管理模式，从而避免政府对人民生活的过度干预和控制，通过具有独立地位的管理机构，监管市场主体，防止市场受到资本持有者的随意操纵或者政府的不当干涉。在通信等领域设立的独立行政机构则充当中立的角色，保护公民的表达自由。随着法国社会的发展，独立行政机构的作用越来越受到重视，范围也在不断扩展，在对公共权力的监督中发挥着重要的作用。目前，法国独立行政机构主要存在于以下五个领域：被管理者权利保障方面；经济领域和市场监督方面；信息、出版和通信方面；政治行为的监督方面；某些特殊领域的管理。

法国的独立行政机构虽然属于行政组织的一种，但其地位、性质、内部管理体制、人员组成等方面都不同于一般的行政组织，兼具行政性和独立性的双重特点，是一类非常独特的组织形态。法国独立行政机构制度的内容主要有以下几个方面：

第一，独立行政机构具有行政性，属于国家行政机构，享有行政职权。和一般的行政组织一样，法律也赋予独立行政机构采取单方面行政行为的权力。概括起来，这些权力主要包括：规章制定权、调查权、建议权、报告权、处罚权。当然并非所有的独立行政机构都具有上述五种行政权力。不同性质的独立行政机构所具有的

① 朱光明：《日本独立行政法人化改革及其对中国的启示》，《国家行政学院学报》2005 年第 2 期；毛桂荣：《日本独力行政法人制度评述》，载于《公共管理研究》（第七卷），格致出版社，2010，第 202～204 页。

行政职权不尽相同，独立行政机构具体享有哪些权限需要看法律的特别规定。

第二，独立行政机构具有独立性，不受制于垂直的行政领导体系。科层制是行政组织系统的基本特点，一般的行政组织都隶属于上级行政主管部门。独立行政机构虽然是行政组织，却有很强的独立性。独立行政机构种类繁多，是否具有法人资格并不一致。无论是否具有法人资格以及是否享有财政自主权，所有的独立行政机构都相对独立于科层制的行政系统，不受行政等级体系的监督和制约。国家法律严格保障它们的独立地位。当然，并不是所有独立行政机构都完全独立于行政机关，有些机构的决定需要得到行政机关的批准。

享有较高的独立地位并不意味着独立行政机构不受任何约束。对于它们的制约一方面是它们每年必须公开的报告，另一方面是国家行政法院系统的司法监督。根据当事人起诉，法国行政法院可以审查独立行政机构的所有决定，此种诉讼属于完全管辖权诉讼，法官不仅可以取消它们的决定，也可以要求它们重新作出决定。

第三，独立行政机构具有独特的组织体制。独立行政机构组织形式包括两种，一种是个人行使权力的独立行政机构，另一种是集体行使权力的委员会制的独立行政机构。

第四，独立行政机构成员的来源多样，地位独立。为了避免独立行政机构所代表的利益发生偏颇，法律规定独立行政机构的组成人员来源多样、任命方式特别，以便最大限度地保证不同利益集团以及持不同观点者对于决策的有效参与，多样化的成员组成也可以保证成员之间相互监督。

2. 法定机构的特点

法定机构在每个国家都有其自身特点和特色，但总体来看，有如下几个特点：

第一，法定性。法定机构都是依据专门法律成立的，每个法定机构都由专门的法律来规定机构的设立、变更和撤销、职责、经费来源、主要负责人产生办法和任免、管理架构、监督机制、与相关政府部门关系边界等内容。而且法律规定都非常详细、篇幅很长。

第二，独立性。无论是否纳入政府公务员体系，法定机构都享有法定事权，独立承担法律责任，在法律规定的框架下，法定机构可以相对独立运作，不受相关政府部门的干涉和制约。但独立性不是绝对的，议会或政府机构可以通过审计机制、问责机制、制衡机制等对法定机构的运作进行监督和规范。

第三，专门性。法定机构都是基于新职能、新任务的产生或者政府经济管理和社会事务处理的方式方法调整而设立的。成立该法定机构的法律会赋予它特殊的功能、任务、运作方式和管理模式。

第四，灵活性。法定机构拥有灵活的经费筹措模式、用人机制、薪酬体制以及灵活的经营管理模式。法定机构的经费来源多样化，包括政府资助或购买、向市场收取、自筹资金等多种形式。法定机构需建立严格的财务管理制度，并向社会公开，接受监督。法定机构享有用人自主权，可依工作实际需要合理设置专业人员岗位、设定聘用条件、公开招聘人员、鼓励并促进人才的引进与合理流动。同时，法定机构的人员薪酬相对灵活，往往根据岗位职责、专业化程度及才能经验等因素来确定，以与其争夺人力资源的所在市场相适应。[①]

二　法定机构的运作、监管及不足

（一）法定机构的组织架构

法定机构的内部组织架构主要由两个层面构成，一是决策层，由法定机构的管理委员会（董事会）构成；二是执行层，由以总经

① 崔健、杨珊：《前海合作区法定机构运作模式研究》，《特区实践与理论》2011年第5期。

理（行政总裁）为核心的高级管理层构成。

1. 委员会（董事会）

法定机构一般都由一个管理委员会或者董事局承担决策职能。按个人的能力、经验、专长、诚心和对公众服务的承诺作为挑选委员会成员的准则，委员会（董事局）的主席及委员（董事）的人选都由政府挑选或委任，负责监管相关法定机构的决策部门官员，并向政府主管官员建议委任；政府主管官员也可根据自己的判断委任合格的成员。

各法定机构法例均对委员或董事的任期进行了明确规定，如香港规定委员的一般任期为两年，在任何法定机构的任期也不得超过六年。除了委任有关领域专家和社会知名人士为法定机构的委员会成员外，政府亦会委派主管法定机构的决策部门或者有关部门的官员担任法定机构的委员，直接参与这些组织的管理，以便维持组织对这些机构的监管和保持正常的沟通。

2. 总经理（行政总裁）

法定机构的委员会有的每月或每两个月开会一次，有的甚至更少。法定机构的日常管理及运作则交由领薪的总经理全权处理。总经理的实际权力很大，是法定机构的实际掌权者。为了避免总经理权力过大，政府都倾向于将总经理和委员会主席的职位分开，以利监察。至于总经理的聘任，各机构有不同的规则，有些是委员会设立评审委员会进行公开招聘，提出建议人选，再由主管官员委任，有些是直接由政府主管官员委任。不管是采用竞争方式还是选用委任方式，法定机构的“条例”通常都会对总经理的选拔程序和任免程序及权限作出明确规定。①

（二）法定机构的监管

法定机构的监管体系包括两个部分，一是法定机构内部的监管

---

① 张西勇：《法定机构制度——我国事业单位改革的趋势》，《山东行政学院山东省经济管理干部学院学报》2004 年第 1 期。

体系，即委员会（董事会）对总经理的监督；二是法定机构外部的监管体系，它包括由立法机关及政府相关决策部门所构成的政治体系对法定机构的监管以及由公众、媒体等所形成的社会监管。委员会（董事会）对总经理的监管是法定机构监管体系中最经常也最基础的行为，它既可以看作是法定机构内部监管架构的一部分，也是连接政府监管的桥梁，因为委员会中有些成员是由政府委任的，或由政府相关部门的官员担任的。政府对法定机构的监管通常被认为是法定机构外部监管的核心环节，因为在大多数国家，法定机构与政府的关系更多地表现为法定机构同政府决策部门的关系，甚至有些国家的法定机构的委员会主席是由政府决策部门的首长担任的。立法机关对法定机关的监管虽属最高层次的监管，然而立法机关的监督并不是经常性的，更多是通过立法授权由政府部门承担监管职责。当然，必要的时候，立法机关也会委托一些独立机构（非政府机关）行使某些特定的监管职责，例如，香港、澳大利亚和荷兰等国家和地区都有独立审计机构，它们可以在必要的时候接受立法机关的委托，对法定机构进行财务审计，并向立法机关提交审计报告。

政府对法定机构的监管主要是通过建立一套检查制度，对其进行审计来实现的。通过考察其计划、绩效信息、年度报告、年度账目和责任安排来考核法定机构的绩效，进而决定它们是否可以作为法定机构继续执行公共任务，是否作为执行机构继续存在。为了向法定机构施加职责，政府努力重新树立政治权威，加强了对法定机构的管制和审计。[①]

（三）法定机构模式的不足

法定机构的这种和政府部门、事业单位、企业与民间组织皆有

① 张西勇：《法定机构制度——我国事业单位改革的趋势》，《山东行政学院山东省经济管理干部学院学报》2004 年第 1 期。

相应增长的。而典型政府职能部门的规模不可能同样不断快速扩张，传统事业单位也存在同样问题。由于法定机构能够以自负盈亏和企业化管理的方式存在，因此它对财政不会造成更大压力，也非常有利于缓解社会对“大政府”现象的担忧。加上运行过程的灵活性和效率性，法定机构就能够很好地承担既为政府减压，又为社会提供良好公共服务的责任，是一个一举两得的模式。例如，一些专业性技术机构在目前情况下可以应社会大众的需要，向他们提供来自公共部门的具有权威性、公正性的检测、鉴定和分析服务。它们就可以由事业单位改造为法定机构。这样既可以减轻财政负担，腾出相应编制给更有需要的普惠性政府公共服务部门，又可以改变这些单位的衙门工作方式，大大提高工作质量，改善服务作风，减少对政府公共服务部门态度和效率方面的舆论指责，树立更好的公共部门服务形象。

其三，法定机构可以留住和吸引更多的人才从事公共管理和公共服务工作，并且可以利用其董事会或理事会的特定组成形式，吸纳社会管理精英的智慧，为改善公共部门管理和服务作出贡献。典型纵向型政府部门由于实行严格依法行政、按程序办事、过程导向和规则为本的原则，使其难改刻板僵化的面貌。虽然在中国目前这样的环境中，在就业压力巨大的情况下高层次人才不得不纷纷涌入争当公务员，但实际上很多人不喜欢、不适合在那里工作。而法定机构既具有公共部门的地位，又比政府机构更灵活宽松，非常适合热心从事公共服务工作同时又喜爱专业性、要求适度灵活性的人才。因此，法定机构在为公共管理和公共服务延揽人才方面必然大有作为。另外，由于法定机构的董事会或理事会在组成上依法必须具有一定比例的行业管理精英、专家学者和员工代表参加，他们也实行任期制，因此，在法定机构的管理特别是决策过程中，就具备了吸收他们的智慧为公共管理服务的正式通道。虽然这些人一般不在法定机构享受薪水，但在这个既充满信任和荣誉感又凸显重要性的公职位置上，他们都会自愿贡献自己的能力、精力和专业知识。

这使得法定机构的管理比纵向政府职能部门和传统事业单位具有更有效的公开化、民主化机制，也使其决策更具科学性的保障。

其四，法定机构也是政府公共管理和服务相应责任的分担者。随着公共服务辐射面的日益扩大，政府公共管理职能也不断扩张，同时相应社会责任压力也越大。在这种情况下，愚蠢的管理思路是政府自身全部承担一切任务和责任，然后导致一个效率低下、公众抱怨的结果。聪明的思路则是充分放手，发挥半政府性质公共部门的作用，节约资源，提高效率，同时由一些直接提供服务的半政府部门担当缓冲社会压力的角色。例如，当2000年香港社会对公共房屋出现的问题提出尖锐批评时，作为法定公营机构的房屋委员会主席就以本人辞职的方式在相当大程度上担当了责任，使政府摆脱了充当直接责任对象的局面，很好地发挥了缓和形势的作用，也更有利于政府及时总结经验教训，提高管理和服务水平。①

（二）法定机构在新加坡、新西兰、香港的特殊作用

1. 新加坡

以法定机构充当公共管理和服务的主要力量并取得巨大成功，新加坡是最具典型性的国家。各种各样的法定机构在推进新加坡经济发展和社会治理方面发挥着举足轻重的作用。它们比政府部门的管理更加灵活，比市场的调控更有针对性，更符合国家发展的规划。言而总之，法定机构的作用概括起来有以下几个主要方面：

一是在法定业务范围内按照所属部门的要求进行有关政策措施的制定和推行。虽然法定机构总体上说区别于政府的部门，在地位上应该属于执行性、服务性机构，但由于它们都负有专门的法定公共管理使命，并且组织管理体制上具有更高的自由度，因此，它们可以在国家法律和政府政策的框架下制定具有操作性、细则性的政

---

① 傅小随：《法定机构及其在公共服务体系中的特殊作用》，《行政论坛》2009年第2期。

门管理中发挥重要作用，解决了官僚体制在新形势下的不适应性问题。总之，法定机构改革在香港实现了政府公共管理的执行性、服务性事务尽可能放到传统行政系统之外运行，而政策部门则集中精力提高政策的水平和质量的效果。[①]

（三）法定机构对公共服务体系的价值

从新加坡、新西兰和香港特别行政区采用的法定机构这种特殊公共服务组织形式的特性上看，它带给公共服务体系的最主要价值有四方面：

一是作为公共部门，它保持着高度的、典型的公共性，这一点和传统的以纵向控制为特点的政府部门没有任何区别。公共管理和公共服务是它们的最主要职能。即使有些法定机构需要接受政府部门的监管，也不会带上从属于这个政府部门的权力和利益的特征。合同管理、绩效考核还使它们与监管部门之间保持一定张力。史克认为，“新西兰是世界上合同制管理最彻底的国家”。

二是为了保持公共性，它们必须保持相当大程度的独立自主性。新西兰的独立的皇家实体、自治的皇家实体、皇家代理人等都被设计为和主管部门保持一定距离，不需要直接指挥控制。虽然理事会成员多数是任命的，但“公务员作为官员一般并不参加理事会，理事会成员中也很少是政府部门的雇员。政府部门现在并不会代表部门操纵任免过程”，而是按照《理事会任命和引进指导原则》进行。

三是内部治理结构保持高度的公开性。理事会制度就是保证之一。而绩效合同及其考核结果的公布、财务和服务程序与数据的公开更是重要的制度保证。这一点香港特别行政区的公营法定机构是很好的榜样。

---

① 傅小随：《法定机构及其在公共服务体系中的特殊作用》，《行政论坛》2009年第2期。

四是组织结构形式的扁平化和相应价值目标与激励方向的非官本位化。法定机构组织结构形式绝不能照搬行政部门和传统事业单位的纵向控制模式，形成同样的官僚机构，使管理模式行政化，内部机关日益做大，自我服务侵占越来越多本来应当用于公共服务的资源，从而将这种新型公共部门变成又一个由少数人放肆汲取公众利益的有利平台，而最需要的公共服务反而越来越远离对象。[①]

四　中国法定机构改革

（一）改革实质是去行政化

现行事业单位具有准行政的官方身份，奉行行政管理方式和运作机制。从事业单位转向法定机构，就是要去除事业单位的行政性，从唯命是从的行政管理转为基于合意的合同治理，依法独立运作，追求公益服务绩效的最大化。

法定机构改革的取向是“从身份到契约”。法定机构倚重合同治理。对外要与政府委托部门签订合同，形成公法关系；对内要与聘用员工签订劳动合同，形成私法关系。这种基于平等自愿的合同治理，彰显的是行为的公务性而非身份的官方性，实现了从强调单方性、强制性、命令—服从式的行政管理，向推崇平等、自愿和议事自治的合同治理的转变。

法定机构改革的重点是从行政化到法定化。较政府和企业而言，事业单位立法明显滞后，相关规定散见于单行法律规定当中，缺乏系统性，其设立和运行主要依靠“三定”或行政指令，容易因行政干预而失之随意。从事业单位到法定机构，就是要通过一揽子立法将其设立和运行纳入法制化轨道。这种“法定化”有两个显著特点：一是全面覆盖，既规范机构设立，也规范机构运行；既理顺

---

① 傅小随：《法定机构及其在公共服务体系中的特殊作用》，《行政论坛》2009年第2期。

与政府委托部门形成的公务关系，也要理顺机构内部的管理关系。二是纲举目张，首先要出台一个统率性的专门性法律、法规或者规章，然后再由法定机构据此制定一套详尽的管理和运行机制，形成一个制度体系。

法定机构改革的目标是从行政控制到公私合作。现行事业单位基于公私对峙的假定，奉行单一性的行政过程控制，抑制了其他方面的积极性和创造性。公共治理就是公私合作的混合治理。法定机构改革就是要淘汰这种失之偏颇的行政控制模式，确立公私合作的混合治理模式，整合公共选择和私人选择两种优势，以实现公益服务绩效的最大化。一方面，法定机构保留了必要的“公”元素，政府通过审批、备案、报告、审计等方式实现监督管理；另一方面，法定机构又回应市场化和社会化，添加了许多“私”元素，这集中体现为通过合同的治理。①

（二）法定机构改革的必要性

法定机构作为一种新型的机构形式，在发达国家和地区正越来越多地被采用。借鉴其他国家和地区法定机构的经验，设立法定机构，改进政府社会管理职能，对于提高公共管理和服务效率，推进我国行政管理体制创新和行政机构改革具有积极意义。

首先，实行法定机构制度是适应经济社会快速发展需要的。随着我国经济社会快速发展，一些涉及面广、参与者众多、各类利益诉求相互交织的新领域日益增多，政府实施社会管理、提供公共服务、履行市场监管的作用日益突出，相关领域的专业化和社会化程度也越来越高，传统的政府架构和政府职能难以适应交叉复杂的新领域，在我国实行法定机构制度的社会经济基础已经基本形成。

其次，实行法定机构制度有利于决策与执行分开，转变政府职能。目前，我国政府机构决策和执行合一的现象较为普遍，决策与

① 宋功德：《从事业单位到法定机构》，《行政管理改革》2010 年第 5 期。

执行不能相互制约与监督。设立法定机构，分离政府决策与执行职能、公共管理与公共服务职能，实现决策、执行、监督的有效制衡，是转变政府职能、建设服务型政府的有益探索。

再次，实行法定机构制度有助于解决政企、政事分开的问题。事业单位改革一直是我国机构改革的重点和难点。在一些特殊的事务和行业，由于行使行政职能的事业单位实际履行的是国家行政权力职能，带来了不少法律问题。让必须承担政府职能的事业单位按照法定机构的要求运作，将推动事业单位管理模式向法治管理转变，使得政企分开、政事分开取得突破性进展。此外，实行法定机构制度，为法定机构履行职责提供法律依据，也是加快法治政府建设、全面推进依法行政、依法规范政府职能和行政行为的重要举措。近年来，中央多次强调，要按照完善社会主义市场经济体制的要求，着力转变政府职能、理顺关系、优化结构、提高效能。

顺应强化政府公共服务职能的要求，改进政府公共管理和服务，已成为推进行政管理体制改革的重要环节。从成熟市场法定机构制度中可以汲取先进经验和做法，同时结合我国国情，创造性地加以改造和为我所用，进而为深化行政管理改革提供重要的参考借鉴。①

（三）法定机构改革的可行性

实践证明了法定机构改革的生命力。深圳市规划研究中心成效显著，2010 年 3 月 5 日被建设部批准授予规划研究中心城市规划编制单位甲级资质，这既是全国 60 多家城市规划编制中心中的第一家，也是目前唯一的一家。

法定机构改革具有一定的现实基础。一般说来，完整形态的法定机构要具有一事一定的专门立法、通过签订行政合同方式履行提

---

① 刘新华：《探索法定机构管理模式推进行政管理体制改革》，《行政管理改革》2010 年第 3 期。

供公益服务的法定职责、有决策与执行分离的内部管理体制、实行员工聘用制、自主决定薪酬制度、接受政府监督等，能够依法独立运行。对照这个标准，我国大多数事业单位都具有其中的一种或多种元素。有的事业单位已有专门立法，例如，针对行政学院专门出台了《行政学院工作条例》，行政学院据此提供公共服务。有些事业单位属于法律、法规授权组织，依法实施公共管理，例如，依《证券法》设立的证监会。事实上，自收自支事业单位近年来已开始普遍推行员工聘用、自主薪酬制等，通过签订合同方式承担政府委托的公共服务事项。在这个意义上，从事业单位转向法定机构并非白手起家，在不同领域具有程度不等的现实基础，能够找到改革起点和突破口。

法定机构改革符合我国事业单位改革方向。中央《关于深化行政管理体制改革的意见》明确要求，按照政事分开、事企分开和管办分离的原则，对现有事业单位分三类（即行政管理类、公益服务类、生产经营类）进行改革；特别对于主要从事公益服务的，要强化公益属性，整合资源，完善法人治理结构，加强政府监管。不难看出，法定机构对应于一种公私合作伙伴关系，推行的是决策、执行分离的内部管理体制，要接受政府的监督管理，这符合政事分开、管办分离的原则，契合中央确定的事业单位改革精神，符合我国事业单位的改革方向。同时，依法改革并依靠法制化固化改革成果，这也是我国事业单位改革应当坚持的一条准则。法定机构对法治化的依赖性与生俱来，要求事业单位改革必须与法律制度变革同步进行，这既有助于从根本上解决事业单位法治化水平低的问题，也有助于避免事业单位改革的随意性和走回头路。

在域外依靠法定机构提供公益服务已成通行做法。为了满足公众的公益服务需求，国家素有借重非政府或者准政府组织提供公共管理或者公共服务的传统。美国的独立管制机构堪称这方面的典范，早于1887年就根据州际贸易法案设立了州际贸易委员会。英国更是早在19世纪30年代就开始确立公法人制度，包括工商企业、行政事务、实施管制、咨询及和解等四类，它们根据专门的成文法或者英王的特许权设立，财政独立，以自己名义执行职务。法国在“二战”后也涌现类似的公务法人。最近几十年席卷全球的公共管理改革，更是在全球范围内催生了大量的法定机构。例如，日本专门制定了《独立行政法人通则法》，从2001年起推行独立行政法人制度，它们不受国家机关过度干预，享有较大自主权，引入市场原理，强调绩效，设立“法人长”及监事制度等。再如，香港从20世纪80年代开始推行法定机构，目前已有240个，它们根据香港法例的个别条例成立并受条例监管，一个法定机构对应一个条例，是“半独立”组织，实行类似企业的治理结构，不属于公务员体系，但要接受政府有关部门的监督。由此可见，域外的法定机构不仅早已有之，而且普遍存在。它们既可以依法实施公共管理，也可以依法提供公共服务，在公共治理中扮演着重要角色。[①]

（四）法定机构改革所面临的关键问题

从理论意义上看，法定机构的建立使政府部门之间的关系实现了从“规则为本到结果为本的转变；从隶属关系到契约关系的转变；从过程控制到结果控制的转变以及分权制度化趋势”。从实践层面来看，法定机构的建立精简了机构、减少了行政层级、提高了行政效率，基本实现了改革的目标。

同时，我们也应该认识到：每个国家和地区在发展阶段、政治体制、法制框架、文化传统以及政府管理体制等方面存在差异，学习和借鉴经验时必须考虑适用性，不能仅仅停留在借用概念上。西方国家以及新加坡、香港地区在运用法定机构管理模式时采取“分权”、“授权”、“市场化”、“企业化”和“放松规制”等方法是有与之相配套的法治基础、监管体系以及比较合理的公务员和雇员薪酬体系作为支撑的。如果不具备上述条件，很难保证实现改革目

① 宋功德：《从事业单位到法定机构》，《行政管理改革》2010年第8期。

第三部分

相关基础研究

中国红十字会的发展困境及改革建议

中国红十字会自1904年成立以来，在救助难民、救护伤病、赈济灾民、抗灾救灾、协助政府开展工作等方面发挥了重要作用，逐渐成为一支重要的社会力量。但是，由于受到我国体制等多方面的影响，中国红十字会在发展的过程中也面临着诸多问题，虽然屡经改革，但是由于改革的不彻底性导致旧的问题不断积累，加之新的问题又不断出现，中国红十字会的发展不断遭遇新的困境。所以，研究分析中国红十字会面临的问题，立足我国实际，同时借鉴国外经验，找寻破解发展难题的改革之路，对于引导中国红十字会良性发展具有极为重要的意义。

一 中国红十字会的发展历程与现状

（一）中国红十字会的发展历程

国际红十字会的诞生得自于战争的强力推动，那场战争就是众所周知的索尔费里诺之战。中国红十字会的诞生，同样得益于战争的强力推动，这场战争，就是发生在中国领土上的日俄战争。[①]

日俄战争发生后，沈敦和奔走呼号，援引“万国红十字会例”，于1904年3月3日，集会于上海英租界六马路仁济堂，发起成立“东三省红十字普济善会”。东三省红十字普济善会的成立，表明国人人道主义意识的增强，然而它仍然不是真正意义上的红十字会，

① 周小蓉、池子华：《日俄战争与东三省红十字普济善会》，载池子华、郝如一主编《中国红十字会百年往事》，合肥工业大学出版社，2011，第9页。

无法获得交战双方的认可，也未享有红十字会本应享有的权利。

为解决东三省红十字普济善会自身无法克服的困难，1904 年 3 月 10 日沈敦和等中、英、法、德、美五国代表集会于上海英租界公共工部局议事，会上就设立中国红十字会及其组织机构达成协议。这次集会在中国红十字会运动史上具有重要意义，它宣告了上海万国红十字会的成立，标志着中国红十字会的诞生。

1907 年日俄战争救护及战后赈济等宣告结束，上海万国红十字会面临解散的命运。同年 7 月 21 日，吕海寰、盛宣怀联名上奏朝廷，屡陈上海万国红十字会办理情形及善后持久事宜。该年，上海万国红十字会解散，中国会员另行组织中国红十字会——大清红十字会，盛宣怀成为朝廷正式任命的首任会长。

红十字会本该是中立性的民间社会团体，盛宣怀强化官办色彩的易名之举，使上海作为中国红十字会的发祥之地，名分顿失，令沈敦和等先驱者难以平复心中的愤懑与不满，而此时恰巧辛亥革命爆发，为履行红十字会的宗旨和救护使命，沈敦和撇开“大清红十字会”，另行组建“中国红十字会万国董事会”。中国红十字会万国董事会成立不久，吕海寰出任中国红十字会会长，他欲“喧宾夺主”，染指中国红十字会万国董事会，但只能是一相情愿，中国红十字会内部遂出现京、沪对立现象。19 世纪 60 年代国际红十字运动诞生以后，于 80 年代传到我国台湾地区，并于 1894 年 7 月甲午战争之后，开始在中国大陆传播。现存中国红十字会的前身是 1904 年 3 月 10 日由清朝商约大臣吕海寰、工部侍郎盛宣怀等人在上海成立的“万国红十字会上海支会”，得到了红十字国际委员会的认可。1907 年，“万国红十字会上海支会”更名为大清红十字会，此后，因政府更迭而数次更名，但均未得到红十字国际委员会的正式承认。①

---

① 段雯：《中国红十字会组织发展问题及对策研究》，硕士学位论文，电子科技大学，2009。

1912年1月1日，大清帝国灭亡，中华民国诞生，中国红十字会面临新的转折。鉴于在辛亥革命救护中的巨大功绩，中国红十字会的“立案”申请很快得到了民国政府的批准。为结束红十字会在辛亥革命后无正式领导机构的局面，同年9月29日，中国红十字会首届会员大会隆重开幕。会上选举了新的领导班子，成功化解了北京红会与上海红会之间的隔阂，完成了董事会制向常议会制运作体制的转变，有利于中国红十字事业的协调发展。

1912年无疑是中国红十字会历史上的关键之年。虽然清政府对中国加入国际红会组织的热情很高，然而直至1912年1月12日，瑞士日内瓦国际红十字会联合会会长阿铎尔致函中国红十字会万国董事会董事部长沈敦和，告知中国红十字会已得到国际红会的正式承认，享有与各国红十字会同等待遇，中国红十字会才得到红十字国际委员会的承认。

然而，中国红十字会仍面临统一的问题，自1904年成立以来，虽有全国之性质，却并没有真正地实现统一。为解决全国红十字会组织的混乱局面，1912年10月30日，中国红十字会统一大会在上海大马路黄浦滩汇中旅馆五楼大会堂成功举行。统一大会上通过的《中国红十字会章程》是中国红十字会史上第一个正式会章。分会与总会的关系、宗旨、义务等都有了明确规定。统一大会的成功召开，使中国红十字会告别了以往的散漫混乱的局面，走向了统一，中国红十字会的“唯一”地位由此真正确立。

新中国成立之后，1950年8月，中国红十字会协商改组会议在北京召开，会议由中国人民救济总会和中央人民政府卫生部主持召开。会上，李德全当选为中国红十字会会长，成为新中国首任红十字会会长。改组之后，中国红十字会在李德全会长的领导下，进行了思想建设和组织建设，积极整顿和发展组织。1950年10月16日，内务部、卫生部发出通令要求各省市政府对红十字会的整顿工作予以协调。在各地政府的协调下，到1952年底先后完成改组的分会有北京、天津、上海、武汉、广州、西安、重庆等51个。到

1964 年，除西藏、青海、宁夏、甘肃、新疆、贵州六省（自治区）外，普遍建立了省级红十字会，市、县级红十字会达到 300 多个，会员人数达 500 多万。①

为争取恢复在国际红十字组织的合法席位，周恩来总理于 1950 年致电国际红十字会秘书长和红十字国际委员会秘书长，正式否认并要求废止国民党政府的代表资格。1950 年 8 月，国际红十字委员会正式承认了中国红十字会。1950 年 9 月中国红十字会改组后，立即派员参加了在摩纳哥召开的第 21 届国际红十字协会理事会，并当选为协会执委。1952 年第 18 届国际红十字会大会承认中国红十字会为唯一的全国性红十字会，这是新中国在国际组织中第一个恢复的合法席位。

改革开放以来，中国红十字事业取得了长足的发展。随着中国红十字事业的逐步复苏和蓬勃发展，其组织建设、急救与输血工作、青少年工作、社会福利事业以及国际交往都取得了显著成绩。1985 年总会第四次全国会员代表大会把中国红十字会的性质由“人民卫生救护团体”进一步界定为“全国性的人民卫生救护、社会福利团体”。第五次会员代表大会通过的《中国红十字会章程》第一次明确标明总会和各级地方红十字会在“国务院和各级地方政府领导下，独立自主地开展工作。具有社会团体的独立法人地位”，中国红十字会的独立性和自主权得到前所未有的加强。1993 年 10 月，中华人民共和国第八届全国人民代表大会常务委员会第四次会议通过了《中华人民共和国红十字会法》（以下简称《红十字会法》），自此，中国红十字事业有了法律保障，中国的红十字事业进入突飞猛进的时期。

（二）中国红十字会的现状

中国红十字会除了一个全国性的红十字会总会之外，还有省、

① 傅亮：《李德全出任新中国红十字会首任会长》，《中国红十字会百年往事》，合肥工业大学出版社，2011，第 153 页。

市、县三级红十字会，红十字会基层组织以及行业红十字会、新疆建设兵团红十字会、香港和澳门特别行政区红十字会，这些构成了中国红十字会的组织系统。截至2011年底，中国红十字会有31个省（自治区、直辖市）红十字会、334个地（市）级红十字会、2848个县级红十字会和新疆生产建设兵团红十字会、铁路系统红十字会、香港特别行政区红十字会、澳门特别行政区红十字会；有9.8万个基层组织，215.6万名志愿者，11万个团体会员，2658万名会员，其中1775万名青少年会员。

中国红十字会自上而下设立了全国会员代表大会作为红十字会的最高权力机构，下设理事会、常务理事会、执行委员会、各专门委员会、总会机关内设机构、总会直属单位（见前文图2－1）。

全国会员代表大会是中国红十字会的最高权力机关，每五年召开一次，由中国红十字会理事会召集，如遇特殊情况可提前或延期召开。全国会员代表大会的代表由总会和地方红十字会推选的会员代表以及与有关部门协商产生的代表和特邀代表组成。代表比例由常务理事会根据会员人数和红十字事业发展需要决定。全国会员代表大会的职权是：①选举中国红十字会理事；②修改《中国红十字会章程》；③审议批准理事会的工作报告；④审议批准理事会提交的工作规划；⑤决定中国红十字会的重大事项。

中国红十字会设名誉会长、名誉副会长和名誉理事，根据工作需要，可以设顾问，名誉会长一般由理事会聘请国家主席担任。

理事会在全国会员代表大会闭会期间执行其决议。理事会任期五年，下一次全国会员代表大会召开时换届。理事构成及比例由常务理事会根据需要决定。会员代表大会期间，理事会会议由大会主席团召集；闭会期间，理事会会议由常务理事会召集，每年召开一次。其职责是：①聘请名誉会长、名誉副会长；②选举常务理事；③选举会长、常务副会长、副会长；④根据会长提名，决定秘书长；⑤增补、更换或罢免理事、常务理事；⑥审查批准常务理事会的工作报告并向全国会员代表大会报告工作；⑦制定发展红十字事业的大政方针、长远规划和年度工作计划；⑧决定其他重大事项。

常务理事会对理事会负责并接受其监督。常务理事会由理事会选举产生的常务理事组成。常务理事会会议每年召开两次，由会长或常务副会长召集并主持。其职责是：①依照《红十字会法》和《中国红十字会章程》的规定，向理事会推荐名誉副会长的人选；②提出修改章程的议案；③审议年度工作报告、计划；④审议总会接受捐赠款物的使用情况；⑤向理事会提出更换、增补及罢免理事、常务理事的议案；⑥批准成立、撤销全国性行业红十字会；⑦聘请名誉理事；⑧决定其他重要事项。

执行委员会对常务理事会负责。执行委员会由驻总会的专职常务理事组成。常务副会长任执行委员会主任并担任中国红十字会总会法定代表人。执行委员会的职责是：①执行会员代表大会、理事会和常务理事会的决议，主持总会日常工作；②负责编制经费预算，审核年度经费财务决算；③指导全国红十字会的工作；④管理总会的动产和不动产；⑤承担总会的民事、法律责任；⑥负责对外交流与合作；⑦聘请顾问；授予荣誉会员；⑧批准成立专门委员会；⑨完成理事会和常务理事会交办的其他事宜。

各级地方红十字会的权力机关是同级会员代表大会。各级地方红十字会会员代表大会每五年召开一次，由同级红十字会理事会召集，如遇特殊情况可提前或延期召开，时间不得超过一年。各级地方红十字会建立理事会和常务理事会，任期五年。有3名以上（含3名）专职常务理事的红十字会，需设执行委员会，主持日常工作。省、市（地）、县级红十字会名誉会长由同级理事会聘请当地主要领导担任。省、市（地）、县级红十字会会长一般应推选当地同级现职领导担任，其工作变动时应及时改选。常务副会长、副会长和秘书长应保持相对稳定。常务副会长为本级红十字会机关法定代表人，主持日常工作。县级以上红十字会应根据工作需要配备专职工作人员，并具备能够独立自主开展工作的条件。

全国性行业成立的红十字会为中国红十字会的行业红十字会，

由中国红十字会常务理事会批准。其工作机构设置和人员配备由行业红十字会常务理事会根据工作需要决定。行业红十字会按照红十字运动基本原则，依照《红十字会法》，遵循《中国红十字会章程》，结合本行业特点开展工作。

城市街道（社区）、农村乡镇（村、组）、企业和事业单位、学校、医疗机构和其他组织中建立的红十字会为基层组织。红十字会基层组织的主要职责是：宣传普及红十字知识，开展人道主义的救助活动，举办初级救护培训、群众性健康知识普及及其他符合红十字宗旨的活动。

中国红十字会总会对内指导全国红十字会的工作，而各级红十字会也同样是上级红十字会指导下级红十字会的工作。对地方各级红十字会而言，更大的制约力还是来自同级地方政府而非上级红十字会。在这种状况下，红十字会组织系统内部缺乏有效整合，组织系统相对松散，这导致红十字会跨区域、跨级别的合作难以开展。面对突发灾害，难以迅速有效地调动系统内部的资源。不难看出，目前我国红十字组织的管理体制尚未理顺，管理水平亟待提高，中国红十字事业要上一个新台阶，必须进行管理体制的创新和改革。

（三）中国红十字会的改革轨迹

新中国成立后，中国红十字会于1950年进行了协商改组，周恩来总理亲自主持并修改了《中国红十字会章程》，为红十字会的改组和发展提供了制度规范。

1951年初，中国红十字会的业务方针由政法委员会领导，一般业务行政委托内务部领导，有关卫生业务同时受卫生部指导，有关外交事项同时受外交部指导。

1952年，中国红十字会恢复了在国际红十字运动中的合法席位，遂改归卫生部直接指导和联系。

1957年10月和1958年3月，在国务院召开的研究红十字会问

秘书长1名，副秘书长1名；部门正、副职领导职数9名（含机关党委专职副书记1名）。离退休干部工作机构和人员编制保持稳定。

二 红十字会与政府的关系分析

（一）红十字会“半官方”身份对红十字会发展的推动作用

应当说，红十字会的“半官方”身份为其带来了其他社会团体不具有的发展优势和便利。目前，由于中国社会仍缺乏有限度的政府和成熟市场经济体制，同时也没有完善的政策法规为非营利组织提供制度上的保障，社会的志愿精神和公益氛围仍较薄弱，因此利于非营利组织生存发展的条件还不充分。但是，正是由于红十字会的“半官方”身份，使其从政府获得源源不断的人、财、制度和政策等组织资源。红十字会与政府的密切关系，使其得以凭借政府强大的行政力量，为红十字会的生存和发展提供了基本保障，使其得以避免其他民间非营利组织极易面临的人员流失、经费紧缺、合法性不足等类似的生存和发展困境，进而专注于社会公共服务事业。

1. 政府确保红十字会的生存

一方面，政府的支持从体制上确保了红十字会长期、稳定的存在。具体而言，政府以官方文件的形式赋予了红十字会与政府部门几近相同的体制内行政身份。虽然这一体制内行政身份显然与现有法律条文所明确规定的红十字会的非政府组织身份存在着矛盾之处，但红十字会得以凭借这样的行政身份，长期获取政府稳定的组织资源支持。另一方面，政府为红十字会提供了组织生存所需的物质基础。同时政府在确保各项红十字会业务经费的基础上逐年加大财政支持力度，则在很大程度上说明政府仍在强化以行政手段为红十字会提供生存保障的初衷。

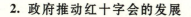

2. 政府推动红十字会的发展

在确保红十字会稳定生存的同时，政府也在客观上推动了红十字会的发展。一方面，如上所述，政府提供的人、财、物等组织资源不仅是红十字会稳定存在的物质基础，同时也是红十字会事业稳定发展的必要前提。另一方面，政府以制度和政策所进行的扶持也始终贯穿于红十字会的组织健全和事业发展的全过程。政府的制度和政策不仅成为红十字会开展各项人道主义活动的重要依据和资源，也为红十字会获取政府部门的有力支持开创了条件。

（二）红十字会“半官方”身份对红十字会发展的阻碍作用

红十字会的“半官方”身份在为其发展带来强劲动力的同时，也被视为红十字会当下所面临的诸多困境的制度性根源。

1. 导致红十字会公信力降低

各国（或地区）的红十字会名誉会长或会长大多由高级别官员担任，基于此特点，在国际上红十字会的行政化、官僚化也是一个突出的问题，这恐怕是“全球性问题”的大背景。红十字会沦为政府的一个部门，在人员配置和运作模式上与政府相似，因此在一定程度上难以发挥弥补政府“失灵”的作用。同时，红十字会不可避免地使自己受到长期以来政府部门的不公开透明、官员的贪污腐化、运作效率低下等负面形象的影响。而在法律形式上，红十字会面对社会募款又以公募基金的形式出现。同时，红十字会掌握了大量的行政资源，又垄断了公益慈善的牌照，给权力寻租创造了可能。凡此种种，都极易引发公众对红十字会的信任危机。

2. 习惯于依附政府机构

作为政府的附属机构，红十字会因为拥有来自政府权力垄断领域的组织资源和与政府部门交往时相对宽松的外部环境，所以生存发展条件相对于其他非营利组织而言优越得多。这必然导致的结果是，红十字会尤其是地方红十字会更习惯依附于政府机构。实际调研的结果表明，各级红十字会基本都自视为政府的行政部门，并视红十字会的行政身份为重要资本，各级红十字会积极为本组织的成员争取该资本。同时，更为严重的影响在于，各级红十字会更加希望从政府获取财政支持，而自身作为社会非营利组织的筹款能力严重不足。地方政府特别是基层政府对基层红十字会组织的发展几乎起着决定性的作用。基层红十字会的发展速度和规模基本与当地政府的支持成正比。基层红十字会组织不能脱离政府的管理，一方面由于没有良好的社会捐赠环境和捐赠文化，基层红十字会的运行经费基本全部依赖基层政府的拨付；另一方面，基层红会的社会影响力较小，须借助政府行政资源才能承接大型项目，推进工作，因此不得不充当基层政府命令的执行者。

3. 人道主义性质的削弱

人道主义事业要求工作人员具有强烈的公益精神，但由于受到行政化的工作环境的影响，红十字会工作人员的公益使命感和认同感常常弱于其他民间非营利组织的成员。近于行政机关的性质，导致强调请示、汇报和审批的程序，工作人员严格遵守工作流程造成红十字组织在工作中的繁文缛节、消极应对。更为严重的是，附属于政府特别是领导层、由政府任命的情形导致红十字组织内部保守、求稳和“官本位”的思想，致使红十字会对政府的任务相对于社会公众的需求反应更加积极，从而在围绕红十字会的人道主义宗旨开展活动时，缺乏对社会公众需求的敏锐触觉和长远眼光，往往墨守成规，无所创新。

（三）红十字会与政府关系现状的原因分析

红十字会“半官方”的身份固然与其发展的历史延续有关，但不难看出，这与我国的政治文化、社会基础、文化因素等不无关系。

第一，从政治方面看。红十字规范与决策者国家主权认知的契合程度对中国红十字立法的内容和进程有着重要影响。一般而言，国际制度与国家决策者主权认知的契合程度越高，国际制度影响国内政治立法进程的可能性越大；反之亦然。① 独立性原则有悖于中国主权认知下“大政府”的政治文化。因此，国际红十字与红新月运动的独立原则在中国红十字会与政府的关系中不能得到全部体现。虽然独立性原则最终在《红十字会法》得以体现，但留下了隐形的条款，这点在前文已经明确。

第二，从历史发展层面看。中国红十字会在诞生之初，仅为救济日俄战争中的难民，其后便被解散。之后成立的永久性组织——大清红十字会，是清政府筹备建立的机构，自然与政府关系密切。新中国成立后，中国红十字会长期受卫生部等部委的直接领导和管理，这点在前文已经述及。长期的历史情况，使得中国红十字会与政府的关系难以完全切断。

第三，从经济层面看。以红会为代表的非营利组织局部（集团）利益与政府的更广泛的公共利益之间发生了冲突。“现代政治史中的真正冲突并不如人们所常说的存在于个人与国家中间，而是存在于国家与社会组织集团之间”。② 红会等社会团体是公民间志愿的联合，这种联合可能是基于信仰和价值观，是公益性的社会团体，但是可能只代表一定范围内的公共利益，是狭义的公共利益，这时红会组织的团体利益与政府的公共利益之间必然存在冲突。这些团体有可能演变为利益集团，对政府开展游说活动，与政府讨价还价，维护团体的利益。红会组织还代表着自身利益，为维护自身团体的发展，极有可能损害社会公共利益。出于此种认知，政府必须对红会组织加以指导和监督，而最为有效的监督就是将其纳入行政管理体制之中。

第四，从文化层面看。我国还没有形成完备的公民社会的概

① 王荣华、陈寒溪：《国际制度与中国红十字会立法》，《国际政治科学》2007 年第 1 期。

② Robert Nisbet, *Community and Power* (New York: Oxford University Press, 1962).

念，这一概念主要在理论界普及，但还没有在社会公众间得到普及，换句话说就是还没有深厚的群众基础。首先，我国还缺乏公民社会中对组织权限的保障，缺乏社会大众的参与基础，志愿、捐赠、组织等仅保留于局部或个别水平，缺少完备的志愿文化、捐赠文化，而这是红会组织发展必须具备的文化基础，这一基础的形成还要与文化创新相结合，经过长期的发展才能形成。这必然导致的结果是，民众的公益意识较为淡薄，红十字会尤其是地方红十字会的财政主要来源于政府的拨款。基于以上原因，红十字会必然依附于政府而难以独立。同时，社会监督的意识尚未养成，红十字会的外部监督机制也不健全。政府基于此种认识，认为对红十字会的监管是不可或缺的，所以不会放任红十字会自行发展。

第五，从社会层面看。前文对红十字会与政府的竞争及合作关系已经讨论。美国学者文森特·奥斯特罗姆提出的“多中心”理论为这种竞争提供了一定的理论支持。这种权力分散管辖交叠的“多中心”秩序包括公共服务经济的多中心。在这种条件下，政府不是公共服务的垄断者，非营利组织比如红十字会也可以主动为社会提供公共服务。从而，在公共服务经济中可以引入竞争和半市场机制，促使公共服务提供者在竞争中提高效率。当政府提供的公共服务缺乏效率并引起公民不满时，公民会减少对该项服务纳税的意愿并向政府施加减税的压力，而把资源转向更有效率的非营利组织比如红十字会。当非营利组织缺乏效率时也会产生同样的结果①，因此政府、红十字会二者之间既是合作关系又相互竞争。

红十字会尤其是基层红十字会具有政府性强、非营利性弱的特征，这不全是由红十字会组织自身造成的。在市场和政府规制之间艰难生存和发展，不健全的法律、政策环境和相应的政府角色异位也是原因。从管理的角度看，基层红会缺乏个人利益，缺乏提高效

① 〔美〕迈克尔·麦金尼斯：《多中心体制与地方公共经济》，上海三联书店，2000。

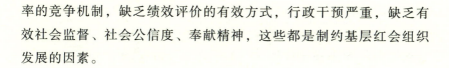

率的竞争机制，缺乏绩效评价的有效方式，行政干预严重，缺乏有效社会监督、社会公信度、奉献精神，这些都是制约基层红会组织发展的因素。

三　中国红十字会面临的其他问题及原因分析

（一）中国红十字会的法律地位问题

1. 法律地位没有真正独立

受中国政治体制的影响，中国红十字会与政府一直保持着密切的依附关系，虽然屡经改革，都未能完全摆脱政府的控制性影响，未能获得完全独立的法律地位。

自 1904 年成立到 1993 年《红十字会法》颁布之前，中国红十字会在管理归属上历经多次变化。1951 年初，中国红十字会的业务方针由政法委员会领导，一般业务行政委托内务部领导，有关卫生业务同时受卫生部指导，有关外交事项同时受外交部指导。1952 年上半年，中国红十字会改归卫生部直接指导和联系。1957 年 10 月和 1958 年 3 月，在国务院召开的研究红十字会问题的两次会议提出，红十字会是独立的，由国务院领导，业务上归口卫生部，但红十字会不是卫生部的直属机关，也不是国务院的直属机关，红十字会的卫生业务由卫生部门领导，外事业务由外交部门领导。当时红十字会的国内业务主要是群众卫生工作，通过会员组织将红十字会的活动中心放在最基层，即没有设立专业卫生机构的居委会、生产队等。

虽然 1993 年《红十字会法》规定："中国红十字会遵守宪法和法律，遵循国际红十字和红新月运动确立的基本原则，依照中国参加的日内瓦公约及其附加议定书和中国红十字会章程，独立自主地开展工作。"但是同时又规定"人民政府对红十字会给予支持和资助，保障红十字会依法履行职责，并对其活动进行监督；红十字会协助人民政府开展与其职责有关的活动。"这导致实践中红十字会被置于政府的实际领导之下。新中国成立以后，中国红十字会总会一直由卫生部代管，直到1999年，中央机构编制委员会办公室印发《关于理顺中国红十字会总会管理体制的通知》，将红十字会总会由卫生部代管改为由国务院“领导联系”，其机关党的工作由中央国家机关工委领导，干部按中组部有关规定进行管理，经费列国管局。这一改动使红十字会脱离了卫生部的直接控制，同时也推动了地方红十字会理顺管理体制。红十字会由政府部门的助手转变为政府人道主义工作的助手，尤其是中国红十字会会长从此不再由卫生部部长担任，其与卫生部的关系发生了实质性的转变。

但是，受中国行政管理体制的影响，红十字会总会实际上很难真正地独立。其一，在管理方面，地方政府一般将法律规定的对红十字会的“监督”理解为“领导”，从而直接对当地红会发号施令。基层红会大多数隶属于当地卫生系统，成为其实际的一个组成部分。其二，在财政方面，由于总会缺乏足够的财力，无法对全国各地的红会提供充足的资金支持，而地方红会的募捐能力和资源又有限，所以其生存在很大程度上依赖于当地政府的财政支持，这加剧了地方红会对当地政府的依赖程度。其三，在人员组成方面，各地红会的成员基本都是参公管理，这更加有利于政府对红会的控制性管理。此外，国家最高领导人担任红十字会总会名誉会长，国家派人与红十字会成员一起参与国际红十字会活动，也都反映了对红十字独立性原则的违反。

2. 法律性质不明确

虽然按照1993年《红十字会法》规定：“中国红十字会是中华人民共和国统一的红十字组织，是从事人道主义工作的社会救助团体。”据此，中国红十字会不属于《社会团体登记管理条例》规定登记的社团法人范围。但是该法同时规定：“中国红十字会总会具有社会团体法人资格；地方各级红十字会、行业红十字会依法取得社会团体法人资格。”这将总会、地方红会和行业红会的登记区别对待，使得实践中三者在是否具有社会团体法人资格方面非常模糊。有些地方红会认为自己本就属于总会的一部分而无须登记，有些认为应当按照《社会团体登记管理条例》在民政部门登记为社团法人。这种登记破坏了红十字会的统一性原则，因为其已经登记就具有独立的法人资格，本质上不再是上级红会的组成部分。

而1996年11月15日中共中央组织部办公厅颁布的《中国红十字会总会机关参照〈国家公务员暂行条例〉管理的实施方案》规定："中国红十字会总会所属事业单位，不列入参照《国家公务员暂行条例》管理的范围。"这些规范性文件的定性使得红十字会的法律性质没有统一的定位。

3. 公众认识混乱

红十字会的定位多中心、组织多中心、资源多中心，并且没有清晰地将其职责定位、组织架构和资源使用等情况交代清楚，这造成了公众对其识别上的混乱。

首先，在定位方面，红十字会传达的理念和根据其理念确定的职责不够通俗易懂，没有把人道主义与一般慈善进行差异化，项目所覆盖的领域较宽，所以在一定程度上无法让公众认识到红十字会是"做什么"的一个机构，混同与一般的慈善机构，社会倡导不力使公众无法区分出人道主义与慈善的异同。

其次，在组织方面，红十字会既是建立在会员制基础上的社团，也是面向社会募集资金的基金会，又是参公管理的准公务员系统，在红十字会总部还有总会和红十字基金会两个机构。加之与之相关的会费、募捐、基金、商业合作等词语，让公众觉得眼花缭乱，无法清晰辨认其是怎样的一个机构。

最后，在资源方面，来自紧急状态下的任务和平时的工作没有在使命陈述中非常清晰地予以表达，同时，来自政府的拨款和民间的捐款也未在信息公开中予以清晰说明，从而带来了公众信任的危机，引发了社会公众对红十字会财物体系、项目管理甚至红十字会整体的质疑。

（二）红会上下级之间关系未理顺

对于红十字会上下级之间的关系，现行《红十字会法》规定："上级红十字会指导下级红十字会工作。"从该规定可知，总会对地方红会，上级红会对下级红会仅仅拥有"指导"的权力，而没有上下级的领导和管理关系，这从法律上淡化了红会上下级之间的关系。事实上，红十字会上下级之间的联系也并非很强，地方红十字会的设立和发展情况与红十字会总会基本无关，红会总会基本不清楚地方红会的发展现状，这种现象也与现行法律的规定有关。《红十字会法》规定："县级以上按行政区域设立地方各级红十字会，根据实际工作需要配备专职工作人员。"同时又规定："中国红十字会总会具有社会团体法人资格；地方各级红十字会、行业红十字会依法取得社会团体法人资格。"实践中，数千家地方红十字会并非由红会总会自上而下设立，而是由各级地方政府设立，且都具有独立法人资格，总会对其只有指导职能，并不具有监督职能，因此目前红十字会系统内地方分割和行业分割现象严重，总会对于地方红会的人事、财务都没有决策建议权。

在管理体制上，1996年11月15日中共中央组织部办公厅颁布的《中国红十字会总会机关参照〈国家公务员暂行条例〉管理的实施方案》规定："中国红十字会总会机关中除工勤人员以外的工作人员，参照《国家公务员暂行条例》进行管理。"在红十字会的内部管理体制上，由于法律将总会和分会的关系规定为"指导"，从而导致现行管理体制不畅，使总会无法对分会进行有效监督和指导。大多数地方性规定对红十字会相关机构的选举和决定程序未作出具体规定，也有一些地方如福建、山东、湖南、广东、广西、云南、甘肃、青海、宁夏等没有对内部机构作出规定。

（三）财产制度不完善

关于红十字会的经费来源，《红十字会法》等相关法律、法规规定的范围主要有：①红十字会会员缴纳的会费；②接受国内外组织和个人捐赠的款物；③动产和不动产的收入；④人民政府的拨款。而地方法规除了上述四类经费来源外，还扩展了所属企业事业单位上缴的收入、所在单位的资助等。

从募捐的规定来看，各地对于募捐基金的使用规定有差异。虽然各省市的地方法规都统一规定红十字会依照有关规定开展应急性或者经常性的募捐活动，在公共场所设立募捐点或者组织义演、义赛、义卖等其他募捐活动，但对于募捐基金的使用规定有差异。《红十字会法》规定，红十字会为开展救助工作，可以进行募捐活动。红十字会有权处分其接受的救助物资，在处分捐赠款物时，应当尊重捐赠者的意愿。《中华人民共和国公益事业捐赠法》从总则、捐赠和受赠、捐赠财产的使用和管理、优惠措施、法律责任五个方面对捐赠活动作了全面的规范。从这个角度看，地方法规对募捐活动的规定虽然比《红十字会法》有扩展，规定得更为具体，但是在许多方面仍然是不够详尽、不够全面的。

对于企业来说，如果捐赠物资，则按照国家有关规定将享受减税、免税的优惠待遇。在当前各级红会募捐能力有限的情况下，企业的捐款能力是相当可观的。然而单纯的募捐并不容易为企业所接受，因为作为营利性组织，企业追求的是自身利益的最大化，其并不存在从事慈善事业的内在动力。因此，免税政策等优惠措施的力度与企业的捐款积极性显示出正相关关系，然而由于政策层面的原因，各级红会能够落实这些优惠政策的难度较大，同时现行政策的优惠力度对引导企业从事慈善事业的吸引力仍显不足。

从募捐的组织机构看，多数地方性法规对红十字基金会的设立作了规定。在34个省、自治区、直辖市中，有9个省市规定由省红十字会依法设立红十字基金会；有14个省市规定县级以上红十字会可以设立红十字基金会；还有部分省市对红十字基金会未作出具体规定。但是，对基金会与红十字会的具体关系，地方性法规几乎均未作出明确规定，《红十字会法》对红十字基金会也未作规定。

从红十字会的筹资能力看，中国红十字会的筹资多少直接关系到救灾救助的效果，也是发挥红十字会功能的重要的制约因素。首先，中国红十字会在筹资方面对政府的依赖比较大，适应市场经济的程度不够。在人员方面也比较缺乏筹资的专门人员，现有人员工作水平比较低。其次，筹资宣传不到位，筹资渠道单一，使得在社会的影响力不够大，宣传工作的不到位导致了有意愿支持中国红十字会的企业对中国红十字会不了解。最后，与筹资相关的法律法规还不完善，在税收方面的激励也不明显，这也在一定程度上影响了筹资工作的开展。

对于财产的投资增值方面，现行《红十字会法》及相关法律也没有明确规定。红会的财产经费决定着红十字会人道事业的开展和持续，无疑充足的财产对红十字会事业的发展是有益的。目前，我国的相关法规对红会财产的来源、支出等作出了较为明确的规定，但对红会财产的保值增值即投资未作出明确的规定，甚至为了防范可能产生的问题而禁止公益财产的投资行为，这严重限制了红十字会公益财产的保值增值。

中国红十字会总会设有筹资与财务部，其主要职责包括总会的筹资工作、日常财务与资产的会计核算和监督工作。筹资工作属于前台工作，会计核算和财务监督属于后台工作，后台必须监督前台工作。现在前台与后台合二为一，筹资工作与财务工作合为一个部门，相互之间不存在监督与被监督的关系，内部管理控制系统失效。这些制度隐藏着巨大的财务风险，需要及时调整。

（四）信息披露制度缺失

在有关红十字会的相关法律中，缺少信息披露的制度。《红十字会法》中关于监督机制只是规定了红十字会系统内部的监督和来自外部的政府监督，该法第二十四条规定：“红十字会建立经费审查监督制度。红十字会经费的来源和使用情况每年向红十字会理事会报告。”第二十五条规定：“红十字会的经费使用情况依照国家有关法律、法规的规定，接受人民政府的检查监督。”查看其他相关法律，也并未发现“信息披露制度”的字眼。

首先，在中国红会现有机制中，捐款人在红会官网上的捐款查询系统只能查询善款是否到账，而没有善款流向、使用情况的告知；其次，审计署每年只对红会的政府拨款一项资金来源的收支进行审计，而不对红会的另两笔资金来源（募集的善款和层层上缴的会费）进行审计，红会实际财政收支状况始终处于不透明状态，极易使某些不法分子靠钻财务管理的漏洞获取私利，滋生组织内的贪污腐败现象；再次，募款对象为全社会公众的红十字会不受《基金会管理条例》的约束，每年的财务收支情况、项目执行情况等，按照《红十字会法》只需向理事会报告，而没有向公众公示的义务，这也使得红会内部缺乏问责的压力；最后，虽然承诺“定期向社会公众公布财务收支情况”，但红会官网上的“统计数据公告”至今也才披露到2007年，将中国红十字会年报与美国等其他国家的红十字会相比，发现中国红十字会的披露数据和红基会的年报内容太过简略，信息的滞后和不规范严重影响了中国红十字会的公信力。

信息的封闭性造成社会大众尤其是捐赠者对于红会的怀疑，严重影响到民众捐款的积极性。所以应当在法律层面完善中国红十字会的信息披露制度，真正实现捐款人对捐款使用情况的监管，保障捐赠人和社会公众的知情权、监督权，保持信息公开的常态化和动态性。

（五）监督体系不健全

红十字会的监管制度多是原则性的规定，缺少具体的举措，而且监管的范围较窄，没能形成完善的监督体系。《红十字会法》总则部分规定：“人民政府对红十字会给予支持和资助，保障红十字会依法履行职责，并对其活动进行监督。”该法第二十四条规定：“红十字会建立经费审查监督制度。红十字会的经费使用应当与其宗旨相一致。红十字会对接受的境外捐赠款物，应当建立专项审查了本地区的红十字志愿者服务管理（注册）办法，为规范红十字志愿服务起到了积极作用。但是我们应当看到，志愿者在志愿服务活动中不可避免地面临着各种风险。中国青年志愿者协会和一些省市颁布了关于志愿者服务的地方性法规，但是其中基本不涉及志愿者的风险防范机制。《黑龙江省志愿服务条例》规定“有条件的志愿者组织，可根据志愿者所从事志愿服务的需要，为参加志愿服务的志愿者提供必要的经费和相应的人身保险”等。《银川市青年志愿服务条例》也作了相应的规定。

在志愿服务中，志愿者面临人身伤害风险、财产风险、声誉风险等。红十字志愿服务是红十字组织开展工作的重要方面，红十字志愿者是红十字组织招募的义工，所以红十字组织对红十字志愿者负有法律和伦理责任。然而当前我国《红十字会法》及相关法律法规对志愿者的风险防范机制仍属空白，既缺少法律约束，又缺乏规章制度；同时，组织措施和风险防范意识也都亟待加强。

（七）红十字会标志使用存在的问题及原因分析

为了更有力地保护红十字会的标志，我国于 1996 年由国务院和中央军委颁布了《红十字标志使用办法》，对红十字标志的使用和管理保护走上了法制化轨道。《红十字会法》第七条规定：“中国红十字会使用的标志为日内瓦公约规定的白底红十字标志。”同时规定，红十字标志具有保护作用和标明作用，红十字标志的保护使用是标示在武装冲突中必须受到尊重和保护的人员和设备。其使用办法依照日内瓦公约及其附加议定书的有关规定执行。红十字标志的标明使用是标示与红十字活动有关的人或者物。其使用办法由国务院规定。另外，我国《商标法》规定，同“红十字”、“红新月”的名称、标志相同或者近似的标志不得作为商标使用。这些法律法规很大程度上转变了我国历史上长期以来医院、药店等随意使用红十字标志的情况，对红十字标志的规范化使用是有积极意义的。然而，由于法律规定的不明确或者缺乏，目前我国对红十字标志的保护和使用仍存在问题。

1. 对红十字标志的违法使用有待界定

《红十字会法》规定，禁止滥用红十字标志。《现代汉语词典》对“滥用”的解释是“胡乱地或过度地使用”。《红十字会法》在这里使用“滥用”一词，实则包括了无权使用和有权使用但使用不当两种情形，可以统称为“违法使用”，这样也更加符合法律语言的严谨性与准确性。正是由于现行法律对红十字标志的违法使用情形未作出明确规定，相关制度也不健全，实践中违法使用红十字标志的情形仍时有发生。首先是诊所、医院、药房、美容院、血站、个体诊所、宾馆和有关研究机构（包括未经批准自行以红十字名义命名者）、制药、食品企业甚至宠物医院为了提升公信力，将“红十字”标志肆意滥用；其次是在救灾、应急时红十字标志被滥用；最为严重的是在红十字会与企业合作情况下，红十字标志的违规使用。红十字标志的违法使用将减损标志的保护性价值，削弱人道救助的效力，给红十字会声誉和红十字会工作的开展造成不良影响。因此，应当重新界定“违法使用”，明确无权使用和有权但使用不当的情形。

2. 对红十字标志标明性使用的规范有待明确

在国外，红十字标志最初是战地医院和救护人员的保护性标志，其后随着和平时期红十字运动工作的拓展，红十字标志的标明性使用得到进一步发展。在企业与红会组织合作的情形下，企业可以在满足相关条件的基础上以标明性方式使用红十字标志。在我国，企业与红会合作的情形也日益增多，且合作企业也在不同程度上使用了红十字标志。

然而，根据《红十字标志使用办法》，红十字标志使用主体仅限于红十字会工作人员、红十字会会员、红十字青少年会员；使用的场所仅限于红十字会使用的建筑物、红十字会所属的医疗机构、红十字会开展符合其宗旨的活动场所；使用的物品、运输工具仅限于红十字会的徽章、奖章、证章，红十字会的印刷品、宣传品，红构会员协助完成瑞士红十字会的工作任务。红十字会附属机构具有独立的法律地位，其成立和运行的宗旨是开展人道主义工作和支持瑞士红十字会，同时要接受红十字会委员会的监督。

瑞士红十字会领导机构包括红十字会代表大会（常规会议）、红十字会理事会（常务会议）、各州红十字会组织全国会议、红十字会管委会和审计机构，领导机构的职责是确保红十字会的各项活动顺利开展并且符合各项法律、章程和指导方针规定的共同目标。

红十字会代表大会是瑞士红十字会最高领导机构，由各州红十字会组织的64位代表和红十字会急救组织的33位代表组成。瑞士红十字会主席任红十字会代表大会主席，在主席需要回避的情形下，由副主席或必要的时候由另一名理事会成员接任大会主席，红十字会代表大会每年至少召开一次。红十字会代表大会选举瑞士红十字会主席和两位副主席及红十字会理事会成员、管委会主任及管委会成员和审计机构成员，并有权批准各机构会员代表席位的分配、红十字会附属机构的组建和解散、红十字会理事会与管委会规章、红十字会年度报告及红十字会年度财务。同时还负责法律、政策、决议等重要事项的备案。

红十字会理事会是瑞士红十字会的管理机构，由一个主席、两个副主席和不多于六位的其他成员组成，理事会成员每届任期四年，可连选连任，但任何职位都不得连任超过两届。主席对外代表瑞士红十字会，主持理事会日常工作并且有责任监督红十字会管理层。红十字会理事会有一个专业性很强的总部负责执行日常事务，总部负责以下重要事务：处理瑞士红十字会的国内和国外运作事务；起草各活动领域的基本原则，根据红十字会战略方针确定责任范围以及保证信息的畅通；辅助各机构会员和各附属机构。红十字会总部的负责人是主管瑞士红十字会总部的人，其负责协调总部和国内各州红十字会、红十字会各组织之间的活动。

执行委员会是瑞士红十字会的执行机构，由五至七名成员组成，组成成员每四年选举一次，可连选连任一次。执行委员会的成员不得作为州红十字会的投票代表参加各州红十字会全国代表大会，并且不得与瑞士红十字会或任何机构会员或红十字会附属机构有契约关系，执行委员会主席负责主持各州红十字会全国代表大会。执行委员会下设秘书处，负责各州红十字会全国代表大会及执行委员会的日常组织和管理职责，为各州红十字会提供必要服务。

瑞士红十字会的管委会的成员不超过七名，主席是七位成员之一，每届任期四年，所有成员任期不得超过两届。管委会成员不得兼任理事会及各州红十字会全国代表大会执行委员会成员，而且，管委会成员不得与红十字会及其机构会员、附属机构有契约关系。管委会负责监督红十字会基本原则、法律、章程和红十字会代表大会决议的遵守情况，每年须向红十字会代表大会递交年度报告。

在监督制度方面，瑞士红十字会代表大会配有一个独立的审计机构，该审计机构的工作是进行与审计有关的活动，审计机构的地位由相关的法律条款规定。审计机构的任期为一个财年，任期终止于接受最后一期年度账目审计，任期满后可以再次接受任命。红十字会代表大会可以随时解雇审计机构而不需要提前通知。

（二）美国

在红十字会的法律性质方面，美国法律对红十字会给予了清晰的定位。《美国国家红十字会国会宪章》第一章第一条规定：“美国国家红十字会（在本章中，使用‘协会’一词）是美国联邦特批成立的机构、哥伦比亚特区的公司法人和政治团体。”这个定性，保证了美国红十字会独立的法律地位，能够以“美国红十字会”的名义参加法律诉讼。这些都是中国红十字会制度所缺失的。中国红十字会法律性质的不明确导致其法律地位不独立，也没有独立的诉讼地位，实践中对滥用红十字会标志的行为，中国红十字会无法以自己的名义提起侵权诉讼的困境，正是源于以上原因。

序性规定，可以反对或者撤销全国理事会的决议。

全国理事会由理事、各成员分会的一位管理人员或者全职理事以及德国红十字护理联合协会的理事长组成。如果任何上述人员未得到具有法律效力的代表其组织之授权，则其职位应由经相应组织授权的代表替代。全国理事会中的代表受其相应的董事会决议的约束。全国理事会会议由总秘书长主持，如果总秘书长不能出席的话，由另外一位理事主持。全国理事会每年举行三次会议。全国理事会有法定人数的要求，即至少一半成员分会出席。全国理事会以其会议中的有效投票的简单多数通过其决议。理事依循全国大会、主席委员会、董事会的决议，负责德国红十字会的商业活动。每位理事有责任以一个谨慎商人的注意义务，完成其商业活动，与董事会磋商后，理事们每年必须完成一份审计报告。

团体委员会及技术委员会之建立，旨在向董事会就与德国红十字会相关的问题提供咨询。委员会讨论在其能力范围内的任务，并向董事会提供推荐意见。德国红十字会的委员会有地方预备小组全国委员会、全国高山救援委员会、全国青年红十字会委员会、全国救生委员会、福利和社会工作全国委员会，共5个。

总秘书处是德国红十字会的全国总部，由理事负责，理事制定其组织架构，决定并监督商业活动，为财政计划和管理负责，是在全国总部工作的雇员的直属上级，依据劳动法规定雇员相关事项。

关于德国红十字会的财产制度，德国法律规定，德国红十字会的财产主要来源于成员分会每年向总会提交的会费，会费的数额由全国大会决定。德国红十字会的财产仅可用于其章程中规定的目的，不能通过向并不服务于德国红十字宗旨的工作支付报酬、支付不相称的过高报酬，而恩惠任何人。全国总会以其自有资产，仅对其自身之义务负责，不为其他任何成员分会负责。德国红十字会的成员分会不能以其成员的地位接受全国总会的任何财政资金。德国红十字会接受符合红会宗旨的财产，享受免税政策。

在财产的监督制度方面，德国红十字会依据商法上关于年度会计报表的规定，准备年度会计报表。年度会计报表由审计员（注册会计师）认证，审计结果必须在年度报告提交之后通知全国大会。

在对红十字标志的保护方面，德国法律不仅明确了保护标志的权利主体，而且制定了相应的惩罚措施。一方面，法律规定保护红十字标志的主体是德国红十字会与德国政府。《德国红十字会章程》序言规定“德国红十字会与德国联邦政府合作，确保《日内瓦公约》及其附加议定书承认的特殊标志得到了保护”，明确了红十字标志的保护主体是红十字会与联邦政府。其第 5 条第 1 款“其（全国总会）为德国红十字的名称和标志的唯一的法定所有者”，第 2 款第 5 项“全国总会就下列任务承担全部责任：规范红十字的使用，并对其使用进行批准”，明确了红十字总会是红十字标志的法定所有者，其对红十字标志的使用行使规范和批准权力。同时对红十字标志的使用做出禁止性规定，《德国红十字会章程》第 3 条第 7 款规定“成员资格已终止的分会不再享有使用红十字的名称和标志的权利”。另一方面，法律制定的惩罚措施包括行政违法法案制裁和国际刑法上的制裁。根据 2008 年的《德国红十字会法规修正案》，未经授权使用红十字标志的行为会受到法律的制裁，包括行政违法法案的制裁和国际刑法的制裁。未经授权使用白底红十字标志或者“红十字”、“日内瓦十字”名称的行为是行政违法行为，要受到行政违法法案的制裁；根据日内瓦公约中，与武装冲突相关联的不合理使用保护性标志行为导致人死亡或严重伤害的，应受到国际刑法的制裁。

（五）俄罗斯

关于俄罗斯红十字会的法律性质和地位，《俄罗斯红十字会章程》规定，俄罗斯红十字会是全俄社会组织。俄罗斯红十字会是依据俄罗斯联邦宪法，俄罗斯联邦法律、章程，本着自愿、平等、自治、合法性和公开性的原则建立起来的。自完成国家登记时，即取得法人资格，有独立的财产，并且在该财产范围内承担责任，能够以自己的名义取得和实现财产性权利与非财产性权利，履行相应的职责，比如签订合同、协议等，可以以原告或者被告的身份进行诉讼。

在组织机构方面，俄罗斯红十字会包括俄罗斯红十字会的铁路部门、地方部门，以及俄罗斯红十字会的分支机构和代表机构。在组织机构上，俄罗斯红十字会的组织机构包括领导机构、执行机构和监督机构三大部分，其中，领导机构包括俄罗斯红十字会代表大会、俄罗斯红十字会中央委员会、俄罗斯红十字会主席团，执行机构包括俄罗斯红十字会中央机构、俄罗斯红十字会区域性部门和地方机构，监督机构就是指俄罗斯红十字会中央监察委员会。

为了更为清晰地描述俄罗斯红十字会的组织情况，特用组织机构图予以说明（见前文图 2－5）。

在俄罗斯联邦一个领土范围内（州）只能建立一个区域性部门，俄罗斯红十字会的分支机构和代表机构不具有法人资格。俄罗斯红十字会领导机关是俄罗斯红十字会代表大会、俄罗斯红十字会中央委员会、俄罗斯红十字会主席团。俄罗斯红十字会中央机关是俄罗斯红十字会代表大会、俄罗斯红十字会中央委员会、俄罗斯红十字会主席团、俄罗斯红十字会中央机构和俄罗斯红十字会中央监察委员会。俄罗斯红十字会的最高领导机关是俄罗斯红十字会代表大会。特别需要强调的是，俄罗斯红十字会设立董事会，董事会主席是俄罗斯红十字会的荣誉主席。俄罗斯红十字会的执行机构是俄罗斯红十字会中央机构、俄罗斯红十字会区域性和地方性机构。俄罗斯红十字会中央部门是俄罗斯红十字会的常设执行机构。俄罗斯红十字会中央监察委员会（以下简称中央监察委员会）是俄罗斯红十字会的中心机构，其监督俄罗斯红十字会领导机构是否按章行事，监督俄罗斯红十字会领导机构、俄罗斯红十字会中心部门和俄罗斯红十字会结构单元的财政和经济活动。

在财产制度方面，俄罗斯法律承认红十字会是捐赠财产的所有人。俄罗斯红十字会财产的来源包括：①自愿的捐款、捐赠；②俄罗斯红十字会成员缴纳的入会费以及年会费；③从俄罗斯公民、外国公民、无国籍人以及外国和国际组织处获得的慈善捐款；④从举办的讲座、展览、抽奖、拍卖、运动和其他的活动中取得的收益；⑤慈善捐赠；⑥因非经营性业务获得的收益；⑦通过吸引资源的活动取得的收益；⑧根据慈善家的意愿，出售慈善家的财产所得的捐赠物；⑨在由俄罗斯红十字会创建的经济组织中取得的收益；⑩志愿者的劳动；⑪因销售商品、提供服务等获得的收益；⑫因股票、债券、其他有价证券以及存款获得的利润；⑬从俄罗斯红十字会所享有的财产中获得的收入；⑭因民事法律事务所获得的收益；⑮依法由联邦、区域、地方提供的预算；⑯从事对外经济活动所取得的收入；⑰由俄罗斯红十字会创建的经济合作社、组织和其他的经济机构所取得的收入；⑱来自经营活动的收入；⑲其他没有被俄罗斯联邦法律禁止的收益。

在财产的筹集方面，为了实现《俄罗斯红十字会章程》中规定的目标和任务，其区域性组织和地方组织有权利进行法律明确规定的经营性活动来筹集资金和物品。为了实现现行规章规定的目标和任务，俄罗斯红十字会有权进行经营性活动。按照现行法律规定的程序，在取得执照后，根据执照的形式进行活动。因俄罗斯红十字会的经营活动而取得的收益，不得在俄罗斯红十字会成员之间进行分配，而是应该将此收益用于实现章程中规定的目标。俄罗斯红十字会可以进行经营活动，因为这些都是为实现法定的目标服务的，也正是为此目标，俄罗斯创建了红十字会。俄罗斯红十字会进行经营性活动时，要遵守《俄罗斯联邦民法》及其他俄罗斯联邦法律的规定。俄罗斯红十字会有权利按照俄罗斯红十字会主席团的规定创建公积金。

在财产的使用方面，俄罗斯红十字会以所有权形式或者其他物权形式享有的财产，首先要按照俄罗斯联邦法律和俄罗斯红十字会的现行章程的规定，保证俄罗斯红十字会的活动顺利完成。俄罗斯红十字会是俄罗斯红十字会财产的所有者，该财产包括区域性部门和其他登记注册的机构单元的财产。俄罗斯红十字会主席团以俄罗斯红十字会的名义行使所有者的权利。有关处分不动产的决定，只能由俄罗斯红十字会主席团决定。俄罗斯红十字会区域分支机构和其他登记注册的结构单元具有法人地位，可以支配管理自己拥有的财产，有独立的预算或者平衡。俄罗斯红十字会的财产只能用于实现俄罗斯红十字会章程中规定的目标和完成章程中规定的任务。因俄罗斯红十字会的经营活动或者其他活动获得的收入，不能在俄罗斯红十字会成员之间进行分配。该收入应该用于实现俄罗斯红十字会章程中规定的目标和任务。俄罗斯红十字会根据自己的所有权或者其他物权，可以进行任何交易，但是不得违反俄罗斯联邦的法律、不得违反俄罗斯红十字会的章程以及慈善家的旨意。俄罗斯红十字会无权将自己的财产用于支持政党、支持运动、支持社会团体以及支持公司。俄罗斯红十字会的财产不能（以出售、支付商品和服务费等其他形式）以比转给第三人更为优越的条件转给其内部成员。根据俄罗斯联邦法律的规定，俄罗斯红十字会用自己的财产对自己的行为承担法律后果。

在财产的监督制度方面，俄罗斯红十字会的区域性部门和地方登记部门，按照俄罗斯联邦对于法人的法律规定，都实行税务记录和财务报表制度。俄罗斯红十字会的区域性部门和地方登记部门都具有法人地位，其有义务按照俄罗斯联邦法律规定的程序和期限提交有关财政收入和支出的报表。被任命为俄罗斯红十字会、其区域性和上述地方机构的领导机构的全权代表，承担俄罗斯红十字会进行财政活动时的法律责任。同时，俄罗斯红十字会中心部门的总会计师、上述的俄罗斯结构单元的总会计师，按照俄罗斯联邦法律的规定权限范围，承担相应的法律责任。

五　中国红十字会的改革建议

（一）理顺红十字会与政府的关系

鉴于必要的法律、税收、经费保障是红十字会良性运转的根基，争取更多的保障可以促使我国红十字会更加快速、良性地发展。同时，红十字会应主动加强与政府部门的合作，特别是政府应急部门、社会建设部门等，通过政府购买红十字会服务等方式，加大红十字会在国际、国内备灾、应急、救灾以及社会建设、维护公共安全等方面的辅助作用。

1. 政府应当“有所为有所不为”

《红十字会法》第五条规定了红十字会与人民政府的关系：“人民政府对红十字会给予支持和资助，保障红十字会依法履行职责，并对其活动进行监督；红十字会协助人民政府开展与其职责有关的活动。”但是在实践中，政府却对红十字会进行着实际的管理与控制，这严重限制了红十字组织的发展。因此，要使红十字会充分发挥在人道领域的重要作用，政府必须在对红十字会的管理上做到“有所为有所不为”，将自身定位于红十字组织的指导者、支持者和监督者，收起控制者的身份。这要求政府树立与传统“全能型政府”的行政管理观念截然不同的公共治理理念，该理念是指为实现与增进公共利益，政府部门和非政府部门（私营部门、第三部门或公民个人）等众多公共行动主体彼此合作，在相互依存的环境中分享公共权力，共同管理公共事务。[①] 这样，可以使红十字组织能够以平等主体的身份参与公共事务管理，充分发挥其在反映社会资本、整合社会资源、满足社会需求方面的独特优势，最终实现公共利益最大化。

---

① 陈振明：《公共管理学：一种不同于传统行政学的研究途径》，中国人民大学出版社，2004。

此外，“有所为有所不为”还要求政府学会用“发号施令”之外的手段进行管理，改变对红十字组织的单方面控制以及对其社会工作的包揽状态，而学会与红十字组织进行平等合作，建立二者的对等关系。“有所为”要求政府为红十字组织提供税收优惠待遇、提供指导、进行拨款、提供支持和便利等政策，保证红十字组织开展人道活动所需要的政策环境和有利条件。而“有所不为”则要求政府对红十字组织进行放权、分权、授权等，使红十字组织依据法律、法规的规定自主开展业务，以充分发挥红十字会在人道主义领域的专业作用，以弥补政府在社会多元利益需求下公共管理职能的不足。只有这样，政府与红十字会才能优势互补，相得益彰。

2. 增强红十字组织的自治性

自治性是非营利组织的根本属性，非营利组织应在人事、财务、决策等方面不依附于任何其他社会组织，具有独立的决策及其行使能力，以进行有效的自我管理，这是公民实现自组织的社会机制。虽然拥有行政身份，但红十字会毕竟是一个有着“保护人的生命和健康，发扬人道主义精神，促进和平进步事业”这一宗旨的社会团体，因此必须尊重它的自治性。

增强红十字组织的自治性，要求政府在不擅长的工作领域内放开对红十字会的约束，让红十字组织在法定的范围内享有自主管理权，尤其是人事权和财产权。这是因为，一方面，红十字组织没有人事权，就不能从最有效实现组织宗旨的角度出发，独立自主地选用最适合的专职工作人员，特别是任用真正适合从事红十字工作的领导人。而由红十字组织自身挑选工作人员、自主决定人员管理方案，可以最大限度地满足红十字组织的用人需求，也能最大限度地做到人尽其能，也更能发挥红十字组织的创造性。因此要对现行的红十字会用人制度去行政化，可以与政府机构的改革建立联动机制，引入“公平竞争、优胜劣汰”的用人制度。另一方面，根据调研数据的统计，红十字组织在财政上对政府的依赖性很强，这种现象在基层尤为明显，没有独立的财产权，市红十字组织不能自主开展项目，在重大问题上失去了决策权，而必须依赖于掌握财产权的政府。事实上，西方学者对于美国、英国、法国、德国、日本、匈牙利、瑞典和意大利的非政府组织所作的调查也表明：在这八国中，政府各种形式的拨款占了41%，其中，美国非营利组织30%的经费来自政府；法国和德国的组织中，政府补助也成为其主要来源[①]。为了确保红十字会的自治性，可借鉴英国在政府与民间公益组织之间签署《政府与志愿及社区组织合作框架协议》的做法，确保政府在支持红十字组织的同时，不影响其独立性和自治性。[②]

（二）明确红十字会的法律性质

由于对红十字会的法律性质定位不清，不仅公众对红十字会组织的性质认定模糊，而且红十字会内部的管理者也面临着困惑，例如地方红十字会的成立应当遵从哪部法律的规定、是否应当登记、应当在哪个部门登记等问题的出现，与红十字会法律性质不清具有很大关系。因此明确红十字会的法律性质，是解决红十字会一系列问题的根本性措施。

鉴于中国红十字会的发展现状，结合中国国情，借鉴国外经验，建议引入法定机构的概念作为未来红十字会改革去向的参考。

法定机构在英国被称为“执行机构”，在美国被称为“独立机构”，在法国被称为“独立行政机构”，在日本被称为“独立行政法人”，在韩国被称为“独立执行机构”，在新加坡和中国香港被称为“法定机构”。综合来说，法定机构是根据法规或规章而成立的，在职责任务、组织架构、管理运作、监督机制等方面有细化规定，并受有关机构按照法律规定进行的监管，法定机构享有独立的

---

① 盛红生等：《当代国际关系中的“第三者”》，时事出版社，2004，第45～46页。

② 王名：《英国的民间公益组织及其与政府的关系》，http：//www.chinanpo.gov.cn/web/showBulltetin.do？id＝16287&dictionid＝1632。

人员使用与管理、经费筹措和使用、绩效分配等法定事权，依法自主办理有关业务，独立承担法律责任。法定机构在各个国家都有其自身的特点，但总体来看，有以下几点：第一，法定性。任何法定机构都不是凭空设立的，都是由于新型职能和新任务的产生，或者政府管理经济和社会事务的方式方法的调整，并且以立法机构的特别立法为依据而设立的。就是说，政府无权直接设立法定机构，只有立法机构才有权决定法定机构的设立和撤销。第二，独立性。无论是否纳入政府公务员体系，法定机构享有法定事权，独立承担法律责任，在法律规定的框架下，法定机构可以相对独立运作，不受相关政府部门的干涉和制约。但独立性不是绝对的，议会或政府机构可以通过审计机制、问责机制、制衡机制等对法定机构的运作进行监督和规范。第三，专门性。法定机构都是基于新职能、新任务的产生或者政府经济管理和社会事务的方式方法调整而设立的。成立该法定机构的法律会赋予它特殊的功能、任务、运作方式和管理模式。第四，灵活性。法定机构拥有灵活的经费筹措模式、用人机制、薪酬体制以及灵活的经营管理模式。①

通过改革，将红十字会的发展引入法定机构的轨道，不仅明确了红十字会的法律性质，而且也使中国红十字会从政府的重大影响和束缚中独立出来，使红十字会去行政化，实现政事分离，减轻政府管理负担，有利于维护红十字组织的“统一性”。将红十字会转型为法定机构，就是通过立法的方式赋予红十字会法定机构的法律地位，即红十字会的设立、运行等只依从法律的规定，红十字会参与社会事务的活动范围也只是依据法律的规定，而不再受政府的过度干扰，赋予红十字会自主管理权。政府可以作为红十字会的外部监督者，通过财政、审计、执法等手段实现对红十字会的监督。

---

① 崔健、杨珊：《前海合作区法定机构运作模式研究》，《特区实践与理论》2011年第5期。

（三）实现红会的垂直管理

当前中国红十字会的管理体系属于分级管理，地方红会的设立和发展基本都由各级地方政府来完成，红会总会只是对地方红会给予指导和协调。但是有的地方红会在受当地政府控制的同时，也受上级红会的领导，存在着双重领导的现象，可以看出，红会当前并没有形成红会自身的管理体系。这不仅有悖于国际红十字运动的“统一性”原则，与国际通行的做法不符，而且也不利于红会系统的独立发展，因此，建议实行红会系统的垂直管理，以保证红会系统的统一性、协调性和独立性。

垂直管理是指地方各级红会服从总会的统一管理，下级红会服从上级红会的管理，使地方红会不再受制于地方政府，实现红十字会自己的管理。地方各级红会的设立必须由发起人向上级红会或者总会提出申请，然后由上级红会或总会按照法定的条件进行审核，经过核准，方能成立地方红会。这种管理体制，有利于实现红会系统内部资源配置的最大化，也可以使地方红会脱离政府的控制，实现自身的灵活性和独立性，使红十字会系统的运行更有效率。同时，这种垂直管理也改变了各级地方政府均设立红十字会的局面，而在资源配置最优化的原则指引下，实现红十字会组织的有效设立，这种设立不再以地方行政区域为依据，而是可以按照实际需要和功能覆盖区域来设置红会组织，这就避免了普遍设立红会组织而造成的资源浪费，也避免了一些地方红会之间的恶性竞争，有利于红会组织功能的最大限度发挥。

在垂直管理模式下，可以考虑将现有的地方红会的办公设施以捐赠的方式提供给红会总会，或是以长期合约的方式免费或低费用提供给红会总会使用。同时在红会办公经费方面，除了红会自身争取的资源以外，可以争取地方财政的支持，例如划定一定的经费比例，由当地财政负担，因为红会系统的经费开支也是一笔相当大规模的款项。按照 2010 年底的数据，红会系统共有 9194 名专职人员、11342 名兼职人员，合计 20536 名，按照人均收入保障和基本工作经费合计 20 万元计算，总体开支在每年 40 亿元的规模。

（四）关于红十字标志使用的建议

1. 红十字标志的标明性使用

由于红会标志作为人道救助标志的特殊性，以及红十字运动的人道、公正、中立、独立等原则，很明显，在任何时候都应禁止合作企业以保护性方式使用红十字标志。在企业与红会合作过程中，企业潜在的商业目的是借助红十字标志，表达、宣传其通过红十字运动组织进行的公益（慈善）行为，并以此逐步树立企业形象。此种情形并不会导致公众的误认，这种模式也应该在被允许的范围内。

红十字标志的标明性使用有其范围，并不是与企业合作的情况下可以被用在任何场合。对此，法律应当加以明确，将红十字标志作为商标等商业标记使用、将红十字作为商号申请企业或者其他主体名称登记应加以明确禁止。企业使用红十字标志应当与红十字会总会签订书面协议，并取得红十字会总会的授权。同时企业的使用应当明确时间、地域等方面的限制。对于标志的使用，除应遵守协议的约定以外，还应符合红十字运动的所有规则，特别是《标志使用规则》的相关规定，并遵守中国法律。各国红会只可在开展符合红十字与红新月国际大会所确立的原则的活动时使用标志，并确保在任何情况下都不得损害标志所享有的信誉与尊严。

现行我国关于红十字标志使用的法律依据主要是《红十字会法》及《红十字标志使用办法》，但均未涉及红会与企业合作的框架下企业可能进行的标志表明性使用问题，因此有必要进行相应的修改，增加相关规定。具体而言，有三种修改思路，一是在《红十字会法》“标志”一则给予原则性规定，即“企业以公益为目的的捐赠等内容与红十字会合作，经（中国）红十字会（总会）授权，可以以标明性方式使用红十字标志，但不得造成公众误认为红十字

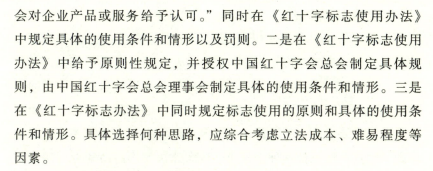

会对企业产品或服务给予认可。”同时在《红十字标志使用办法》中规定具体的使用条件和情形以及罚则。二是在《红十字标志使用办法》中给予原则性规定，并授权中国红十字会总会制定具体规则，由中国红十字会总会理事会制定具体的使用条件和情形。三是在《红十字标志办法》中同时规定标志使用的原则和具体的使用条件和情形。具体选择何种思路，应综合考虑立法成本、难易程度等因素。

2. 明确违法使用的情形和执法主体

红十字标志的使用主体，除红十字会外，还有经红十字会授权的合作企业，其在符合相关基本条件的基础上也可以使用红十字标志，因此需要重新界定红十字标志违法使用的情形，即未经红十字会授权使用的情形均属于违法使用。

根据《红十字会法》的现行规定，红十字会没有执法权限，对于违法使用标志的情形，红十字会可以提请人民政府按照有关法律、法规的规定予以处理。在我国，考虑到工商部门是商标、企业字号、消费者权益保护、广告、特殊标志的执法部门，对于违法使用上述标记的查处和惩治具有丰富的经验，因此，建议由工商行政管理部门进行红十字标志的保护执法，并借鉴《商标法》、《奥林匹克标志保护条例》、《世界博览会标志保护条例》赋予其相应的行政执法权。

3. 完善标志使用纠纷的解决途径

《红十字会法》规定了对于滥用红十字标志的，红十字会有权要求其停止使用；拒绝停止使用的，红十字会可以提请人民政府按照有关法律、法规的规定予以处理。按照现代法治原则，公民、法人或者其他组织认为行政机关和行政机关工作人员的具体行政行为侵犯其合法权益，有权依照该法向人民法院提起诉讼。但该法对于人民政府的处理结果，是否可提起诉讼，并没有明确的规定。建议增加司法途径的解决途径，即对行政机关（工商部门）处理不服的，有权在15日内向人民法院提起诉讼。

4. 完善法律责任

依据《红十字标志使用办法》，擅自使用红十字标志的，由县级以上人民政府责令停止使用，没收非法所得，并处1万元以下的罚款。《红十字标志使用办法》没有充分考虑到标志违法使用的具体情节，且1万元的限额在某些情形下尚不能满足对惩治违法使用的需要。建议借鉴相关法律，对于利用红十字标志进行违法经营活动的，除责令停止使用外，没收、销毁违法使用商品和专门用于制造违法使用商品或者为商业目的擅自制造红十字标志的工具。有违法所得的，没收违法所得，可以并处违法所得5倍以下的罚款；没有违法所得的，可以并处5万元以下的罚款。利用红十字标志进行诈骗等活动，构成犯罪的，依法追究刑事责任。以其他方式违法使用红十字标志的，红十字会有权要求其停止使用；拒绝停止使用的，红十字会可以向人民法院提起诉讼，也可以提请工商行政管理部门处理。

（五）加强红十字志愿服务工作

志愿服务是红十字运动的七项基本原则之一，也是红十字会和其他社会组织相区别的显著特征。尽管我国红十字会志愿者在各项人道事业中发挥了重要作用，但仍与社会的需求存在差距，也存在不少影响红十字志愿服务事业发展的障碍，这点我们在问题部分已有详细阐述。针对红十字会志愿服务工作中存在的问题，我们提出以下建议。

1. 加强志愿服务的风险防范

首先，应当加强志愿服务的立法进程。目前我国各级红十字会志愿服务的法律法规尚属稀缺，志愿服务的法律主体、法律责任和法律义务并不明确，尽管一些省市进行了地方立法，但由于规范范围狭隘，大多只针对青年志愿者，而且有关志愿者服务风险防范的条文大多阙如，所以不能很好地起到规避志愿服务风险的作用。

其次，应当加强志愿服务风险防范能力的建设。红十字会志愿服务组织应当学会和掌握预测风险、识别风险，这样才能有组织、有计划、有措施地予以防范；同时要建立风险评估机制，对志愿服务的各环节可能发生的风险进行评估，做好风险防范预案，对一般风险和特殊风险都要有应对方案，即使发生了风险，也能依照方案将损失控制在最小的范围。

最后，应当在重点环节上加强防范。一是在招聘时严格审查，有不良记录者应当限制其参与相关志愿服务，比如对于经济犯罪者，应当限制其参与筹资等志愿活动。二是必须注册，当前我国的志愿服务管理松散，志愿者与红十字组织的法律关系并不明确，不利于对志愿者的风险防范。三是特设事项应单独明确约定，比如危险性较大的志愿服务，应当与志愿者单独达成协议。四是必须明确志愿服务的范围，只有通过注册的志愿者才能在志愿服务组织的安排下，从事时间、地点、对象和内容已作规定的志愿服务。五是分担风险。可以借鉴国外和国内有些省市的经验，为志愿者购买保险等。

2. 构建中国红十字会志愿服务体系

首先，加强红十字会志愿服务宣传力度，弘扬志愿服务精神。志愿精神是中国红十字会最重要的精神之一，要充分利用覆盖面更加广泛、快捷、高效、灵活的互联网，来加强对红十字志愿精神的宣传，同时加强对志愿服务方面法律法规的宣传，使更多的各行各业的公众能够了解志愿者组织存在的意义、管理模式、运行机制，吸引更多的公众投身中国红十字会志愿服务组织。

其次，加强志愿者的招募工作。一是建立志愿者招募计划。红十字会在招募志愿者时，应当对志愿者的能力、招募目的等进行合理的评估，并建立一套行之有效的招募计划，才开始招募志愿者。二是拓宽志愿者队伍结构，对志愿者能力进行分类。在志愿者招募时，应当注意对志愿者的工作专长进行考察分类，注重吸收各行各业的志愿者，并根据其专业特长进行分类建档，在志愿服务中可以根据专业特长发挥各类志愿者的优势。

资局面。筹划和实施一些全国红十字系统上下联动的统一主题的大型筹资活动，筹划和培育能吸引社会爱心力量参与，鼓励地方红十字会根据当地实际情况筹划公益项目。二是整合各类资源，对积极投身人道慈善事业的企业、知名人士进行表彰，形成长效的筹资机制。

最后，要完善筹资工作的内外监督机制，维护自身良好形象。“慈善事业要有玻璃做的口袋”形象地表明完善的监督机制对红十字组织的重要意义。红十字会要建立健全内外监督机制，形成对筹集资金的有效监督，建立筹资章程、筹资行为准则等内部约束机制，同时要把筹集到的善款的使用情况及时通过各种途径向社会公众公布，从根本上提升捐赠者和整个社会对红十字会的信任度。

2. 红十字会财产的投资

鉴于公益财产进行投资可能面临的市场风险，以及在缺乏有效监督的情况下可能导致的贪污腐败，我国相关法律法规对红十字财产等公益性质的资金进行投资加以严格限制。

然而，世界上其他国家红十字会法律对红十字财产的投资进行了明确的规定，同时进行了严格的监管，以此保证红十字财产的保值增值同时又不至于引发各种潜在的风险，例如英国、加拿大等。我国也完全可以借鉴英国等国家的立法经验，对红十字财产投资的程序以及筹资的项目进行严格限定，同时加强对投资的整个过程的监管，以实现红十字财产的保值增值。

3. 红十字会财务部与筹资部拆分

中国红十字会的筹资工作必须面对众多的国内外法人和自然人，募集他们的捐赠款物，筹资部的工作必须由财务部进行监督和有效的控制。所以，中国红十字会应当将筹资与财务部进行拆分，成立两个部门：筹资部和财务部。

筹资部全面负责中国红十字会的筹资工作。财务部负责会计核算和财务监管，以及定期在中国红十字会官方网站公布中国红十字会的财务报告。

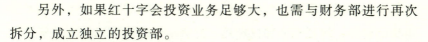

另外，如果红十字会投资业务足够大，也需与财务部进行再次拆分，成立独立的投资部。

4. 完善财政内外监督机制

首先，要建立健全自律机制。机构自律是采用公司化的运营模式，将机构利益置于个人利益之上，不可牺牲机构利益从事为个人谋利的活动。否则轻则免职，重则受到法庭审判。需要强化章程的规定，建立筹资行为准则的约束机制，维护红十字会的社会信誉和地位。要加强内部管理，强化监督，强化自我评估意识，建立筹资工作考核评估机制。

其次，政府要加强对善款的监督与管理。为了明确政府对中国红十字会资金监管的主体地位，也为了避免多部门监管导致工作效率低下，有必要建立专门负责对非政府组织监管的机构，实施对非政府组织的统一监管和协调。在政府对非政府组织资金进行监管的过程中，也要推进关于非政府组织的立法。中纪委监察部颁布的《抗震救灾款物管理使用违法违纪行为处分规定》虽然要求各级纪检监察机关严格监督检查，但是，我国的法律法规对非政府组织监管的条款还不完善。

最后，要不断完善社会监督机制。培育一批专业评估机构，基础条件是该专业评估机构必须是有公信力的机构。其对中国红十字会筹资工作进行评估，政府按照评估的结果，确定资助对象和标准。强化新闻媒体的舆论监督作用，规范红十字会的组织行为。建立公众监督机制，允许和鼓励公民，特别是捐赠人对红十字会筹资情况和财务管理等相关情况进行监督。

（八）加强信息化建设

覆盖红会系统的科学有效的信息系统，是红会现在和未来实现自己改革与发展目标的重要保障。红会系统内部横向、纵向联系不够，纵向之间联系一般仅局限于完成某一项目或年终总结，横向联系更加少，一般没有信息共享的概念。红会组织在救灾方面取得的良好口碑在很大程度上是基于已建立的庞大系统。这个系统是非常宝贵的资源，需要充分加以利用。红会组织之间可以共享的资源包括：信息资源、志愿者资源、网络资源。信息资源包括各地红会组织正在开展或者拟开展的项目，大中型项目对于单个红会组织来说负担比较重，但是对于联合起来共同完成，难度就会降低，投入成本也会减少。这个就需要红会组织之间经常联系，或者是建立共同的信息资源库，比如网上社区，方便各地红会进行交流，不少 NGO 论坛都承担着这样的功能，中国红会总会也在自己的网站上设计了这个版块，但是如果每个基层红会组织都在网站上设立这个版块，又分散了资源。

因此本文认为应当以省级红会为主导单位建立这样的红会信息库，链接本省各基层红会，由专人负责整理相关资源。志愿者资源也是如此，临近的市州红会之间可以通过建立共享体系，将流动的志愿者资源利用起来，志愿者在任何相邻城市都可以被当地红会联系上，这个体系的建立可以借鉴流动党组织的建设方式。

1. 设置专职人员与技术外包

建议总会除在内部设置专门的信息化建设部门和配备专职人员外，还应将红会系统定位为信息系统的使用方和需求方，将信息系统的技术实现和日常维护作为一个整体产品委托外包给信息行业的专业技术机构，红会的信息专职人员主要做好日常信息的联通工作。因为信息技术的发展更新周期越来越短，以及信息系统设计、建设的复杂性，红会信息系统的技术实现和维护单纯依靠红会自身力量存在较大的风险。

2. 建立覆盖全国的唯一捐赠信息发布平台

为避免各级红十字会设立自己的捐赠系统，从而造成公众查询的繁琐和信息的混乱，红会应当建立全国联网的唯一的“中国红十字会捐赠信息发布平台”。

捐赠者可以在平台上实时查询所捐赠物资、钱款的到账情况、使用情况。考虑到捐赠信息的烦琐，以及公布信息的成本问题，可

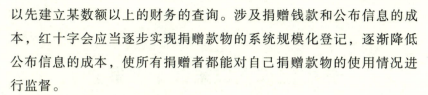

以先建立某数额以上的财务的查询。涉及捐赠钱款和公布信息的成本，红十字会应当逐步实现捐赠款物的系统规模化登记，逐渐降低公布信息的成本，使所有捐赠者都能对自己捐赠款物的使用情况进行监督。

3. 信息标准与信息范围

建立信息平台，就需要统一信息发布的标准，统一物款捐赠、使用信息、内部管理信息等标准，从而实现各级红会信息的联通和共享。

信息发布平台除了对捐赠信息进行公布外，还须对各级红十字会的日常的物、财、人、项目、会员、志愿者等方面的信息进行统计公布，并及时更新，保证社会大众的监督权。

4. 信息管理制度建设

总会应当制定科学规范的信息管理制度，使信息系统的管理和维护、信息的采集和发布有章可循、有理可依，包括但绝不应限于信息标准制度、信息采集制度、信息发布制度和信息管理制度等。

新中国成立以来红十字事业发展研究报告

（1949～2009年）

红十字事业是造福人类的崇高事业，是充满爱心的光荣事业。新中国成立以来特别是改革开放以来，在中国共产党领导下，中国红十字会坚持国际红十字与红新月运动确立的人道、公正、中立、独立、志愿服务、统一、普遍的基本原则，弘扬人道、博爱、奉献的红十字精神，积极推进中国红十字事业发展，为发扬人道主义精神、保护人的生命和健康、促进人类和平进步事业做了大量卓有成效的工作，发挥了不可替代的独特作用。在新中国成立60周年之际，回顾新中国红十字事业发展的历史进程，总结取得的伟大成就和基本经验，研究面临的重大问题，分析发展趋势和挑战，明确前进方向和工作思路，对于实现中国特色红十字事业新跨越具有十分重要的意义。

一　新中国红十字事业发展的历史进程

新中国成立以来，在以毛泽东、邓小平、江泽民为核心的党的三代中央领导集体和以胡锦涛为总书记的党中央领导下，中国红十字事业蓬勃发展，领域日益拓宽、内涵日益丰富、工作日益深入，中国红十字会在国内外的影响越来越大、作用越来越突出、地位越来越高。

（一）在以毛泽东同志为核心的党的第一代中央领导集体领导下，中国红十字会改组为全国性的人民卫生救护团体，恢复了在国际红十字运动中的合法席位，在新中国的经济建设和外交事务中发挥了特殊作用

新中国成立后，以毛泽东同志为核心的党的第一代中央领导集体高度重视发展红十字事业，充分发挥中国红十字会的独特作用。毛泽东同志提出的“救死扶伤，实行革命的人道主义”成为中国红十字会的崇高宗旨。鉴于中国红十字会的特殊性质及历史状况，为了医治战争创伤、改善人民生活、加强国家建设，党和政府决定对已经具有一定历史基础的中国红十字会进行改组。周恩来总理亲自审阅改组报告，亲笔修改《中国红十字会章程》。1950年8月召开中国红十字会协商改组会议。这次会议实际上是新中国红十字会第一次全国代表大会。会议通过了协商改组事宜，明确规定中国红十字会为“中央人民政府领导下的人民卫生救护团体”，旨在推动防疫、卫生、医药及救济福利事业工作。这次改组，翻开中国红十字会崭新的一页，为新中国红十字事业发展奠定了基础。改组后不久，毛泽东主席曾询问红十字会工作情况，得知当时会员很少时说“还要多一些”。毛泽东主席对中国红十字会的外事活动多次做出重要批示。毛泽东、周恩来、陈毅、李先念、彭真等党和国家领导人多次会见来华访问的国际红十字著名人士和代表团。

在国际上，改组后的中国红十字会于1950年9月5日电告国际红十字会协会，要求恢复中国红十字会的合法席位，并派代表参加10月召开的第21届理事会。这次会议选出包括中国在内的12个国家组成执行委员会。1952年，我国政府宣布承认1949年有关改善战地伤病者境遇等4个日内瓦公约；8月，第18届红十字与红新月国际大会承认中国红十字会是中国唯一合法的全国性红十字会。这是新中国在国际组织中恢复的第一个合法席位。

在国内，改组后的中国红十字会积极整顿、发展组织，按照自身的性质和任务开展工作，在新中国的经济建设和外交事务中发挥特殊作用。中国红十字会组织医疗服务队开赴治淮工地、受灾地区、民族地区，宣传卫生防疫知识，为群众治病；在抗美援朝战争中，组织医疗志愿服务大队参加战场救护；协助大批日侨回国，协助遣返战俘。到 1966 年，全国建立省、直辖市、自治区红十字会 25 个，市、县红十字会 300 多个，基层组织 5 万多个，会员发展到 500 多万人。

（二）在以邓小平同志为核心的党的第二代中央领导集体领导下，中国红十字会重新走上发展壮大道路，确定为全国性的人民卫生救护和社会福利团体，努力为办成具有中国特色的社会主义红十字会而奋斗

改革开放前夕，中国红十字会开始恢复工作。1978 年 3 月，国务院批转卫生部、外交部关于恢复红十字会国内工作的报告，“文化大革命”中被撤销的中国红十字会各级组织逐步恢复建立工作机构，开展相关工作。1978 年 11 月，国务院批转卫生部关于加强输血工作的请示报告，明确要求红十字会除应积极协助卫生部门搞好国内输血的宣传动员组织等工作外，还应积极通过红十字会国际组织进行国际经验交流，参加国际红十字会组织的输血训练等科技活动，加速促进我国输血事业的现代化。

1978 年 12 月党的十一届三中全会召开以后，中国红十字会坚持解放思想、实事求是，坚持改革开放，努力为国家经济建设服务，各方面工作呈现良好发展势头，在改革开放伟大进程中重新走上发展壮大道路。

1985 年 5 月，中国红十字会第四次全国会员代表大会在北京召开，会议明确提出：中国红十字会是全国性的人民卫生救护和社会福利团体。强调以改革的精神，努力发展群众性的卫生救护和社会

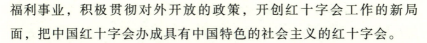

福利事业，积极贯彻对外开放的政策，开创红十字会工作的新局面，把中国红十字会办成具有中国特色的社会主义的红十字会。

在第四次全国会员代表大会精神指引下，中国红十字会各级组织迅速发展，各项工作迅速推进。随着改革开放逐步深入，中国红十字会的国内工作进入全面快速发展的新时期。同时，国际交往日益频繁，合作范围逐步扩大，在救灾备灾、卫生救护、血液事业、红十字青少年、传播国际人道法等方面与国际红十字组织和有关国家红十字会开展大量交流合作，有力促进了红十字事业全面发展。到1989年，全国30个省、自治区、直辖市恢复建会，会员增加到850万人。

（三）在以江泽民同志为核心的第三代中央领导集体领导下，中国红十字会确定为从事人道主义工作的社会救助团体，法制建设取得重大成就，中国红十字事业与时俱进、全面发展、成功迈入21世纪

1989年6月党的十三届四中全会召开以后，在以江泽民同志为核心的党的第三代中央领导集体领导下，中国红十字会抓住机遇、开拓进取，各方面工作取得长足进展，特别是法制建设迈出坚定步伐、成果突出。

1990年2月，中国红十字会第五次全国会员代表大会宣布已经起草《中华人民共和国红十字会法（征求意见稿）》。1993年10月31日，第八届全国人大常委会第四次会议通过《中华人民共和国红十字会法》（以下简称《红十字会法》），中国红十字会走上依法建会、依法治会、依法兴会的轨道。《红十字会法》规定：中国红十字会是中华人民共和国统一的红十字组织，是从事人道主义工作的社会救助团体。

1994年4月召开中国红十字会第六次全国会员代表大会，聘请国家主席江泽民担任中国红十字会名誉会长。江泽民接见与会代表

并发表重要讲话，要求红十字会各级组织和广大会员为开创有中国特色的红十字事业新局面、促进世界和平与人类进步事业做出更大贡献。会议提出深入持久地学习宣传、贯彻落实《红十字会法》，努力建设有中国特色的红十字会。

1997 年 7 月 1 日和 1999 年 12 月 20 日，中国政府先后恢复对香港、澳门行使主权，香港红十字会和澳门红十字会先后成为中国红十字会享有高度自治权的分会。这是中国红十字会历史上的两件大事。

1999 年 12 月 29 日，中央决定将中国红十字会总会由“卫生部代管”改为由国务院领导联系，理顺了总会的管理体制。随后，地方红十字会理顺管理体制的工作逐步开展。截至 2002 年底，全国有 29 个省级、10 个计划单列市和省会城市、5 个地（市、州、盟）和 175 个县（区、市、旗）红十字会理顺管理体制；会员达到 1750 万人，志愿工作者达到 31 万多人。

（四）在以胡锦涛同志为总书记的党中央领导下，中国红十字事业在新的历史起点上实现又好又快发展，中国红十字会在应对自然灾害、构建和谐社会、开展民间外交中发挥突出作用，努力开创中国特色红十字事业新局面

2002 年 10 月党的十六大召开以来，在以胡锦涛同志为总书记的党中央领导下，中国红十字会坚持以邓小平理论和“三个代表”重要思想为指导，深入贯彻落实科学发展观，继续解放思想、坚持改革开放、推动科学发展、促进社会和谐，把中国特色红十字事业进一步推向前进。

2004 年召开的第八次全国会员代表大会是中国红十字会发展史上的一个重要里程碑。大会在中国红十字会成立 100 周年之际召开，聘请国家主席胡锦涛担任中国红十字会名誉会长。胡锦涛主席接见与会代表并发表重要讲话，充分肯定中国红十字会为祖国、为

人民做了大量卓有成效的工作；殷切希望广大红十字工作者为全面建设小康社会、推进人类和平与进步事业做出自己的贡献；明确要求努力开创中国红十字事业新局面。会议总结了中国红十字会的实践经验，明确指出这些基本经验是“建设中国特色红十字事业的重要指导原则”，明确提出“大力推进中国特色红十字事业”。

“八大”以后，中国红十字会的工作领域不断扩大。从2006年开始，积极参与对因公感染“非典”并发后遗症的医务人员实施医疗救助。从2007年开始，积极参与地方病防治工作，在贵州等地开展“关注地方病，共建和谐社会——红十字健康援助进农家”系列活动。2007年底，我国成立国际人道法国家委员会，红十字会承担牵头工作。

2008年是中国红十字会经历的极不平凡的一年。中国红十字会全力参与抗击南方严重低温雨雪冰冻灾害、全力参与抗击四川汶川特大地震灾害和灾后恢复重建、全力参与北京奥运会和残奥会服务，以实际行动赢得了党和政府的充分肯定，赢得了社会各界和国际舆论的广泛赞誉，更以实际行动诠释了人道主义的伟大含义，使红十字精神更加熠熠生辉！

2009年10月，中国红十字会召开第九次全国会员代表大会。国家主席胡锦涛继续出任中国红十字会名誉会长，出席开幕式并为南丁格尔奖章中国获得者颁奖。会议选举产生新一届领导集体，审议通过第八届理事会的工作报告和《中国红十字事业2010～2014年发展规划》、《中国红十字会章程修正案》等重要文件，为实现中国特色红十字事业新跨越奠定了基础、指明了方向。截至2009年6月底，全国有9万个基层组织、2589万名会员、170万名志愿者。

二　新中国红十字事业发展的伟大成就

新中国成立以来，中国红十字会以保护人的生命和健康、发扬

（三）坚持普及卫生救护和防病知识，积极开展专业性医疗卫生服务，大力开展群众性卫生救护活动，健全群众性自救互救网络，在卫生救护工作中取得重大成就

积极开展专业性医疗卫生服务。中国红十字会总会在改组初期，就一方面抓紧整顿旧有组织，把各地红十字会原有医疗机构组织起来，积极配合国家医疗部门，担任部分医疗保健工作；一方面组织多种类型的红十字医疗防疫服务队，深入水利建设工地、铁路建设工地、工厂、矿山、老革命根据地和少数民族地区，推进农村防疫保健工作，配合医疗服务。从那时起，红十字会的医疗防疫服务队经常深入基层，进行医疗、防疫、卫生宣传及改善环境卫生和妇幼卫生等工作，并在城市街道、厂矿、学校和农村中逐步发展会员，建立基层组织，宣传普及卫生知识、救护技术，开展防病、防伤、保健和急救工作。近 5 年来，培训乡村医生 5 万余名，救助白血病患者 7600 多人、先心病患者 1.3 万余人，救治白内障患者近 8 万人。目前，红十字冠名医疗机构有 2200 个。

大力开展群众性卫生救护活动。1986 年，中国红十字会四届二次理事会议首次提出要在社会上逐步形成群众性卫生救护网的战略目标，中国红十字会“五大”确立这一目标，提出在全国逐步建立遍布全国城乡的现场的、初级的群众性自救互救网络。20 世纪 90 年代以来，大力建设大中城市群众性自救互救网络，乡镇和农牧区救护工作逐步开展。

推动开展群众性救护培训。中国红十字会“五大”后，在全国开展包括急救内容等在内的群众性卫生救护知识培训。1987 年，中国红十字会联合卫生、公安、铁道、交通、商业、民航、旅游等部门下发关于开展群众性卫生救护训练的文件。进入 21 世纪后，中国红十字会总会积极争取相关部门支持，与公安、交通、安监、煤监、铁道、民航、旅游等部门联合推动开展行业职工救护培训。

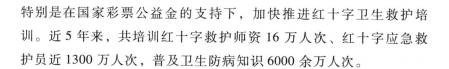

特别是在国家彩票公益金的支持下，加快推进红十字卫生救护培训。近5年来，共培训红十字救护师资16万人次、红十字应急救护员近1300万人次，普及卫生防病知识6000余万人次。

（四）坚持人道、公正、中立、独立等基本原则，完成人民政府委托事宜，从人道主义出发解决实际问题，做好服务工作，在特殊事件中的人道主义工作方面取得重大成就

协助大批日侨回国。第二次世界大战后，留居中国内地的日本侨民共有3万多人，其中有5000多名妇女与中国人结婚，还有一大批孤儿被中国人收养。1949年至1952年，中国红十字会曾协助日侨500多人回国。由于中日当时没有建立外交关系，大多数人难以办理回国手续。基于人道主义考虑，中国政府委托中国红十字会与日本红十字会、日本和平联络委员会和日中友好协会三个团体联系，负责办理日侨回国事宜。从1953年3月到1958年7月，共协助3.2万名日侨返回日本。还协助1082名在华日本妇女及其子女回日本探亲，协助1024名经中国政府释放的日本战俘回国。

协助政府安置印支难民。1979年，越南当局大批驱赶在越华侨，在国际上引起很大震动。联合国难民署就被驱赶的难民安置问题在日内瓦召开会议，中国政府接受安置25万名印支难民的任务。中国红十字会组织医疗队奔赴难民涌入的口岸，为难民查体治病；护送难民到安置地点，改善居住条件、环境卫生和饮水状况；建立医疗点，为难民进行经常性的医疗、防疫和保健工作。

（五）坚持推动无偿献血和造血干细胞捐献，建立中华骨髓库，促进遗体捐献和人体器官移植，开展艾滋病预防教育，在人道主义服务工作中取得重大成就

无偿献血工作。中国红十字会从1984年开始进行无偿献血的宣传、动员、组织等工作。1986年10月，会同卫生部召开第一届

资队伍，为建立全国性的传播网络打下良好基础。开展“红十字博爱周”、公益广告等多种形式的宣传。近5年来，各级各类媒体报道红十字会工作近35万条（次），54个红十字品牌项目和人物获中华慈善奖和十大社会公益之星殊荣。开展经常性募捐活动，探索项目化、基金式筹资方式，建立可持续的筹资机制。通过短信募捐、网上募捐、邮局汇款、银行转账等多种途径积极开展筹资活动。设立专项基金，实现红十字品牌与社会爱心资源有效整合。各级红十字会已建立13个基金会，设立275个专项基金。中国红十字基金会被国家评定为5A级基金会。

传播国际人道法。按照与国际委员会的协议，中国红十字会把传播国际人道法作为一项重要工作。传播内容包括国际人道法、日内瓦公约及红十字运动基本原则。传播方式包括举办全国性和地区性的传播培训班，主要培训红十字会专职干部，并向红十字青少年和红十字志愿工作者扩展。已举办国际人道法传播骨干、探索人道法师资培训班32期，培训骨干、师资964人。这些工作得到了国际委员会的高度评价。中国红十字会将表彰先进、推广先进典型作为传播人道主义的一项重要工作。组织对优秀护理工作者颁发南丁格尔奖章，设立红十字社区服务工作的示范市、示范区，对在无偿献血的工作中做出突出工作的个人和集体进行表彰。这些工作不仅在红十字会总会和各基层单位起到了示范作用，也将影响扩大到整个社会，对传播人道主义的整体工作起到推动作用。

开展红十字青少年活动。中国红十字会在各级各类学校对红十字青少年进行人道主义教育和自救互救知识教育，促进学生身心健康发展。2002年2月，总会与教育部重新修订印发《学校红十字会工作规则》，有力地保障和推动了红十字青少年活动的开展。目前，全国共有1658万名红十字青少年会员。这些青少年认同红十字理念，从红十字会各项事业中学习承担社会责任。红十字青少年活动传播人道主义精神，传播急救、现场救护、预防传染病以及应对突发事件等相关知识，促进青少年健康成长，推动社会进步。

（七）坚持“一国两制”和红十字基本原则，接纳香港、澳门红十字会为特别行政区红十字会，沟通海峡两岸关系，在两岸三地人道主义交流合作中取得重大成就

接纳香港、澳门红十字会并开展合作。1997年4月4日中国红十字会第六届理事会第四次会议作出特别决议，自1997年7月1日起接纳香港红十字会为中国红十字会的一个享有高度自治权的地方红十字会。1999年4月8日，澳门红十字会提出加入中国红十字会的申请。中国红十字会第六届理事会第六次会议审议并作出决议，自1999年12月20日起接纳澳门红十字会为中国红十字会的一个享有高度自治权的地方分会。香港和澳门红十字会顺利转会，贯彻了“一国两制”的基本方针，加强了中国红十字会的力量。中国红十字会总会与香港、澳门红十字会在备灾救灾、卫生救护、无偿献血、志愿服务、人道法传播等方面开展了密切的交流合作。香港红十字会在内地19个省区开展社区备灾、宣传推动无偿献血等项目，澳门红十字会支持内地12个省份开展灾后重建和贵州地方病综合防治工作。

与台湾红十字会开展交流合作。1979年，中国红十字会总会致电台湾红十字会，建议双方开展查人转信、亲友联系团聚、代表团互访等方面的合作。20世纪80年代中期以来，中国红十字会把台湾事务工作列入重要议事日程，积极沟通与台湾红十字组织的联系，妥善处理事务性工作。从1987年初到1988年底，共受理两岸寻人信件、表格22.3万余件，为数万名台胞台属找到失散几十年的亲人。1990年，两岸红十字组织领导人首次通过民间渠道直接通话联系，双方代表于9月中旬在金门就参与见证执行海上遣返事宜举行工作商谈，达成《金门协议》。在协议签订过程中，中国红十字会代表团成为两岸隔绝42年后第一次登上台湾当局控制地区的大陆团组。之后，通过与台湾红十字组织定期举行互访、举办红

十字青少年夏令营、开展业务交流等活动，增进了两岸同胞特别是青少年的了解和沟通。依据《金门协议》，见证私渡人员双向遣返作业35批、5079人。2009年8月，台风“莫拉克”对海峡两岸部分地区造成严重损失，中国红十字会迅速反应，动员民众捐款1.8亿元人民币，其中1.2亿元人民币用于支持台湾红十字组织的救援行动。两岸红十字组织的交流合作在台湾海峡架起了人道主义桥梁，为维护两岸人民群众利益、缓和两岸关系发挥了特殊作用，也为实践和丰富红十字运动基本原则做出了独特贡献。

（八）坚持积极参与国际红十字活动，协助政府处理好涉外事件，广泛开展对外援助和红十字青少年国际交流活动，在红十字国际援助和交流工作中取得重大成就

积极参与国际红十字运动。1953年，中国红十字会代表在执委会会议上就敦促朝鲜战场停战及处理战俘问题发言。1965年，中国红十字会总会致电国际红十字常设委员会主席就台湾问题重申反对制造“两个中国”。1984年，中国红十字会代表团出席第二届世界红十字与红新月和平大会，讨论红十字会为促进和平所采取的行动和政策，制定红十字会为争取世界真正和平所采用的基本准则。1989年，在日内瓦召开的国际红十字会与红新月会协会第七届大会上，中国红十字会总会副会长当选为协会副主席。1993年，第四届亚太区域红十字会与红新月会大会在北京召开，大会以“合作的战略”为主题，形成《北京宣言》。2007年，中国红十字会总会会长率团参加第30届红十字与红新月国际大会，会议通过《携手为人道》宣言，中国红十字会再次当选为领导委员会成员。中国红十字会切实履行在国际红十字大会上的承诺，协调国际红十字会在北京成立东亚地区代表团，与近20个国际组织和国家红十字会签署友好合作协议。

协助政府处理涉外事件。1956年10月，我驻沪空军击落美海

军巡逻机一架，三具美军飞行员尸体被舟山地区渔民捞起，东海舰队派员到上海市红十字会联系，由红十字会出面委托英国驻沪领事馆将美军飞行员尸体转交美方。1965年10月，巴西发生军事政变，军人政府与我国政府断绝外交关系，扣押了正在巴西访问的中国经济贸易代表团五位同志，并且计划遣送台湾。中国红十字会受政府委托，积极与巴西红十字会联系，请国际律师斡旋，组织家属赴巴西慰问，经过艰苦工作，五位同志安全回到祖国。

广泛开展对外援助。1950年至1965年，中国红十字会对印度、英国、比利时等近30个遭受自然灾害影响的国家进行援助。1966年至1976年，中国红十字会对土耳其、乌干达、尼泊尔等40多个遭受各种灾害影响的国家进行援助。1978年至1992年，中国红十字会对毛里塔尼亚、坦桑尼亚、苏丹等30多个遭受各种灾害影响的国家及地区进行援助。1993年至2004年，中国红十字会对180多个国家、地区、国际组织进行援助。2004年，积极参与印度洋海啸救助，募集4.43亿元人民币。2007年，募集7500辆自行车援助纳米比亚、肯尼亚等非洲国家红十字会，支持8个非洲国家红十字会开展基层组织工作。近5年来，共向11个受灾国提供紧急援助，帮助印尼、斯里兰卡等国建造友谊村9个，永久性住房1487套和学校、医院等公共设施多处。

开展红十字青少年国际交流活动。中国红十字会开展了丰富多彩的红十字青少年国际活动。比如，与前苏联、波兰、捷克斯洛伐克、匈牙利、罗马尼亚、保加利亚、朝鲜、英国、新西兰、日本、荷兰等12个国家青少年通信和交换礼物；征集一批红十字青少年作品，参加匈牙利、黎巴嫩、南非联邦分别举办的国际红十字青少年作品展览会。通过这些活动，增进了与各国红十字青少年的友谊。

三　新中国红十字事业发展的基本经验

新中国成立以来，中国红十字会作为党和政府在人道领域的得力助手，做了大量人道主义工作，推动了红十字事业发展，形成了一些规律性认识，积累了十分宝贵的经验，逐步走出中国特色红十字事业发展道路。

（一）必须坚持国际红十字和红新月运动基本原则同中国国情和具体实践相结合，随着时代发展及时调整组织定位，确保中国特色红十字事业始终充满生机活力

国际红十字和红新月运动已经发展成为世界性人道主义运动。这个运动奉行人道、公正、中立、独立、志愿服务、统一、普遍的基本原则，着力防止并减轻无论发生在何处的人类疾苦，保护人的生命和健康，保障人类尊严，为预防疾病、增进健康和社会福利而工作，有利于促进人与人之间的相互了解、友谊和合作，促进世界持久和平。中国人民尊重生命、酷爱和平，具有扶危济困、敬老助残、救死扶伤、乐善好施的传统美德，为这一世界性人道主义运动在中国获得发展提供了良好土壤。中国共产党和中国政府代表中国人民的根本利益，积极支持这一世界性人道主义运动在中国获得发展。在中国共产党和中国政府的领导、关怀、支持下，中国红十字会坚持国际红十字和红新月运动的基本原则同中国国情紧密结合，紧紧围绕中国人民的人道需求开展人道救助工作，大力弘扬人道主义精神，使这一世界性人道主义运动在中国始终充满生机活力。

随着中国社会主义事业不断发展，中国红十字会工作内容不断丰富，其组织定位不断调整。1950 年改组时定位中国红十字会是“中央人民政府领导下的人民卫生救护团体”，20 世纪 60 年代改为“中国人民组织的群众性的卫生救护团体”，70 年代末改为“中华

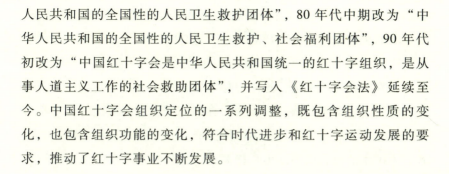

人民共和国的全国性的人民卫生救护团体”，80年代中期改为“中华人民共和国的全国性的人民卫生救护、社会福利团体”，90年代初改为“中国红十字会是中华人民共和国统一的红十字组织，是从事人道主义工作的社会救助团体”，并写入《红十字会法》延续至今。中国红十字会组织定位的一系列调整，既包含组织性质的变化，也包含组织功能的变化，符合时代进步和红十字运动发展的要求，推动了红十字事业不断发展。

（二）必须坚持发挥红十字会独特优势与适应社会发展需要相结合，随着时代发展及时调整工作目标，确保中国红十字事业持续稳定健康发展

中国红十字会在我国社团组织中有着独特优势，为开展工作奠定了良好基础。它具有百余年的悠久历史，积累了不同历史时期和时代背景下开展工作的丰富经验。它有专门的立法，能够得到法制保障，得到党和政府以及社会各界的广泛支持。它有崇高的地位，国家主席担任名誉会长。它具有国际性、中立性、人道性、志愿服务性等基本特征。结合时代发展，坚持这些基本特征，对于推动红十字事业发展和社会进步至关重要。坚持国际性，遵循国际红十字和红新月运动确立的基本原则，积极参与国际红十字活动和人道主义救援行动，履行应尽的国际义务，有利于增进我国人民同世界各国人民的友谊，有利于提高我国的人道主义形象；坚持中立性，能够得到国际和国内社会各个方面的认可，得到所有人的信任，有利于推动各种人道工作的开展；坚持人道性，当好政府在人道领域的助手，积极履行《红十字会法》赋予的职责，有利于在政府主导支持下，有效改善易受损害群体境况，获得社会的赞誉和支持；坚持志愿服务性，开展各种志愿救济活动，绝不期望以任何方式得到利益，有利于维护红十字事业的崇高和伟大，有利于推动社会进步。

在我国众多社团中，中国红十字会无疑是最具有历史声誉的社

会团体之一。这是因为它不断适应社会发展需要，调整工作目标，发挥了积极作用。新中国成立之初，适应当时医治战争创伤、改善人民生活的需要，中国红十字会以卫生救护为主要工作目标。之后，直到改革开放之前，这一目标基本没有改变。为适应改革开放以后社会主义市场经济发展需要，在强调卫生救护的同时，把社会福利也作为工作目标。进入20世纪90年代，随着我国经济社会发展、人民生活改善和国际地位提高，工作目标进一步扩展为人道主义的社会救助。目前，我国正在全面建设小康社会、努力构建社会主义和谐社会，对中国红十字会的工作提出了更高要求。中国红十字会只有将自身独特优势同社会发展需求更加紧密地结合起来，才能继续推动中国特色红十字事业健康发展。

（三）必须坚持红十字事业根本宗旨同满足人民群众人道需求相结合，随着时代发展及时调整工作内容，确保中国红十字事业取得良好效果

红十字事业的根本宗旨是保护人的生命和健康，发扬人道主义精神，促进和平进步事业。红十字会的主要任务是努力防止并减轻人们的疾苦。开展红十字工作，必须坚持红十字事业的根本宗旨与满足人民群众人道需求相结合。红十字组织应当尽一切力量在人民群众最需要的时候，协助政府给予他们物质上、精神上的支持和帮助。尤其是在灾后等特定困难时间里，帮助受灾群众度过灾后最艰难的阶段，保障他们改善在特殊时段的生存条件和生活状况。无论是开展备灾救灾、卫生救护等工作，还是开展无偿献血、捐献造血干细胞等工作，都与人民群众人道需求密切相关。正是由于坚持红十字事业根本宗旨同人民群众人道需求相结合，才有力地促进了红十字事业在新中国成立以来的巨大发展。

中国红十字会近年来开展的心灵阳光工程、农民医疗救助、紧急救援等项目，很好地实现了红十字事业根本宗旨同人民群众人道

需求相结合。心灵阳光工程项目的背景：全国有3000万青少年存在不同程度的心理问题，16%～25.4%的大学生有心理障碍，因心理问题不能正常学习和生活而休学或退学的学生人数逐年上升。项目目标：本着“关爱、信任、希望”的宗旨，呼吁全社会重视人文关怀和心理健康教育；开展心理危机干预；传播心理健康知识；促进自我调整并积极寻求治疗，进而帮助他人。农民医疗救助项目的背景：全国有52.8%的农民没有加入农村新型合作医疗制度，有65.4%的乡镇卫生院条件较差，有4.5亿农民看不起病。项目目标：援建“博爱卫生院（站）”，为农民提供医疗设备、药品，改善农村医疗卫生条件；设立“农民医疗救助金”，对患重大疾病的贫困农民提供医疗救助。紧急救援项目的背景：全国一般年份受灾人口约2亿人，其中因灾死亡数千人，需转移安置300多万人，有近6000万灾民需要救济。项目目标：通过呼吁社会力量奉献爱心，以所募资金和物资向灾民提供急需的帮助，采取组建并派遣紧急救援队等方式开展救援，旨在最大限度地救助灾民，保护他们的生命安全。

（四）必须坚持做好国内工作同开展国际活动相结合，随着时代发展及时调整工作重点，确保中国红十字事业为推进人类和平进步事业作出更多贡献

中国红十字会既是中国的红十字会，也是国际红十字运动的成员，国内工作和国际活动是红十字会工作的两个重要方面。1955年，周恩来总理指示红十字会工作以国际为主，国内工作与卫生工作相结合，有多大力量办多大事。1959年，他又指示红十字会国内工作根据需要可适当发展。1985年召开的中国红十字会“四大”，明确提出把工作重点放在国内工作上。工作重点的变化，是由不同时期的工作需要决定的。而工作的两个基本方面始终没有变，则是由红十字会的国际性、服务性、普遍性等基本性质决

定的。

发展红十字事业，必须把做好国内工作与开展国际活动结合起来。一方面，立足本国实际，根据群众需求，积极开展服务工作；另一方面，参加国际活动，争取国际支持，开展国际援助。通过开展国际交流，引进国际上先进的救灾、备灾、防疫等方面的技术、设备和管理体制，以提高我们开展人道救助的能力和水平；同时，通过开展国际交流，将我们掌握的相关技术、设备和管理体制介绍到同样需要的国家去，可以造福更多人。

在对外交往中，必须坚持独立、平等、相互尊重的原则，积极发展同国际红十字组织和各国红十字会的友好合作关系。作为国际红十字运动体系中的一个成员，中国红十字会不仅要通过交流合作引入技术和资源实现自身长足发展，还要通过交流合作实现人道理念和资源技术的跨国界沟通，促进人类和平进步事业。

（五）必须坚持独立自主开展工作同自觉接受党和政府领导相结合，随着时代发展及时调整工作方式，确保中国红十字事业能够得到坚强领导和广泛支持

独立是国际红十字与红新月运动的基本原则之一，对于红十字会保持中立、为所有人开展人道主义服务工作具有重要意义。红十字会坚持独立自主开展工作，是国际红十字与红新月运动的基本要求。但各国红十字会又是本国政府人道领域的助手，必须受本国法律约束。《红十字会法》规定：中国红十字会遵守宪法和法律，遵循国际红十字与红新月运动确立的基本原则，依照中国参加的日内瓦公约及其附加议定书和中国红十字会章程，独立自主地开展工作。

遵守宪法和法律，必然要求中国红十字会自觉接受中国共产党和中国政府的领导。中国共产党是中国社会主义事业的领导核心。作为中国社会主义事业重要组成部分的新中国红十字事业，必须在

中国共产党领导下不断发展。中国共产党的领导，是路线方针政策的领导。中国红十字会自觉接受中国共产党的领导，就是要在自己的工作中，认真贯彻党的路线方针政策，积极为党和国家的大局服务。近些年来，中国红十字会理顺管理体制，从卫生行政主管部门代管改由政府领导联系，有利于加强政府对红十字会工作的领导和协调。胡锦涛主席2004年在“八大”的重要讲话明确要求“各级党委和政府要进一步加强对红十字会工作的领导”。因此，各级红十字会应当积极主动地接受各级党委和政府的领导。只有这样，才能更好地履行法定职责，协助政府做好人道救助工作。把依照法律和章程独立自主地开展工作同自觉接受党和政府的领导密切结合起来，中国红十字事业才能始终保持正确的前进方向，才能不断获得各级党委和政府以及社会各界的广泛支持，才能有效地贯彻国际红十字与红新月运动的基本原则，才能实现持续稳定健康发展。

（六）必须坚持抓好传统业务工作同开拓新的工作领域相结合，随着时代发展及时调整工作范围和侧重点，确保中国红十字事业不断开拓创新

中国红十字会始终秉承人道主义精神，积极开展诸如备灾救灾、卫生救护等传统业务工作，为改善最易受损害群体生活境况作出贡献。随着经济社会发展以及环境恶化和气候变化等因素的影响，在应对各种传统灾害频发的同时，也需要应对当今世界新的人道主义挑战，满足一些不同于以往的新的人道需求。2007年11月召开的第30届红十字与红新月国际大会讨论了当今世界的四大人道主义挑战，发表《携手为人道》的宣言。环境恶化和气候变化的人道后果，国际移民引起的人道关注，暴力尤其是城市暴力产生的人道问题，突发性和经常性传染病患者的人道需求，都是当今世界需要各国共同应对的人道主义挑战。满足这些方面的人道需求是红十字会的应尽职责。红十字会在抓好传统业务工作的同时，必须开

拓新的工作领域，开展新的人道主义工作。

中国红十字会近些年来通过开展造血干细胞捐献工作为白血病患者带来希望，通过开展艾滋病预防青年同伴项目为预防艾滋病做出努力，积极参与抗击非典型肺炎传播，积极参与甲型H1N1流感防控。开展和参与这些新的工作，极大地提高了红十字会的社会公信力。中国红十字会只有主动适应社会发展变化，在坚持抓好传统业务工作的同时，积极开拓新的工作领域，才能不断推动红十字事业开拓创新。

（七）必须坚持开展日常性人道救助同应对自然灾害等突发事件相结合，随着时代发展及时调整和完善工作体系，确保中国红十字事业不断提高应变能力

红十字会的人道救助工作，既包括日常性人道救助，也包括应对自然灾害等突发事件的紧急性人道救助。新中国成立以来，中国红十字会一方面大力抓好初级救护培训、无偿献血、遗体捐献等日常性工作，另一方面积极应对自然灾害等突发事件产生的人道需求，很好地履行法定职责。自然灾害等突发事件产生的人道需求具有集中、严重、紧急等特点，服务此类人道需求，不同于日常性人道救助，需要红十字会具有充足的物资准备、高效的协调机制、完善的组织网络。中国红十字会长期着力加强日常性人道救助，形成了良好的社会公信力，得到党和政府以及社会各界的肯定，在开展自然灾害等突发事件救援时，能够快速启动应急机制，高效地动员社会力量，及时投放救灾物资，有效地实施人道救助。

为了切实抓好应对自然灾害等突发事件的人道救助工作，中国红十字会进入21世纪后切实加强应急制度和应急体系建设。2000年，总会制定《中国红十字会自然灾害和突发事件救助规则》和《中国红十字会备灾救助中长期规划》，拟定《中国红十字会地震灾害应对预案》，并与民政部、国家地震局等有关单位建立工作联

系。2007年，召开全国红十字应急工作会议，制订《中国红十字会“十一五”期间应急体系建设规划》，修订《中国红十字灾害救助规则》。目前，全国32个省级（含新疆生产建设兵团）红十字会制定了应急预案，其中27个应急预案被纳入本省级总体应急预案体系，272个地（市）级、604个县级红十字会制定了应急预案。今后，还要进一步完善应急体系，提高应急能力和水平。

（八）必须坚持加强自身建设同服务社会相结合，随着时代发展及时调整管理体制和工作机制，确保中国红十字事业体制机制不断完善

红十字会的社会公信力建立在不断弘扬人道精神、积极开展人道救助工作的基础上。只有不断加强红十字会自身建设，提高人道救助能力和救助实力，才能巩固已有的良好声誉，并将这种资源继续转化为在人道主义救援中的更大优势，从而更好地为社会服务。正是由于中国红十字会坚持把不断加强自身建设同服务社会相结合，红十字事业发展才实现了以自身建设推动社会服务，以社会服务带动自身建设的良性循环，不断提高红十字会的社会公信力。

为了适应服务社会的发展需要，中国红十字会不断加强自身建设。在组织设置上，既抓好行政性的区域组织建设，又抓好专业性行业组织建设。在工作布局上，既抓好基层组织以上的体制机制建设，又始终坚持把基层组织建设作为工作重点。在工作队伍上，既抓好专职人员的能力建设，又始终把扩大志愿服务作为重要抓手。近年来，集中开展了逐步理顺管理体制的工作。新中国成立初期，中国红十字会的管理体制是政法委牵头、多部门指导，即由“政法委员会（或由政法委员会委托中央内务部）予以经常领导”，“业务中有关卫生部分，同时受中央卫生部的指导；有关外交事项，同时受中央外交部的指导”。1952年，中国红十字会转为由卫生部直接指导和联系。1999年，中国红十字会总会由“卫生部代管”改

由国务院领导联系，其机关党的工作由中央国家机关工委领导，干部按中组部有关规定进行管理，经费列国管局，维持原来外事工作归口外交部、对台工作由中台办指导的管理关系不变。随后，总会和地方红十字会逐步开展了理顺管理体制的工作。截至 2009 年 6 月底，全国有 310 个地（市、州、盟）和 1279 个县（区、市、旗）红十字会理顺管理体制。管理体制的理顺，为红十字会独立自主地依法开展工作创造了体制基础。在此基础上，应根据各地实际，因地制宜地开展工作，不断开创红十字事业的新局面。

四　发展中国特色红十字事业的若干思考

怎样在新中国成立 60 年红十字事业发展取得巨大成就和宝贵经验的基础上把中国特色红十字事业进一步推向前进，需要从理论和实践的结合上对一些基本问题进行思考，努力回答“什么是中国特色红十字事业、怎样发展中国特色红十字事业”这个当代中国红十字工作最重要最根本的问题。

（一）关于中国特色红十字事业的基本内涵

“中国特色红十字事业”是中国红十字会“六大”工作报告首次提出、“八大”和“九大”工作报告进一步阐述的。“六大”工作报告在今后 5 年的方针和主要任务中明确提出“努力建设有中国特色的红十字会”，要求“研究中国特色红十字会的内涵”，并从 8 个方面初步归纳了“建设有中国特色的红十字事业的理论雏形”，希望“大家在研究时借鉴，并在实践中不断发展和完善，逐步形成中国特色红十字事业的理论体系”。“八大”工作报告把“努力开创中国特色红十字事业新局面”写进大会的主题，把总结的 5 条基本经验作为“建设中国特色红十字事业的重要指导原则”，并在结束语中明确要求“大力推进中国特色红十字事业”。“八大”工作报告十分严格地使用了“中国特色红十字事业”这一重要提法。

“九大”工作报告把“努力实现中国特色红十字事业新跨越”写进大会的主题，在总结的基本经验中明确提出：建设中国特色红十字事业，就是要立足我国基本国情，遵守国家宪法和法律，贯彻落实科学发展观，围绕中心、服务大局，自觉在“党政关心、社会支持、群众需要、能力所及”的结合点上设计和开展工作，充分发挥政府在人道领域的助手作用；就是要弘扬人道精神、动员人道力量，致力于改善最易受损害群体境况，竭诚为人民服务；把中国红十字事业建设成为造福中国人民、促进社会和谐、促进世界和平进步的崇高事业。

“中国特色红十字事业”的提出有一个发展过程。“四大”工作报告在今后任务中明确提出“把中国红十字会办成具有中国特色的社会主义的红十字会”，并在结束语中明确要求“逐步探索出一条具有中国特色的红十字工作的道路”。“五大”工作报告在过去5年工作的基本总结中肯定各级红十字组织“围绕建设具有中国特色的红十字会这一目标”较好地完成了各项任务，在几点基本经验中对“探索具有中国特色的红十字会”做了分析，在今后5年工作的目标、方针和任务中明确提出“探索具有中国特色的红十字事业的发展道路”。“六大”工作报告在今后5年的方针和主要任务中明确提出“努力建设有中国特色的红十字会”、“建设有中国特色红十字事业”和“逐步形成中国特色红十字事业的理论体系”。“七大”工作报告在5年来的主要成就及基本经验中肯定各级红十字组织“围绕建设具有中国特色的红十字会这一目标”较好地完成了各项任务，在“建设有中国特色的红十字事业”等方面做了许多工作，在今后5年的目标和任务中明确提出“依法建设有中国特色红十字事业”。“八大”和“九大”工作报告都严格使用“中国特色红十字事业”的提法。由此可见，“中国特色红十字事业”是从“具有中国特色的红十字事业”、“有中国特色的红十字事业”、“有中国特色红十字事业”等提法发展而来的。

“中国特色红十字事业”的形成过程反映了“中国特色社会主

义”的形成过程。1982 年，邓小平同志在党的十二大开幕词中，第一次提出和使用了“建设有中国特色的社会主义”的科学概念。1987 年，党的十三大报告提出我们党在社会主义初级阶段“建设有中国特色的社会主义的基本路线”，阐述了“建设有中国特色的社会主义理论的轮廓”，要求“沿着有中国特色的社会主义道路前进”。1992 年，党的十四大报告提出“夺取有中国特色社会主义事业的更大胜利”，并对“建设有中国特色社会主义理论的主要内容”进行了概括。1997 年，党的十五大报告提出“把建设有中国特色社会主义事业全面推向二十一世纪”，并对建设中国特色社会主义的经济、政治、文化作了阐述。2002 年，党的十六大报告提出“开创中国特色社会主义事业新局面”。2007 年，党的十七大报告提出“高举中国特色社会主义伟大旗帜，为夺取全面建设小康社会新胜利而奋斗”，并对“中国特色社会主义道路”和“中国特色社会主义理论体系”作了阐述。由此可见，“中国特色社会主义”是从“有中国特色的社会主义”、“有中国特色社会主义”等提法发展而成的。

对“中国特色红十字事业”基本内涵的把握，要与“中国特色社会主义”联系起来考虑。根据党的十七大报告关于“中国特色社会主义道路”的概括，“中国特色红十字事业”可以表述为：中国特色红十字事业，是在中国共产党和中国政府领导下，立足中国基本国情，遵守中国宪法和法律，遵循国际红十字与红新月运动的基本原则和红十字精神，以保护人的生命和健康、发扬人道主义精神、促进人类和平进步事业为宗旨，以改善最易受损害群体的境况为目标，通过开展人道主义救助工作为中国人民和世界人民服务的事业。

（二）关于中国特色红十字事业的理论体系

中国红十字会“六大”工作报告对建设有中国特色红十字事业的理论雏形初步归纳了八个方面，“八大”工作报告概括了五条基本经验，似可综合“理论雏形”和“基本经验”，并吸收近年来中央领导同志讲话精神，将“中国特色红十字事业的理论体系”的主要内容作如下概括。

——中国特色红十字事业是造福人类的崇高事业，是充满爱心的光荣事业；

——中国特色红十字事业是中国特色社会主义事业的重要组成部分，也是人类和平进步事业的重要组成部分；

——中国特色红十字事业以中国特色社会主义理论体系为指导，中国红十字事业的科学发展是以人为本与全面协调可持续发展的统一；

——中国特色红十字事业以保护人的生命和健康、发扬人道主义精神、促进人类和平进步事业为宗旨，以改善最易受损害群体的境况为目标；

——中国红十字会是从事人道主义工作的社会救助团体，是政府在人道领域的助手，是发展中国特色红十字事业的主力军；

——坚持国际红十字与红新月运动确立的人道、公正、中立、独立、志愿服务、统一、普遍的基本原则，弘扬人道、博爱、奉献的红十字精神；

——遵守中国宪法和法律，依照中国参加的日内瓦公约及其附加议定书和中国红十字会章程，独立自主地开展工作；

——按行政区域和行业系统发展红十字组织，广泛开展经常性和紧急性人道主义救助工作；

——坚持独立、平等、相互尊重的原则，积极发展同国际红十字组织和各国红十字会的友好合作关系。

（三）关于中国特色红十字事业的实践模式

中国特色红十字事业“特”在何处？这要与中国基本国情和发展阶段结合起来考虑。中国人口多，特别是农村人口多，地域辽阔，地区差别大，发展不平衡，还处于社会主义初级阶段，都是需要考虑的因素。中国红十字会“五大”和“七大”工作报告作了一些阐述，以此为基础，吸收“九大”工作报告的有关内容，似可做如下概括。

——把国际红十字与红新月运动的基本原则同中国国情和具体实践结合起来；

——开展群众性的、现场的、初级的卫生救护活动和群众性的社会服务活动；

——加强基层组织建设，创新社区服务工作，完善农村服务组织；

——基层以上组织一般由政府负责同志牵头，吸收有关部门负责同志参加组成理事会；

——加强队伍建设，积极发展会员，提高专职人员素质，扩大志愿者队伍；

——有计划、有步骤地在全国城乡建立急救网络，在完善城乡公共卫生服务体系建设中发挥作用；

——把改善散居在社会中的最易受损害群体的境况作为工作重点，积极投身以改善民生为重点的社会建设；

——逐步将红十字青少年工作的开展同整个教育事业发展的要求同步；

——探索项目化、基金式筹资方式，建立可持续筹资机制，逐步走上独立自主发展之路。

（四）关于中国特色红十字事业的科学发展

用科学发展观指导红十字会工作，是在新的历史起点上推动中国特色红十字事业进一步发展的必然要求。按照科学发展观的基本内涵，推动中国特色红十字事业科学发展，似可从以下几方面努力。

——必须坚持把发展作为第一要务。通过深入研究，把握发展规律、创新发展理论、转变发展方式、破解发展难题，实现中国特色红十字事业又好又快发展。

——必须坚持以人为本。把全心全意为人民服务的根本宗旨同红十字事业的崇高宗旨紧密结合起来，更好地使发展成果造福人民，特别是造福最易受损害群体。

——必须坚持全面协调可持续发展。在中国特色社会主义事业总体布局中全面推进红十字事业各方面建设，促进红十字事业各个环节、各项工作相协调，切实抓好筹资、志愿者和红十字青少年等工作，实现红十字事业可持续发展。

——必须坚持统筹兼顾。正确认识和妥善处理中国特色红十字事业中的重大关系，统筹城乡发展、区域发展、行业发展、国内发展和国际活动，充分调动各方面积极性，既要总揽全局、统筹规划，又要抓住牵动全局的主要工作、事关群众利益的突出问题，着力推进、重点突破。

（五）关于中国特色红十字事业的现实定位

从中国特色社会主义事业总体布局的主要方面来把握中国特色红十字事业的现实定位，通过做好中国特色红十字事业的各方面工作为发展中国特色社会主义事业服务。

——在经济建设方面，抓好行业性红十字组织建设，抓好经常性和紧急性人道主义救助工作，努力为经济建设服务；

——在政治建设方面，积极推进依法建会、依法治会、依法兴会，完善党政关心、社会支持、志愿参与、自主发展的体制机制，发挥党和政府联系最易受损害群体的桥梁作用；

——在文化建设方面，大力传播人道主义理念和红十字精神，积极推进社会主义精神文明建设，促进树立社会主义核心价值体系，提高公民素质；

——在社会建设方面，切实抓好社区服务和社会服务，着力改善散居社会中最易受损害群体的境况，努力构建社会主义和谐社会；

——在国防和军队建设方面，促进军队红十字事业发展，推进军民共建，为国防和军队建设服务；

——在港澳工作和对台工作方面，积极开展与香港、澳门特别行政区红十字会和台湾红十字组织的交流合作，促进香港、澳门长期繁荣稳定，促进两岸关系和平发展；

——在外交工作方面，服务国家外交工作大局，积极参与国际红十字活动，积极开展与世界各国红十字组织的交流合作，为推动和平发展、建设和谐世界发挥特殊作用；

——在党的建设方面，抓好红十字系统党的思想建设、组织建设、作风建设、制度建设和反腐倡廉建设，加强和改进党对红十字事业的领导。

五　发展中国特色红十字事业的基本思路

进一步发展中国特色红十字事业，需要在明确定位的基础上，分析发展趋势和面临的挑战，理清基本思路。

（一）关于中国红十字事业的发展趋势

中国特色红十字事业如何发展，应从外部环境变化和红十字运动自身发展规律来分析。综合考虑，可以概括为以下五个趋势。

——专业化。开展人道主义救助工作必须具备必要的专业知识和技能。无论是备灾救灾，还是救助救护，特别是开展无偿献血、干细胞移植、遗体捐献、艾滋病防治等工作，都要以必要的专业知识和技能为前提。随着社会发展和技术进步，人们对红十字事业专业化水平必然会提出更高的要求。

——规范化。开展人道主义救助工作必须依照必要的规范和程序，既要符合法律法规的要求，也要符合专业技术的要求；同时，还要依据法律法规和章程建立健全各项内部管理制度，以提高工作效率和工作水平。这些都要求不断提高红十字事业的规范化水平。

——网络化。开展人道主义救助工作必须做到广覆盖。无论哪里有人需要救助，都应当及时给予帮助。这就要求加强红十字会备灾救灾网络建设，实现备灾救灾信息网络化管理，逐步建立具有资料收集、信息发布、人员招募、活动交流等功能的网络信息平台，形成国家、省、市、县四级红十字志愿服务网络体系，为最易受损害群体提供有效服务。在互联网和物流网迅速发展的时代，必然要不断提高红十字事业的网络化水平。

——社会化。开展人道主义救助工作必须动员社会力量。无论是资金来源、技术装备，还是人力资源，都不可能仅仅依靠政府支持和红十字组织自身，而必须更多地依靠社会力量。随着社会进步，社会力量参与公益事业会越来越广泛、越来越持久、越来越深入，对红十字事业社会化水平必然会提出更高的要求。

——国际化。开展人道主义救助工作必须具有国际意识和国际视野。红十字组织作为一个按照国际公认的原则建立起来的具有国际网络的人道主义救助团体，国际性无疑是其内在属性之一。随着我国和平崛起和国际交流增加，国际社会对我国的关注、期望也会增加，我们既然可以得到国际社会更多的支持，就必然要承担更多的国际义务，这对红十字事业国际化水平必然会提出更高的要求。

（二）中国红十字事业发展面临的挑战

加强薄弱环节、解决突出问题，是当前和今后一个时期中国特色红十字事业发展面临的挑战。主要体现在以下七个方面。

——思想认识方面。如何更好地发挥红十字组织在构建和谐社会、建设和谐世界过程中的独特作用，需要加强红十字理论工作，回答涉及红十字事业发展的一些基本理论问题；同时，需要进一步加强红十字宣传工作，尤其需要加强《国际人道法》、国际红十字与红新月运动基本原则和《红十字会法》、《中华人民共和国红十字标志使用办法》的宣传，为解决现实问题构筑良好的舆论环境和社会环境。

——管理体制方面。红十字会总会和省级红十字会管理体制已经理顺，地、县级红十字会管理体制尚未完全理顺。需要继续理顺地级红十字会管理体制，重点抓好县级红十字会理顺管理体制工作，争取多数县级红十字会理顺管理体制。实现县级以上红十字机构由卫生部门代管改由党政领导联系，明确机构编制，配备领导班子和专（兼）职工作人员，有固定办公场所，有独立账户，能独立自主地开展工作。

——组织建设方面。行业红十字会和基层组织建设有待加强。需要在医疗机构中普遍建立红十字会，争取基本实现地市级以上（含地市级）红十字会、有条件的县级红十字会至少有1所冠名医院；在城市社区（街道）、农村乡镇（村）、企事业单位、医疗机构、学校和其他社会组织中广泛建立基层组织，创建一批组织建设规范、活动特色鲜明、服务平台巩固、会员和志愿者作用发挥好的模范红十字基层组织。

——运行机制方面。如何建立能够吸引人才、调动人的积极性的机制和能够筹集资金、确保资金高效运用的机制，需要进一步研究解决。应切实加强自身建设，建立充满生机活力、密切联系群众、符合自身特点的组织机构和运行机制，建设可持续的筹资机制和公开透明的监督机制。

——能力建设方面。救助实力不强，特别是基层红十字会的救助实力亟待加强，干部队伍的整体素质和综合能力还不适应形势发展的要求。需要拓宽筹资渠道，创新筹资方式，不断增强红十字会救灾、救助、救护的实力，为发展红十字事业提供强大的物质保障。加强干部培训，创新学习内容和培训方式，切实提高红十字干部的专业化水平和综合能力。

——社会参与方面。如何调动社会各方面的积极性，不断壮大红十字志愿者队伍，需要进一步研究解决。应加强同社会各界、企事业单位、新闻媒体、知名人士及其他社会团体的联系与合作，积极整合社会资源，动员社会人道力量参与和支持红十字事业，使红

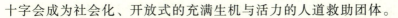

十字会成为社会化、开放式的充满生机与活力的人道救助团体。

——国际影响方面。随着中国国际地位提高，国际社会期待中国红十字会在国际上扮演更加重要的角色，展现出中国更加国际化的视野和日益强大的影响，中国红十字会的国际影响力有待进一步提高。应积极参加国际红十字运动，积极参与国际人道主义救援工作，积极开展国际交流合作，在国际上展示人道主义良好形象，增强亲和力、吸引力和感染力，推动建设持久和平、共同繁荣的和谐世界。

（三）发展中国特色红十字事业的基本思路

当前和今后一个时期发展中国特色红十字事业的基本思路可以概括为“一、二、三、四、七”。

围绕一个目标：推动中国特色红十字事业科学发展，努力实现中国特色红十字事业新跨越。

统筹两个大局：其一，作为中国的红十字会，应服务于中国特色社会主义事业，推进构建社会主义和谐社会，推动和谐发展；其二，作为国际红十字运动的一员，应积极参与国际红十字活动和国际援助，积极开展与各国红十字组织的交流合作，推进建设持久和平、共同繁荣的和谐世界，推动和平发展。

发挥三个功能：成为党和政府在人道工作领域的得力助手，成为构建社会主义和谐社会的重要力量，成为我国民间外交的重要渠道。

抓好四项建设：一是制度建设。包括抓法制，推动对《红十字会法》开展的执法检查，推进依法建会、依法治会、依法办会；抓体制，理顺管理体制，加强队伍建设；抓机制，形成吸引人、培养人、用好人、调动人的积极性的机制和筹来钱、用好钱、确保资金运转高效的机制。二是能力建设。切实提高从事红十字会工作人员的专业化水平和综合能力，不断提高理论素养和实践能力，增强工作的原则性、系统性、预见性、创造性，提升品牌形象，培育品牌优势。三是文化建设。红十字事业需要建立自己独特的文化内涵。要把红十字精神和社会主义核心价值观结合起来。要鼓励企业家履行社会责任，也要鼓励每个居民乐于奉献，还要培养受益者感恩社会、回报社会的情操。四是保障条件建设。紧紧围绕红十字会中心工作，建设网络筹资、志愿服务等管理信息系统，完善中国红十字会协同办公、备灾救灾、财务和组织建设等管理系统，建设好总会网站和信息资源库，着力解决基层红会的基本工作条件，改进办公方式，提高工作效率。

开展七项行动：一是开展“红十字救援行动”，加快组建红十字紧急救援队，完善突发事件应急体系，增强突发事件应急能力；二是开展“红十字救护行动”，加快培训合格的红十字救护员，扩大造血干细胞志愿捐献者队伍，推动无偿献血和遗体、器官、组织捐献，致力于挽救生命。三是开展“红十字救助行动”，深化“红十字博爱送万家”活动，推动红十字关爱进社区、进乡村，深入开展红十字医疗救助项目，着力改善最易受损害群体境况。四是开展“红十字传播行动”，积极传播《国际人道法》和红十字运动基本知识，继续开展“五八博爱周”系列宣传活动，深入开展理论研究，弘扬红十字精神。五是开展“红十字强会行动”，坚定不移依法理顺管理体制，努力建设运转良好的各级红十字会，大力加强基层组织建设，推动信息化建设，夯实中国特色红十字事业的基础。六是开展“红十字志愿服务行动”，建设红十字志愿服务网络体系，发挥红十字志愿服务在突发公共事件救助和举办大型活动等重点工作中的积极作用，最广泛地动员社会力量参与人道救助。七是开展“红十字民间外交行动”，积极发挥中国红十字会在国际红十字运动中的作用，积极开展具有红十字特色的多边和双边的民间外交活动和对外援助工作，积极引进境外资金、理念和技术，加强与境外红十字组织的交流合作。

中国红十字事业发展若干问题调研报告

根据中国红十字会总会的要求，由来自中国红十字会总会办公室、中国社会科学院社会学研究所、中央财经大学等机构的 9 名人员联合组成课题组。从 2010 年 9 月起，在中国红十字会总会主要领导同志的指导下，课题组采用抽样问卷调查、实地调研和文献分析等科学方法，开展了为期 9 个月的调查研究，以所收集的丰富调研资料为基础，对有关中国红十字事业发展的若干问题进行了深入探讨。课题组成员分工合作，撰写了本研究报告。本报告由七个部分组成，第一部分系统阐释本项研究采用的经验研究方法，其余六个部分分别就影响中国红十字事业发展的六大课题展开探讨。

一　关于研究方法和资料的说明

本课题组成立以后，课题组成员认真讨论了具体的研究方法。按照社会研究的方法论原则，我们确定整个课题研究采取四个结合的模式开展，即理论研究与实证研究相结合，现状研究与文献研究相结合，定量研究与定性研究相结合，国内红十字会研究与国际红十字会研究相结合。显然，这四个结合之间也有相互交叉之处。

整个研究围绕中国各级红十字会展开，因为红十字会是红十字事业发展的主要载体，中国红十字事业发展中面临的挑战和问题，在很大程度上就是中国红十字会组织在发展和工作实践中面临的挑战和问题，解决好各级红十字会所面临的这些挑战和问题，是进一步推动中国红十字事业健康快速发展的关键所在。

机制。

问卷设计出来以后，课题组讨论了问卷调查样本选择的方式，确定对 31 个省级红十字会全部进行问卷调查；对于地市级红十字会和县级红十字会，则采取比较严格的随机抽样原则进行抽样。课题组根据全国这两级红十字会的数量，分别确定地市级红十字会的抽样比例为 1/3，县级红十字会的抽样比例为 1/10。然后，分省形成地市级红十字会抽样框和县级红十字会抽样框，分别依据各地市和各县（区、旗）2008 年的人口规模对它们进行排序，按照百分比等距抽样方法，抽取各省份的地市级红十字会和县级红十字会作为调查样本，总计获得 119 个地（州、市、盟）红十字会和 274 个县（区、旗）红十字会调查样本。三级地方红十字会的总样本数为 424 个。2010 年 10 月上旬，课题组以电子邮件方式，向各省（直辖市、自治区）红十字会以及选定的地市级红十字会和县级红十字会发放了问卷，到 2011 年 2 月份，共计回收有效问卷 304 份，占发放问卷数的 72%，回收率相对较低，但基本能够反映总体情况。其中，省级红十字会问卷回收 19 份，地市级红十字会问卷回收 86 份，县级红十字会问卷回收 197 份。

（四）实地调研

实地调研是一种定性调查，旨在通过这种调研，获得具有深度的经验材料，补充定量研究的不足。实地调研实际上是一种典型调研方法，课题组在全国选择若干具有代表性的省份进行实地调研。在选择实地调研的案例省份时，课题组综合考虑各省份的经济社会发展状况以及各省份红十字会的工作情况，最初选定以辽宁、陕西、宁夏、上海、江苏和广东等六省市作为实地调研的案例省份。最初的调研方式确定，在案例省份实施调研时，不仅访谈省级红十字会，还访谈各省份有代表性的地市级红十字会和县级红十字会。经过一段时期的调研实践，结合红十字会总会领导同志提出的新的要求，课题组对案例省份的选择进行了调整，增加了四川和河南作为案例省份。

2010 年 10 月，课题组完成对辽宁和陕西的实地调研。在陕西调研中，课题组先后在陕西省红十字会、陕西省商洛市红十字会、陕西省西安市红十字会组织 3 次座谈会，邀请红十字会相关人员参加。陕西省红十字会座谈会参加人员来自省红十字会主要领导以及该会部门负责人；商洛市红十字会座谈会的参会人员有来自该市红十字会的领导以及来自山阳县、商南县和商州区红十字会的负责人；西安市红十字会座谈会参加人员有来自市红十字会的负责人以及来自碑林区、新城区、长安区和周至县红十字会的负责人。在辽宁的调研中，课题组同样先后在辽宁省红十字会、沈阳市红十字会和辽阳市红十字会组织了 3 次座谈会。受邀参加辽宁省红十字会座谈会的有省会负责人以及省会部门负责人；沈阳市红十字会座谈会的参会人员包括市红十字会负责人以及东陵区、浑南区、和平区、沈河区红十字会的负责人；辽阳市红十字会座谈会的参会人员包括辽阳市红十字会负责人以及辽阳县、宏伟区、白塔区的红十字会负责人，还有辽阳市红十字会志愿者联合会。在陕西和辽宁二省，课题组共计召集座谈会 6 次。

2011 年 3 月，课题组完成对四川和河南的调研。此波调研的方法有较大调整，除了在省级红十字会组织一次座谈外，重点在市、县两级开展调研，调研对象从红十字会自身扩展到政府相关部门、红十字会会员（单位）、红十字会志愿者以及红十字项目受益人，调研方法主要是分组举行座谈会。在四川省，课题组深入汶川县、北川县、成都市、成都市金牛区开展调研，共计召开座谈会 12 次，另外，在汶川县，课题组还前往项目区，走访红十字项目受益户；在成都市金牛区，课题组走访了多个社区以及金牛区红十字会医疗救助项目在这些社区的受益户。在河南省，课题组根据省红十字会的建议，在邀请省会领导和部门负责人座谈之后，分成 3 组，每组 3 人，分赴该省 9 个地级市红十字会进行调研，在每个地级市，再分红十字会、政府相关部门和会员、志愿者、受益人三个焦点组别，分别邀请相关人员举行座谈会，因此，在河南省，课题组总计举行座谈会 28 次。

综上所述，课题组在 4 个案例省总计召开座谈会 46 次；每次座谈会的参会人数（除课题组成员外）平均约 10 人次，总计近 500 人次。另外，在四川省的汶川县和成都市金牛区，走访红十字会项目受益户 10 余户。

（五）文献资料

课题组注意收集各种相关文献资料，作为理解中国红十字事业发展状况的重要依据。大致说来，课题组收集的文献资料涉及以下几个方面。

一是有关中国红十字事业和中国红十字会的各种法律和规章制度的文献。

二是国家领导人关于红十字事业的讲话，以及中国红十字会第八届理事会以来总会领导同志的重要讲话和报告。这些讲话和报告阐述了中国红十字事业在中国经济社会发展中的作用和定位，对中国红十字事业的发展状况进行了宏观描述和分析，对于指导课题组的调研工作具有重要价值。

三是地方各级红十字会发展红十字事业工作的经验总结材料。这些材料一方面对各地各级红十字会发展红十字事业的独特做法和主要经验进行了总结，同时也分析了不同地方和不同时期红十字事业发展面临的问题和挑战。当然，由于种种原因，这方面材料的收集肯定是不完善的。

四是国内学术界研究包括红十字会在内的社会团体和非营利组织的学术文献。这样的文献主要来自经济学、社会学和管理学等学科领域，涉及社会团体和非营利组织发展的方方面面，对于课题组开展红十字事业发展问题研究具有丰富的启发意义。

五是国外相关文献资料。其中既有一些国家红十字会的相关法律文献以及一些国家红十字会的部分年度报告，也有关于非营利组织、慈善组织、非政府组织、第三部门等的学术研究文献，为课题组理解中国红十字事业和红十字会发展问题提供了进行比较研究和借鉴的资料基础。

应当说明的是，本报告对这些文献资料的利用主要有两种形式，一种形式是具体的比较直接的利用，对于这样利用的文献，本报告将在参考文献部分予以列出；另一种形式是综合融会的原则性的利用，即课题组对相关问题的分析和阐述融合了部分相关文献提出的一些原则、理念和精神，其中包含着课题组自己的重新理解，鉴于本报告作为调研报告的性质，我们无法在参考文献部分把这样利用到的文献一一列出，在此一并致谢。

二 新时期中国红十字事业发展的指导思想

党的十六大以来，我们党对社会建设重要性的认识不断深化，明确了构建社会主义和谐社会在中国特色社会主义事业总体布局中的地位，加快社会建设步伐的要求已经摆上国民经济社会发展的重要日程，中国经济社会发展进入一个新的时期。贯彻落实科学发展观，统筹经济社会发展，全面建设小康社会，保障和改善民生，促进社会和谐稳定，是现阶段我国经济社会发展的战略目标。加快转变政府职能步伐，推进政事分开，政社分开，支持社会组织参与社会管理和公共服务，是现阶段我国社会体制改革的重要任务，也是中国继经济体制改革、政治体制改革和政府职能转变之后的第四项重大改革。我国改革开放发展的这些新形势，对中国红十字事业的进一步发展提出了新要求，为此有必要加深对中国红十字事业发展的指导思想的理解，拓宽红十字事业发展的理论和实践空间，使其更好地服务于我国社会建设事业和社会管理体制改革创新的需要。

从现阶段我国经济社会发展的现实需要出发，综合课题组的实地调查结果，可以认为，理解我国红十字事业发展的指导思想，重点要把握以下几个方面。

（一）中国红十字事业是中国人道主义事业的重要组成部分。中国红十字会要深入贯彻落实科学发展观，全力发展好中国人道主义事业，做好党和政府在人道工作领域的助手

人道、博爱、奉献，是人道主义事业的基本精神和原则，也是国际红十字运动得以成立的基石，任何时候都不能有丝毫动摇。发展中国红十字事业，必须认真贯彻落实科学发展观，坚持以人为本，巩固和发扬红十字事业的人道主义精神和原则。组织灾难救助、医疗救助、人体器官和造血干细胞捐献等，是和平时期红十字事业人道工作的主要领域。在实地调研的过程中，课题组多次召开人体器官和造血干细胞（骨髓）捐献人和受益人参加的座谈会，也对一些接受地方红十字会医疗救助的困难户进行入户访谈，无论是受益人还是捐献人，对他们参与的救助过程所蕴含的人道、博爱和奉献精神都高度肯定和称扬，并且希望在红十字事业发展过程中进一步高举人道、博爱和奉献的大旗，大力宣传典型人物和典型事例，让人道、博爱和奉献的精神在全社会生根、开花、结果。

我国是一个自然自害频发的国家，2006 年以来尤为突出，多灾并发，点多面广，人民的生命财产安全受到巨大影响。据民政部门统计，2006 年全国 4.34 亿人次受灾，倒塌房屋 193.3 万间；2007 年 4 亿人次受灾，倒塌房屋 146 万间；2008 年 4.7 亿人次受灾，倒塌房屋 1097.7 万间；2009 年 4.8 亿人次受灾，倒塌房屋 83.8 万间；2010 年 4.3 亿人次受灾，倒塌房屋 273.3 万间；2011 年上半年已有 2.9 亿人次受灾。频繁的自然灾害经常引发巨大的人道灾难，备灾救灾成为我国一项经常性的艰巨任务，其中包括灾害发生时的生命救护，以及灾后的经济救助、社会和心理重建。虽然在大多数情况下受灾人口可以通过生产自救解决灾害造成的问题，但对于相当大部分的受灾人口来说，家庭财产可能损失殆尽，甚至

遭受重大人员伤亡，来自外部的人道主义救援和帮助是他们走出灾害苦难的关键。

每当这样的灾害发生，国家都是救援、救助和灾后重建的主体力量；但红十字组织以及其他社会慈善组织的人道救援和救助也是重要的力量，并且还是进一步激发人们的人道主义精神的重要机制。在汶川地震和青海玉树地震发生以后，国内外的红十字组织迅速行动起来，在国内外爱心人士与灾区居民之间架起人道和博爱的桥梁，动员和接收了上百亿元的社会捐助款物，在救助灾民的行动中发挥了巨大的作用。在四川地震灾区调研期间，课题组在红十字会救助的灾民中进行访谈时发现，几乎所有受益人在玉树地震和印尼海啸发生以后都积极捐赠，并把这种捐赠行为视为人道主义爱心回馈。

（二）中国红十字事业是新时期我国社会建设事业的重要组成部分。中国红十字会要科学把握新时期我国“四位一体”社会主义建设事业的战略方针，加快发展红十字事业，为推动我国社会建设做出应有的贡献

党的十七大指出，社会建设是与经济建设、政治建设、文化建设四位一体的新时期我国发展战略；社会建设的主要任务是建设基本民生，建设社会保障体系，发展文教卫生事业，调节社会利益关系和利益格局，从而促进人民福利的共同增长以及社会的和谐稳定。社会建设不仅仅是党和政府的事，也是广大人民群众自己的事，只有动员社民群众的广泛参与，才能搞好社会建设，满足社会的多元现实需要。尤其是未来中国养老、医疗等社会服务的任务会越来越重，人民群众的诉求会越来越多，政府包打天下的道路会越走越窄。社会组织，尤其是公益慈善类的社会组织是更好地动员人民群众广泛参与的重要平台。社会组织本身在社会建设中同样具有公共品提供、社会利益表达和社会矛盾调节等作用（李培林、陈光金，2011；杨晓梅，2011）。

因此，随着我国社会建设战略的全面实施，中国红十字事业的发展不能局限于传统的人道救援救助工作，而应当向更广泛的领域延伸。国际红十字运动也在不断扩展其事业的空间。红十字会和红新月会国际联合会提出的《2010 战略》把促进社区健康、减少各种导致易受损害群体变得脆弱的主要原因以促进他们的发展作为联合会新千年战略的核心领域之一；《2020 战略》则把创造健康而安全的社区生活作为其三大战略目标之一。这些工作显然已经超出了人道救援、救助的范围，而与我国实施的社会建设战略部分吻合。实地调研表明，各地红十字会探索开展的许多工作，包括红十字会在基层社区开展的扶贫行动，对建设农村新型合作医疗制度的积极参与，参与城乡社区养老事业的积极尝试，广泛开展的紧急救护培训和初级卫生知识普及，帮助贫困学生上学的助学行动等，都已经成为中国红十字事业参与中国社会建设实践的具体表现。

从社会的现实需要看，中国红十字事业参与社会建设的行动空间是巨大的。加快提升底层社会和易受损害群体的福祉，确保他们的基本民生需要得到满足，是实现全面小康社会建设目标的关键所在，因而也是社会建设的重要任务。据统计，目前，城镇低保人口约 2350 万人，农村低保人口约 4760 万人，他们都属于城乡贫困人口；另外，如果按照 2010 年的新的农村贫困线计算，农村贫困人口总量将突破 1 亿人。人口老龄化造成的养老压力日益增强。2009 年，中国 65 岁及以上年龄人口所占比重达到 8.5%，总量超过 1.13 亿人，其中相当大部分人口没有养老保险，由于家庭规模小型化、家庭结构核心化以及低水平的养老社会化，这些老年人处于非常脆弱的境地。残疾人也属于易受损害的群体，据估计，目前中国残疾人口总数已达 8000 万人之巨。上述贫困人口、老龄人口和残疾人口数量之间是存在重复统计的。我们估计，在消除重复统计之后，城乡贫困人口、老年人口和残疾人口总数将达到近 3 亿人的规模，占总人口的比重超过 20%，他们的福祉的增进，需要政府和社会共同给予特殊关照，包括生活救助、教育救助、大病重病医疗救助和健康照护等方面的巨大需要。红十字事业大力参与扶贫、助残以及老年照护工作，减少他们的脆弱性，帮助他们实现更好的发展，是符合红十字会和红新月会国际联合会《2010战略》提出的要求的。

还应当看到，中国红十字事业的发展，对于在新的时期调节社会利益关系，缓解社会利益矛盾，促进社会和谐，也具有十分积极的意义。经过30多年的改革开放发展，中国现阶段进入全面建设小康社会的关键时期。但与此同时，我国经济社会发展不平衡的特征日益突出，这既表现为城乡之间和区域之间的差距不断扩大，也表现为不同社会阶层和群体之间的差距不断扩大，尤其是20世纪90年代中期以来，甚至出现社会群体和阶层利益受损的严重问题。据研究，以基尼系数测量的全社会收入不平等程度达到或者超过0.5的水平（陈光金，2010）。经济社会发展不平衡以及财富分配过于不平等，对社会和谐稳定是一种结构性的威胁。打破发展的不平衡，缩小收入和财富差距，是现阶段我国社会发展和社会建设工作的紧迫而重大的任务。在这方面，除了政府应当付出努力外，社会公益慈善事业可以通过广泛动员社会资源来实现社会财富的第三次分配和转移，帮助缩小社会差距，消减贫富两极分化所导致的社会心态失衡压力和怨恨，防止部分社会群体因为边缘化、孤独和贫穷而产生绝望情绪以及这种情绪的暴力化宣泄。中国红十字事业应当发挥自身优势，积极参与社会财富的第三次分配，为促进社会和谐发展做出贡献。

（三）中国红十字事业发展的过程，是中国红十字会组织不断改革、发展、壮大和完善的过程，是现阶段我国社会管理改革创新实践的重要组成部分。中国红十字会要贯彻落实党中央关于加强和创新我国社会管理的要求，加快红十字会组织的改革创新，不断提升红十字会组织的社会管理服务能力和水平

在推进社会建设、促进社会和谐发展的过程中，改革创新我国

社会管理体制机制的现实要求日益迫切。党中央审时度势，提出了加强和创新我国社会管理的任务要求，其根本目标，就是要改革在社会管理领域由国家包办一切的传统模式，实现“政社分开”和“管办分离”，形成“党委领导、政府负责、社会协同和公民参与”的社会管理新模式，建构政府社会管理与社会自我管理相结合的现代社会管理体制、机制和格局。在现代社会，政府承担着社会管理和服务的主体职责，但这并不意味着政府可以包办一切；只有全社会协同和公民广泛参与，才能搞好社会管理体制改革和机制创新，构建现代社会管理模式和体系；只有政府与社会全面协作，建立起伙伴关系，才能实现社会管理的高效能与高效益。社会管理体制机制的改革创新，是中国继经济体制改革、政治体制改革和政府职能转变之后的第四项重大改革，也是一项必将深度调整中国的国家与社会关系的改革。

要实现“政社分开”、“管办分离”，形成政府的社会管理与社会的自我管理相结合的社会管理新格局，关键就在于努力推动各种形式的社会组织发展，构建社会自我管理、自我服务、自我调节的组织基础和平台，培育社会自我管理、自我服务、自我调节的能力。中国红十字事业既是一项社会自我服务的事业，也深度参与多种形式的社会自我管理，包括以慈善捐献的形式动员、组织和调配各种社会资源，以旨在救济弱势群体的第三次分配形式调节社会利益关系，以紧急救护培训和卫生知识普及等方式参与对部分社会风险的管理，以志愿参与的形式动员和组织公民服务社会，等等。进一步发展中国红十字事业，是培育中国社会的自我管理和服务能力的一个重要渠道。全国红十字会系统作为红十字事业发展的载体，是当前中国非常重要的一个社会组织，是社会自我管理、自我服务的重要主体之一，也是公民参与社会自我管理和自我服务的重要组织者之一。中国社会管理体制机制的改革创新，既是中国红十字会组织发展的重大机遇，同时也对其发展提出了更高的要求。中国红十字会组织必须抓住时代机遇，适应时代要求，不断增强参与社会管理和提供社会服务的能力，努力在各种社会组织尤其是公益慈善组织大发展的时代保持优势，走在前列。

（四）中国红十字事业是我国社会主义文化建设事业的重要组成部分。中国红十字会要发扬中国传统慈善文化和道德追求，传播国际红十字运动的价值理念和博爱精神，尊重人的价值，扶助弱势群体，为推进我国文化建设、确立社会主义核心价值观做出积极贡献

在党中央提出的四位一体中国特色社会主义事业布局中，文化建设刻不容缓。经济快速增长，社会急剧转型，一方面推动了国民财富的巨大增长，另一方面也推动着社会显著分化。社会分化既表现为社会结构的深刻变迁和利益关系的深刻调整，也表现为价值观念和行为规范的深刻变化，而且两者深刻地相互影响。在计划经济时代有效起着社会整合作用的主流价值体系不断流失，并伴随着社会价值取向和行为模式的显著多样化。在这样一个价值观念和行为规范发生重大变化的时期，主流价值缺失和社会行为失范的问题尖锐而突出，新的具有整合作用的价值规范体系亟待重建。对此，中国红十字会能够并且应当发挥积极的作用，做出重大的贡献。

中国社会两千多年发展的历史中蕴含着丰富的慈善文化传统。行善积德、乐善好施观念植根于民族文化观念深处，敬老助残、扶危济困、修桥补路、建社仓、兴义学都是广受称颂的善举。中国传统慈善文化是中国红十字事业发展的深厚土壤和有利条件（华建敏，2010）。中国民间的传统慈善文化往往具有基于血缘和地缘的特殊主义内群体互助性质，大多数慈善活动发生在地方社区或宗族范围之内。这种特殊主义倾向限制了慈善活动的广度和深度，使其难以发展成为普遍主义的社会事业。同时，直接的施助方与受助方面对面的传统慈善活动，还使得中国传统慈善文化具有恩赐性，施助者施恩，受助者感恩报恩。施助者与受助者之间的地位不平等，

同样阻碍着传统慈善活动的进一步发展。概括地说，中国传统慈善文化中深深渗透着“恩赐、怜悯”、“爱有差等”和“亲亲”等传统文化观念，与现代慈善事业的普遍主义博爱理念有着很大不同。现代慈善事业具有社会化、开放性、广泛性、公正性等特征，平等、互助、博爱、共享、奉献是其核心价值要素，其中人格平等尤其重要（林广华，2007；郑功成，2007）。中国红十字事业既要继承和发扬传统慈善文化中的精华，也要摒弃不符合时代要求的内容，突破血缘、地缘局限，突破不平等的施恩—报恩模式，大力宣传一视同仁地帮助所有需要帮助的人的现代慈善理念，使全体公民认识到慈善是个人应承担的社会义务和责任，从而推动我国慈善文化实现从“传统”到“现代”的深刻转型，塑造新型的慈善生态和文化氛围（彭红，2010）。这种新型慈善生态和文化氛围的形成，是中国红十字事业以及整个慈善公益事业能够健康发展的重要条件。

中国红十字事业是国际红十字运动的组成部分。国际红十字运动奉行人道、博爱、奉献的精神，坚守人道、公正、中立、独立、志愿、统一和普遍的价值准则，强调关爱人的生命、关怀人的幸福、尊重人的人格、维护人的权益，这些都体现了人类文明进步的优秀成果。国际红十字运动的价值理念还是不断丰富和深化的，《2010 战略》提出，红十字事业在遵守基本原则的前提下，要勇于为易受损群体和弱势群体的利益挺身而出，畅所欲言；《2020 战略》提出，要把倡导社会包容、非暴力、和平的文化作为其三大战略之一。中国社会同样需要确立这样的精神价值，而中国红十字事业发展的过程也是传播这些精神和价值的过程。当前，中国社会心态浮躁情况凸显，缺少理性平和之心和开放包容之怀，一些人身上甚至存在暴戾之气。据统计，全国公安部门立案的刑事案件，从 1998 年的 198.6 万件增加到 2009 年的约 558 万件，其中的杀人和人身伤害案件从 10.9 万件增加到 18.8 万件，近年来甚至频繁出现灭门惨案以及伤害无辜中小学生和幼儿的校园惨案，各种肆意侵害弱势群体的事件也不断现诸报端。这些情况表明，在全社会广泛张扬人道、博爱的精神以及理性平和、开放包容、尊重他人、尊重生命的价值观念，培育健康心理，锻造健全人格，是极为紧迫的大事，也是我国《国民经济和社会发展第十二个五年规划》首次郑重提出的任务。中国红十字事业发扬国际红十字运动的宗旨和价值理念，积极参与中国特色社会主义文化建设，是中国社会发展的现实需要，也是红十字事业在中国取得进一步发展的重要途径。

（五）中国红十字事业是我国民间对外交往的重要渠道。中国红十字会要贯彻统筹国际国内两个大局的国家外交战略方针，加强中国红十字事业与国际红十字运动的交流与合作，推动中国红十字事业自我提升和发展，在国际红十字运动中承担有能力和应当承担的义务和责任，为改善我国经济社会发展的外部环境服务

中国红十字事业是国际红十字运动的组成部分，中国红十字会是红十字和红新月国际联合会的成员，主要宗旨相同，交流合作关系明确，这是中国红十字会组织积极参与民间外交的良好条件。在与国际红十字运动和其他国家红十字会交流合作的过程中，中国红十字会组织必须坚持用科学发展观引领外事工作，加强科学决策、科学运筹、科学管理的能力，统筹处理好国内和国际两个大局，树立国际眼光，善于从国际形势发展变化中把握发展机遇；必须坚持民间外交工作服从和服务于国家整体外交需要和战略部署，维护国家主权和根本利益，通过积极开展人道领域的民间外交活动，增进国家间的了解和友谊，扩大我国国际影响，提升我国国际地位；必须坚持外事工作以服务国内中心工作为最终目的，以促进和改善我国弱势群体的民生为最高宗旨，认真学习、借鉴其他国家的先进经验，积极开展国际合作项目，促进国际、国内项目资源的有效整合和可持续发展；贯彻落实党中央的外事工作基本方针，做到“韬光养晦，有所作为”，力所能及地承担国际红十字运动的义务和职责，努力提升中国红十字事业和红十字会组织在国际红十字运动中的影响力和话语权（王伟，2010）。

（六）现阶段中国红十字事业和红十字会组织处于重大的双重转型时期，经历着巨大的转型阵痛。中国红十字会要理性认识和科学处理好转型期特有的问题，积极应对挑战，克服困难和不足，实现中国红十字事业和红十字会组织顺利转型

进入21世纪以来，中国的红十字事业和红十字会组织都面临着时代发展提出的重大双重转型要求。所谓双重转型，一是指中国红十字事业从以往政府主办型事业逐步转变为社会广泛参与型事业的过程，二是中国红十字会组织从政府部门附属机构逐步转变为党委领导、政府联系的相对独立的社会化组织的过程，按照《中华人民共和国红十字会法》（以下简称《红十字会法》）的规定，即从“人民卫生救护团体”转变为从事人道主义工作的社会救助团体。转型的实质是红十字事业和红十字会组织的相关体制机制的重大转变，社会资源的动员和公众的广泛参与成为红十字事业发展的根基，公众的坚实信任和有效监督则成为红十字会组织健康运作和发展的社会约束条件和保证——换句话说，中国红十字会组织在开展红十字事业之时，不仅要对党和政府负责，还要直接对公众负责。这一双重转型对中国红十字事业和中国红十字会组织发展的影响是深刻的、全面的，其意义也是积极的，但其所带来的挑战也是空前严峻的。

中国经济近30多年来快速稳定发展，综合国力不断增强，整个社会从农业社会迈向工业社会、从乡村社会迈向城市社会以及从传统社会迈向现代社会的社会转型不断推进，这是推动中国红十字事业和中国红十字会组织进入双重转型过程的基础和条件。而进入

21 世纪以来中国社会发生的若干重大事件，则直接推动着中国红十字事业和红十字会组织的发展和转型。2003 年爆发的“非典”疫情，促使国家痛切地认识到加快社会建设的重要性和迫切性。2005 年以来，以群体性事件大量发生为标志，中国社会进入社会矛盾冲突多发期，社会管理体制机制改革创新逐步被提上议事日程，社会组织的发展逐步得到重视。从 2005 年起，中国红十字会总会依据《红十字会法》，开启各级红十字会理顺体制的改革，中国红十字会组织和中国红十字事业的双重转型从内部启动。2008 年的汶川大地震极大地激发了全国广大人民群众的慈善意识和志愿精神，各地各级红十字会组织迅速行动起来，全面开展募捐和动员志愿者参与救灾行动，在充分发挥自身职能的同时也得到空前大发展的机会。

在这个转型发展的过程中，中国红十字会组织自身存在的问题和先天不足也逐步暴露出来，尤其是在制度建设、组织建设、队伍建设、能力建设、社会信任建设等方面存在种种薄弱环节。客观地说，存在这样的转型困境，是可以理解的。在中国红十字会组织成为相对独立的社会组织之前，中国红十字事业经历了数十年的政府主办历史，红十字会组织也同样经历了数十年的作为政府卫生行政部门附属机构而存在的历史，要在短短几年之内从根本上改变传统体制机制，消除其弊端，这并非易事。然而，转型一经启动便难以逆转，无论多么艰难，这一过程都必须加快完成。必须看到，红十字事业作为越来越需要公众广泛参与的公益慈善事业，红十字会组织作为公益慈善组织，其所存在的问题和不足将时刻受到公众关注，甚至激发公众的对立情绪，从而放大对于问题和不足的严重性的社会感知，对红十字会组织和红十字事业本身造成比存在问题本身更严重更深刻的二次伤害。在网络时代，这种情况更加突出。2008 年以来发生的“天价帐篷”事件、“万元饭局”事件以及“郭美美”事件，对中国红十字会组织和红十字事业产生了巨大冲击和严重的负面影响，进一步凸显了中国红十字事业和红十字会组织尽快完成转型的紧迫性。

必须指出，中国红十字事业和红十字会组织的转型具有独特性。与其他公益慈善事业和从事公益慈善事业的社会组织相比，红十字事业和红十字会组织与政府的关系更加紧密。红十字会和红新月会国际联合会的章程明确规定，国家红十字会是政府的助手；其《2010战略》和《2020战略》也不断强调，国家红十字会要做好政府在人道工作领域的助手。因此，中国红十字事业和红十字会组织的转型并不意味着完全切断其与政府的联系，转变为一个纯民间组织；中国红十字事业是一项受到政府扶持的社会事业，中国红十字会组织是一个政府直接联系并受到政府支持的社会组织。政府应当大力扶持红十字事业，支持红十字会组织，为红十字事业和红十字会组织的健康发展创造有利条件；红十字会组织应当竭尽全力发展红十字事业，为国家分忧，为社会解难，争取政府和社会的更多支持。

三　新时期中国红十字会的使命和主要职责

我国经济社会的长期持续快速发展，对中国红十字事业发展提出了新的现实要求。中国红十字会组织是中国红十字事业发展的组织依托，需要不断深化对自身使命和主要职责的认识，在党和政府的领导和全社会的大力支持下，加大组织建设、队伍建设、制度建设和能力建设的力度，扩展和延伸行动领域，更好地为中国特色社会主义建设事业服务。

（一）贯彻落实科学发展观，深化和丰富对中国红十字事业发展的时代使命的认识

红十字事业是人道主义事业，这是国际红十字运动发展伊始即已确立的基本定位，也是国际和各国红十字会组织始终坚持的使命

追求。国际红十字运动所从事的事业从战场人道主义救护起步，随着人类社会的发展而不断拓宽和深化，特别是和平时期在行动目标、领域和使命担当方面。从国际上看，第二次世界大战以后，欧美主要资本主义国家仍然不时发动一些局部战争，使得这些国家的红十字会组织继续花费很大精力来履行其战场人道主义救护职责，并在军队中广泛开展红十字活动。例如，救护战争中受伤的士兵和其他受害者，帮助军人与他们的家人建立联系，仍然是美国红十字会组织的四大工作领域之一。但总的来说，随着第二次世界大战结束，国际红十字事业越来越多地转向和平时期的人道主义工作，包括救灾、社会弱势群体救助、健康与护理、社区发展、青少年工作以及红十字精神的宣传和传播。红十字和红新月国际联合会《2020战略》提出三项战略，一是挽救生命、保护生计、加强灾害与危机恢复能力；二是创造健康与安全的生活；三是提倡社会包容和非暴力、和平的文化。这三项战略很好地概括了当代红十字运动对自身使命和任务的认识的拓展和深化。总的来说，国际红十字运动对自身使命的理解，具有时代性、现实性和发展性。

中国红十字事业总体上也是沿着这样的方向发展的，其对自身使命的理解不断深化，行动领域不断拓宽，除了积极开展灾害救助和挽救生命的工作外，行动的触角不断向其他领域延伸，包括以改善和保障民生为重点的社会建设领域，以及以建设社会主义核心价值观为重点的文化建设领域。但是，也存在一些认识上的分歧，并且这种分歧也影响着红十字会组织对自身主要职责的认识。在实地调研过程中，不少地方红十字会组织的工作人员和负责人认为，现阶段我国红十字会组织的主要职责不清晰不合理，目标人群也不明确，不像共青团、妇联、工会、残联等人民团体那样有自己特定的服务对象，不利于红十字会组织有针对性地开展工作。这种看法的形成，表明其对红十字事业的历史和发展趋势把握不够全面，对红十字会组织使命担当的演进变化认识不够充分，对红十字会组织自身独特性的理解也有待加深。

红十字会组织是一种公益型社会组织，而不是互益型社团组织。互益型社团组织是某一特定社会群体联合起来表达和维护自身权益、进行自我服务和自我管理的团体，公益型社会组织是以推进公共利益和社会福祉为目的的组织，其宗旨就是基于自身能力帮助那些需要帮助的人，而且，在当代社会，"助人自助"而不是简单的救济，正在日益成为公益型社会组织开展公益慈善活动的目标方向，追求不仅"授人以鱼"、而且"授人以渔"的双重实效。用红十字和红新月国际联合会《2010 战略》的话说，就是要在直接救助处于紧急情形而需要外力救济的人们的同时，致力于帮助那些易受损害群体和弱势群体减少导致他们易受损害和弱势的条件和原因（包括个人原因和社会原因），帮助他们自立自强，脱困脱贫，更好地发展。

红十字会组织作为一个公益型慈善组织，有其传统的行动领域，这就是始终把战场救护和灾害救助作为其人道主义行动的基本工作，在这些工作中，服务对象是明确的。但是，自然灾害和战争并不是人类时刻面临的直接挑战，和平时期的社会发展对公益型社会组织提出了更多的要求，公益型社会组织必须根据现实需要确定和调整其行动战略和工作领域。红十字会组织也具有一般公益型社会组织的特征。对于红十字会组织来说，重要的是紧紧抓住红十字事业的宗旨，不断深化对自身使命的时代性、现实性和发展性的理解；紧紧跟上现实社会需要的变化，不断开阔视野和思路，开辟更多的既反映人民群众要求又符合红十字运动的根本宗旨和使命追求的行动领域，积极寻找红十字事业和红十字会组织发展的新契机和新生长点。红十字会组织还要承担政府委托或特殊交办的工作，如动员无偿献血、造血干细胞捐献、人体器官捐献，开展国际人道援助和民间外交等，这些特定工作是红十字会组织的特殊使命所在，但它们同样具有一般公益慈善性质，这些工作做得好，对促进我国社会建设和文化建设具有重要意义。

概括地说，在现阶段，中国红十字会组织的核心使命和根本职责就是，贯彻落实科学发展观，坚持以人为本，秉承国际红十字运动的宗旨，通过大力发展红十字事业以及在全社会传播人道主义精神，促进以保障和改善民生为重点的社会建设，促进以社会主义核心价值体系建设为中心的文化建设。在红十字会组织的能力范围之内，任何符合这一使命要求的公益慈善活动都是红十字事业发展所需要的，都有助于红十字事业的发展。保持红十字事业的特色，拓宽红十字会组织参与社会管理和服务的范围，可以甚或应当成为中国红十字会作为中国目前规模最大、体系最完整的公益慈善社会组织的行动纲领。应当强调的是，红十字会组织拓展行动领域要以履行好主要职责为前提，以自身实际能力为基础，以社会最现实、最迫切的需求为重点。

（二）围绕红十字使命，努力履行主要职能

红十字会组织主要职责的界定，从世界各国各地区红十字会组织的实践看，存在一定的差异，究其原因，既有各国各地区红十字会组织的发展路径特色的影响，也有各国各地区社会需求发展变化的影响。同时，不难发现，各国各地区红十字会组织都有着共通的主要工作领域，可以将其视为各国各地区红十字会共同履行的主要职责。中国红十字会各级组织，在履行职责的过程中，既要突出重点，也要根据各地重大的现实社会需求开展工作，打造特色。

1. 全力做好救灾备灾工作

在世界上的许多国家，一旦发生自然灾害，包括红十字会在内的社会组织，往往都是第一时间进入灾区实施救援和救助的，在灾害发生初期，其作用甚至超过当地政府。与此不同，中国政府具备几乎任何其他国家政府都不可比拟的强大动员和救灾能力，因而成为任何一次救灾行动的主体力量。包括中国红十字会组织在内的社会公益慈善组织作用的发挥受到一定程度的制约。尽管如此，中国社会公益慈善组织在救灾工作中的作用仍然不容忽视。在汶川地震、舟曲泥石流以及玉树地震发生后，中国红十字会都在第一时间

向全国开展劝募，在第一时间进入灾区开展救援工作，并且成为中国募集资源最多、救援成就最大的社会公益慈善组织，赢得了社会的赞誉。实际上，参与汶川地震救灾行动还极大地提升了中国红十字会组织的社会知名度。在实地调研过程中，许多被访者，包括政府官员和普通民众，都是在汶川地震时才知道红十字会这个组织的，还有一部分被访者声称，在地震前也知道红十字会，但并不知道红十字会是干什么的，汶川大地震则让他们加深了对红十字会的了解。许多地方红十字会工作人员对此也深有感触。

中国自然灾害频繁，红十字会可以有更多作为。但在无自然灾害的情况下，红十字会组织的救灾工作以备灾为重点。从实地调研和国际经验来看，备灾工作重点至少包括三个方面，一是救灾物资的募集、清理、储存和管理；二是救灾志愿者的队伍和能力建设；三是救灾知识和能力的社会普及和培训。这三个工作重点包含两个要求，前两个工作重点是对红十字会组织的救灾能力建设的要求，第三个重点是对提升民众自救能力的要求。课题组的实地调研情况表明，救灾物资募集、清理、储存和管理工作受到地方红十字会组织的普遍强调和重视，不少地方红十字会都保有一定数量的救灾物资，有的还设立了救灾基金。在灾害救援志愿者队伍和能力建设以及救灾知识和能力的社会普及和培训方面，北京市红十字会有比较成功的经验，成立了“999”救援队，并与民间救援组织“蓝天救援队”合作（将其命名为“北京市红十字应急辅助队”），在汶川大地震时协同开展了应对地震灾害综合演练，有效增强了实战能力。各区县红十字会成立“应急辅助队”40支。2010年，北京市红十字会在部分市民和学校开展自救互救技能比赛和避险逃生演练，在广大青少年中发放急救手册，进一步增强公众防灾应急能力（韩陆，2010）。

但是，课题组在实地调研过程中发现，红十字会组织的救灾备灾工作还面临不少问题和困难。在救灾方面，反映最多的问题是，红十字会组织的救灾行动往往要与政府的救灾工作捆绑进行，难以独立开展。最突出的表现是，2010 年青海发生玉树地震时，政府甚至要求红十字会等社会公益慈善组织将募集的善款纳入政府救灾专用账户，由其统一调配使用，后经中国红十字会总会和中国慈善总会努力争取，这两大公益慈善组织才可以独立调配使用募集资源开展救灾工作，其他社会组织和机构募集的资金仍需集中于政府之手。除此之外，红十字会的救灾行动往往被淹没在政府的救灾项目之中，一些公共设施重建项目即使有红十字会组织的投入，也难以明确标记红十字会组织的贡献，也就是公众的公益慈善行为的贡献，一些受益人甚至分不清政府救助与包括红十字会组织在内的公益慈善组织的救助，往往笼统地称之为“上面给的”（所谓“上面给的”，在中国的政治文化语境中，也就是“政府给的”）救助。这种情形对包括红十字会组织在内的公益慈善组织的发展是很不利的，既可能伤害公众的捐赠积极性，也可能伤害公益慈善组织的社会公信力——例如导致公众“看不见”他们支撑的公益慈善组织的具体作为。一个例外是在汶川县，我们看到，接受香港红十字会救助的受灾户重建住房时，在明显位置标记了红十字标志和“香港红十字会援建”字样，尽管他们的重建资金中只有少部分来自香港红十字会，但不做这种标记，就得不到香港红十字会的善款。

在备灾方面，各地各级红十字会也面临不少困难，其中反映最多的是备灾仓库不足的问题。一些地方红十字会组织的备灾仓库容量小，备灾物资存放空间不够；一些地方红十字会组织没有自己的备灾仓库，只能借用；还有一些地方红十字会组织暂时还没有备灾仓库。一般来说，省级红十字会组织的备灾能力最强、条件最好，县级红十字会的备灾能力最弱、条件最差，地市级红十字会的备灾能力和条件居中，这反映了我国的政治—行政体制特征对红十字会组织备灾能力和条件的影响。在救灾志愿者的队伍和能力建设方面，许多地方红十字会组织的相关工作与现实要求的差距就更为明显了，除了灾害实际发生时有一些临时的简易培训外，平时的培训基本上不存在，以致许多志愿者到灾区后根本不知道做什么和怎么做。况且，大多数地方红十字会组织没有自己的志愿者救援队伍。在救灾应急知识和能力的社会普及和培训方面，一般都是政府在主持。在发生过像地震这样的灾害的地方，政府也有在民众中普及相关知识、培训相应能力的动力和积极性。但在大多数地方，政府的相关工作并不到位，虽然近年来普遍开始建立灾害和公共事件应急体系，但往往限于体制内运作，在社会层面缺少普及性工作。总的来说，公众的相关知识和能力不足是普遍存在的问题，有些在公众中自发流传的东西甚至可能似是而非，亟须红十字会这样的社会组织开展救灾应急知识普及和救灾应急能力培训来填补空白。相对而言，包括红十字会组织在内的社会组织在这方面开展的工作也是有限的。除少数地方外，地方红十字会组织一般还没有明确意识到此项工作的重要性以及与备灾工作的相关性，多数把备灾工作简单地理解为救灾款物的募集、储存和管理，即使是在这个方面，就红十字会组织自身来说，也还存在不足。特别是在自然灾害发生时，社会捐赠物资急剧增加，数量大，品类多，新旧成色不一，接收、记录、清理和存放等工作量巨大，红十字会靠自身能力难以应付，工作人员疲惫不堪，志愿者参与不够又缺少训练，难免造成一些疏漏舛误，引发公众不满。这种情况在汶川地震时并不少见。

救灾备灾是红十字会的基本职责和职能之一，对此，整个红十字会组织体系都已经非常认同非常熟悉，但要把这项工作做好、做精、做全面、做细致，还需付出很大的努力，既需要红十字会组织相关基础工作的进一步加强和深化，特别要加强相关工作的规范化和以志愿者为依托的救灾队伍专业化建设，同时也需要国家制度安排和政策层面的创新。

在国家制度和政策层面，主要应在以下两个方面加快创新。

第一，将包括红十字会组织在内的社会公益慈善组织的救灾参与制度化。政府掌握着强大的公共救灾力量、权威的协调能力以及充分的公共救灾资源，政府是救灾的主体力量，其主导地位不可动摇。在此基础上，要创新救灾力量和资源的动员体制和投入体制，逐步实现政府与社会公益慈善组织之间的适度分工合作。政府主要负责公共救灾力量和资源的动员和投入，社会救灾力量和资源的动员和投入职责则主要由社会公益慈善组织承担，政府对社会公益慈善组织的救灾工作承担领导和协调之责。必须充分认识到，在现代社会，在发生突发性公共事件时，政府固然有责任发出社会动员号召，但把社会力量和资源的使用纳入政府行动范围的做法，越来越难以得到社会的认同，反倒会引发社会的质疑和批评，一旦出现任何疏漏，就会导致社会对政府的信任严重滑坡。玉树地震后青海省政府要求全国社会组织将其募集的善款汇缴到青海省财政厅账户，由省政府统筹使用，立时引发社会舆论的广泛抨击，就是关于这种传统做法已经行不通的一个再明确不过的信号。毕竟，政治国家与公民社会完全一体化的时代已经过去。在国际上，政府通常既不会要求社会公益慈善组织将其募集的社会资源汇缴给政府财政，也不会动员公众为了救灾之类事务向政府直接捐款，相反，政府要向社会公益慈善组织提供两个方面的支持，一是对社会捐赠落实各种合理的税费减免激励措施；二是向社会组织提供公共资源（包括拨款），例如，在美国非营利组织的年度收入中，30%左右来自政府拨款（王劲颖、沈东亮、屈涛，2011），在发达国家中，这一比例还是比较低的。

第二，在救灾行动中，相关制度安排应当赋予包括红十字会在内的社会组织的参与以一定程度的独立性，避免政府说不清社会捐赠的用途，捐赠者看不清捐赠的去向，受益者分不清救助的来源，最终伤害公众的慈善意识和捐赠积极性。包括红十字会在内的社会公益慈善组织，在政府的主导和协调下，独立参与救灾和其他各种社会救助工作，这是世界上许多国家促进社会公益慈善事业发展的基本体制和机制。例如，美国国家应急预案把联邦各部门和机构与美国红十字会组合成紧急事件支援小组（ESF），提供规划、支援、资源、计划执行以及全国性事件期间可能最需要的应急服务；在联邦的整个应急反应体系中，红十字会被列入相关政府部门序列，是参与应急行动的中坚力量之一。在许多国家，灾后救助和恢复重建的许多工作都由社会公益慈善组织独立承担。中国在这方面还有较大的制度和政策创新空间。国务院办公厅2004年印发的《省（区、市）人民政府突发公共事件总体应急预案框架指南》提到要“充分发挥……公益团体和志愿者队伍等社会力量的作用”，但并未对公益团体的实际职能给出明确界定。2007年发布的《国家突发公共事件总体应急预案》在工作原则部分最后提到“充分动员和发挥……社会团体和志愿者队伍的作用”；另在医疗卫生保障部分提到“必要时，组织动员红十字会等社会卫生力量参与医疗卫生救助工作”。显然，这些说法都只是附带提及社会组织而已，至于它们究竟如何行动，同样没有任何明确规范。科学合理的做法是，真正建立起党委领导、政府负责、社会协同、公民参与的体制机制。社会协同和公民参与，不等于政府直接归并社会和公民的力量，而是政府与社会分工合作，各尽其能，协调行动。社会力量的动员和参与，不是“必要时”的补充，相反，在可能的情况下都要调动社会力量充分发挥作用，这是培育社会自我管理和服务的意识和能力的良好契机。当然，社会组织数量众多，在救灾和灾后恢复重建过程中，客观条件可能并不允许它们各自独立行动，在这种情况下，应当引导那些规模较大、力量较强的枢纽型社会组织发挥整合作用，推动广大社会组织联合起来协调行动。就红十字会组织而言，我们有必要学习美国的经验，在应急预案框架中更加明确地界定红十字会的职能和责任，使其成为连接社会与政府的桥梁和纽带，并且能够独当一面履行职责，发挥作用，同时还可以赋予红十字会组织在自愿基础上整合和联合其他社会组织共同行动的权能。相比于其他社会组织，红十字会具有发挥这种桥梁纽带和整合作用的法律优势和组织优势，这是许多其他社会组织所无法比拟的。

2. 大力推动血液、非血缘关系骨髓和人体器官捐献

通过推动献血、造血干细胞捐献和人体器官捐献来拯救生命，是红十字运动的根本宗旨所规定的任务。世界上所有国家和地区的红十字会组织都将这项工作视为其基本职责之一。中国红十字会组织也不例外。1998年《中华人民共和国献血法》正式实施以来，全国自愿无偿献血占临床用血的比例已从1998年的5%左右，上升到2009年的99%以上，采血量也从《中华人民共和国献血法》实施前的800余吨上升到2009年的3600吨，献血人次超过1100万。在推动公民无偿献血的过程中，中国红十字会组织做了大量工作，主要是广泛的社会宣传工作，以及与各地中心血站配合开展现场动员。

非血缘关系骨髓捐献关系到造血干细胞移植，后者是治疗白血病、拯救白血病患者生命的最后手段。1992年，经卫生部同意，中国红十字会本着“人道、博爱、奉献”的红十字精神牵头成立了中国非血缘关系骨髓移植供者工作领导小组，建立了中华骨髓库，并开始进行供者的报名登记及HLA配型检测等工作。建立中华骨髓库的工作得到了社会的广泛关注和支持。中国红十字会总会在社会宣传、组织供者、检测分型等方面积极开展工作，成立6个协作组，由红十字会和协作组所在地选定的实验室分别担负宣传招募供者和配型检测工作。几年来，经过努力，各地共积累了2万余份供者的HLA检测数据资料。截至2011年7月31日，通过中华骨髓库捐献的造血干细胞达2312例，患者查询和申请21284人。

人体器官移植也是救死扶伤的重要措施。从器官移植手术总量看，中国已经成为世界上仅次于美国的第二大器官移植手术国家。但是，人体器官移植手术所使用的器官，绝大多数是有偿购买得来的，这在一方面阻碍了家庭经济条件承担不起此项费用的患者获得移植治疗的机会，另一方面也催生了地下人体器官市场的产生，造成了严重社会问题，引发了相关犯罪活动。推动人体器官捐献，不仅是救助易受损群体的人道主义精神的体现，也是促进社会和谐稳定的需要。2010年3月，卫生部与中国红十字会联合召开全国人体器官捐献试点工作启动会，正式发布了《人体器官捐献试点工作方案》，宣布在天津、辽宁、上海、浙江、广东等10个省市首先启动人体器官捐献宣传、动员和器官分配试点工作。试点启动以来，在中国红十字会各级组织的推动下，人体器官捐献试点实现器官捐献数百例，这是一个良好的开端。

与社会的现实需求相比，目前中国的血液产品、造血干细胞和人体器官的供给远远不够。从献血方面看，随着我国人民群众健康需求逐步提高，医疗技术不断发展，近几年临床用血需求量以10% ~15%的速度快速增长，而采血量的增幅却低得多，主要原因在于中国人志愿献血率低，仅为0.84%，远低于发达国家和中等收入国家的水平。在造血干细胞方面，根据流行病学调查，中国人口中的白血病发病率达到0.03%，每年新增白血病人约3万人。但志愿捐赠骨髓者少，远不能满足实际需要。全国目前还只有2万多个志愿捐献者，占全国总人口的比例不到0.002%；而据有关资料统计，中国台湾地区骨髓库征集志愿捐髓者有近20万人，占其人口总数的1%；美国联邦骨髓库征集的志愿捐髓者有300万人之多，在其总人口中所占比例也达到1%左右。人体器官捐赠方面的情况也不容乐观。据统计，中国每年约有150万病人需要器官移植，但每年仅有约1万病人能够获得器官移植机会。在美国，等待器官移植手术的病患与器官捐献者之比为5∶1，在英国，该比率为3∶1；而在中国，该比率高达150∶1。

中国在献血、骨髓和人体器官捐赠方面所面临的严峻形势，公众捐献行动的不普及、不积极，既具有中国经济社会发展阶段的特征，也与相关制度和政策不完善相关。公众对献血和捐献骨髓存在认识误区，担心捐献会影响自身健康，在实地调研中，不少骨髓捐赠者都提到，在他们决心捐赠的过程中，家人和亲友不理解、不支持甚至以各种方式劝阻，是他们需要面对和解决的最主要难题；对捐赠人体器官有抵触情绪，认为人死就要入土为安；医疗卫生机构使用捐献的血液、骨髓和人体器官时发生的费用不透明不公开，公众不理解病患在接受他们无偿捐献的血液、骨髓或人体器官时为什么还要支付费用，在部分媒体推波助澜的曲解报道影响下甚至对医疗机构“有偿使用”无偿捐献表示愤慨。从国家政策方面来说，对捐献者的鼓励仍然缺乏足够有效的安排。2009年国家卫生部颁布《全国无偿献血表彰奖励办法（2009年修订）》，对无偿献血达到一定次数者给予无偿献血奉献奖以资奖励，但整个奖励办法的诸多条款均未提到任何实质性的奖励措施。对规范公众捐献的血液、骨髓和器官之使用的制度和政策，也还有进一步完善的空间，需要进一步强化其公开性和透明性，强化对个别利用公众捐献不当牟利的医疗卫生机构的惩处，毕竟，献血和捐赠骨髓、器官，都是社会公益慈善行为，不是市场化的经营行为，绝不能容许任何利用公众捐献的血液、骨髓和器官本身牟利的行为。

在这种形势下，中国红十字会组织有着很大的行动空间，担负着艰巨的责任，而且红十字会组织的这种角色是任何其他社会组织都不能替代的。

一方面，红十字会组织要加大宣传力度，在全社会普及有关献血、捐赠骨髓的知识，消除公众的误解和恐惧；宣传人体器官捐献的社会价值，破除一些不合时宜的传统观念。从实地调研情况看，目前各地红十字会比较常用的宣传手段主要是在公共场所张挂鼓励性、动员性的宣传标语、横幅，显得不够深入具体。应该看到，在现阶段，比这种一般化的宣传更重要的是向公众提供相关知识。为此，可以考虑采取这样一些措施：①加强与各地血站合作，在街头采血现场进行宣传动员，向路人发放简要知识手册；②利用节假日，在公园、广场、图书馆、展览馆等公共场合组织相关知识讲座；③设置流动宣传车，定期或不定期地进行各种移动宣传；④宣传进社区、进学校，开展相关知识扫盲行动，例如，在社区和学校开展一些比较隆重的宣传活动，在社区委员会办公场所和学校图书馆放置一定数量的知识手册，基层红十字会工作人员积极认真接受居民和师生的咨询，让大多数社区居民和学校师生对献血、捐赠骨髓和器官的意义和知识有科学的理解和深刻的记忆。各地还可以根据本地实际，不断创新宣传动员的有效形式和方法。

另一方面，对于积极参与志愿无偿捐献的捐献者，给予细致的人道关怀和适度的实际奖励。例如，红十字会组织在国际红十字会日对获得无偿献血奉献铜奖及以上奖项者、骨髓和器官捐赠者寄送一封感谢信，年终对他们（主要是器官捐献者）或他们的家人进行慰问。红十字会组织设立自己的相关奖项，对于凡是通过红十字会无偿献血、捐赠骨髓和器官者进行奖励，既要有物质的内容，更要高度重视精神鼓励，包括举行隆重的颁奖仪式，将获奖者的情况通报其工作单位和所在社区、学校，邀请媒体广泛宣传，让获奖者成为社会标杆，赢得社会声誉，受到社会尊重。对地方社会来说，让这样的人成为公益慈善事业的标杆，其社会效果比聘请演艺明星担任所谓形象大使、形象代言人的效果更好、更实在。在实地调研时，一些参加调研座谈会的捐赠者和受益人对此深有感触，也颇有期盼。他们认为，对捐赠者的奖励不仅仅是对他们个人的奖励，而且也是最有效的社会动员方式之一。捐赠者中的一部分人原本得不到家人和亲友的支持，周围也不乏嗤之以鼻的人，但由于当地红十字会的鼓励，更由于他们所在单位的奖励，他们后来都赢得了家人的肯定和社会的尊重，他们自己也变成了红十字事业的义务宣传员。

红十字会组织要更好地推动献血和骨髓、器官捐献工作，需要进行一些制度和政策创新。

（1）党委政府高度重视是这项红十字事业能够更好更快地发展的重要因素。例如，中国骨髓库江苏省分库自 2002 年启动以来，得到省委、省政府的高度重视和社会各界的大力支持，目前已有 9.5 万多名入库志愿者，志愿者中人数最多的是医务工作者，占 1/4，其次是教师、公务员、企事业单位员工。从 2002 年建库到 2008 年 4 月，江苏省用 6 年时间实现 100 例捐献，2008 年至 2011 年，用 3 年的时间完成了第二个 100 例捐献，捐献速度不断加快。

（2）进一步明确血液、骨髓和器官的捐献和使用的公益慈善性质，建立健全公开、透明机制，尤其是使用过程中发生的由受益人支付的费用产生情况特别需要向社会公开，接受政府监管和社会监督，消除社会的疑虑。这项工作既涉及红十字会组织，也涉及医疗卫生部门。使用的公开化和透明化，有助于提升公众的信任度和参与捐献的积极性。

（3）国家有关部门建立更加有效的社会动员机制。例如，在美国，汽车驾驶执照审批机构有责任询问和记录申请驾照者捐赠遗体和器官的意愿，对于愿意捐赠者，在其驾照上印出特殊标记。另外，虽然国家强调无偿捐献，但对于实际捐献的人，仍然应当给予适当的鼓励和奖励，卫生部关于对无偿献血达到一定次数进行奖励的办法，应当有实质性的内涵，不仅要为社会树立标杆，也要给予他们实际的关怀。

（4）加大对红十字会组织相关宣传动员工作的财政支持力度。目前，红十字会组织主要承担宣传和动员的职责，而不直接开展血液、骨髓和器官的采集与使用业务，这导致红十字会组织无法通过血产品的加工处理获得一定的收益，从而支持其宣传动员工作。课题组在某省实地调研时，一些地方红十字会反映，为了配合当地中心血站动员公众无偿献血，他们派出工作人员和志愿者，在血站的采血现场张挂横幅，发放印刷宣传品，接待公众咨询，帮助办理献血手续，耗费不少人力物力财力，使得本来就捉襟见肘的红十字会运作经费更加紧张，这就影响了红十字会进行宣传动员的积极性；红十字会为之服务的中心血站其实是有一笔宣传动员经费的，但从未对红十字会的投入给予补偿。这表明，在两者之间存在着资源配置不合理的问题。要解决这个问题，有三种办法可供选择。一是像美国那样，红十字会组织直接开展采血业务，通过血产品加工处理获得一定的收益，支持红十字会的工作。在美国，红十字会提供了全国48%的血产品，血产品收益构成红十字会收入的重要来源。二是红十字会从募集的善款中提取一定比例，用来补偿其运作经费的不足。三是考虑在政府的年度卫生事业费预算中纳入红十字会开展献血、骨髓和器官捐赠宣传动员工作所需要的运作经费，使其得到有效的财政保障。从中国国情来看，搬用美国模式不现实，从善款中提取一定比例的做法目前也行不通，因此，政府财政加大对红十字会的宣传动员工作的专项支持力度，在目前是势在必行的。

3. 广泛开展应急救护培训和初级卫生知识普及工作

应急救护培训和初级卫生知识普及，是各国红十字会组织普遍开展的一项传统工作，也是红十字系统融入政府应急工作体系的优势业务。《红十字会法》明确规定，普及卫生救护和防病知识，进行初级卫生救护培训，组织群众参加现场救护，是各级红十字会应该履行的职责。多年来，各级红十字会深入各个行业、社区、乡镇，积极开展救护员和群众救护知识普及与培训，并组织红十字救护员参与汶川地震等自然灾害救援和奥运会、亚运会等重大活动服务，在保障群众健康与安全方面发挥了重要作用。进入 21 世纪以后，尤其是近几年来，培训工作进入快速发展阶段。据统计，2008～2010 年，全国共培训救护师 99831 人次，培训红十字救护员 1038 万人次，普及卫生防病和救护知识 4800 万人次。

中国红十字会的应急培训和初级卫生知识普及工作是卓有成效的，但与中国社会的现实需要相比，还有很大的距离。中国人口众多，自然灾害频发，突发事件和安全生产形势十分严峻。据统计，2010 年，全国发生交通事故约 22 万起，伤亡近 32 万人；发生火灾 13.2 万起，因火灾而伤亡的有 1681 人。提高安全意识、消除安全隐患是预防和减少事故发生的关键；而提高人民群众的应急救护能力是在这类事故发生时减少生命财产损失的关键。另外，据北京大学中国社会调查中心调查，目前城乡居民半年内患病一次以上的被调查者所占比例达到 32.2%；同时，该项调查表明，60.2% 的人在生病时选择自己处理，还有 2.1% 的人不采取任何措施等病慢慢好（北京大学中国社会调查中心，2011）。这意味着，有超过1/3的人生病时是自己处理的或不处理的，其中蕴含着巨大的风险：如果他们欠缺基本的医疗卫生知识，就可能处理不当，延误病情，小病变成大病。在这种情况下，在全社会普及基本医疗卫生知识，增强人们应对日常小病的能力，是一项十分重要的工作。目前，综合各地红十字会的统计数据，全国应急安全教育和培训的普及率为7%～8%。而发达国家的这一普及率远比中国高。例如，据考察，法国应急救护培训普及率为40%，德国为80%，在美国，仅接受心肺复苏技术培训者就有7000万人，接近全美总人口的1/3（刘凌宇，2011）。

影响中国红十字会应急救护培训和初级卫生知识普及工作的因素有很多。从本课题组的调查和国内相关学者的研究结果来看，存在的主要问题包括：相关法律保障不力，各级政府支持不够，部门之间缺乏协调；红十字会培训机构设置不规范，师资力量成分复杂，素质不过硬，培训工作标准不一致，运行机制不灵活，运行方式无特色；有偿培训项目收费标准不统一，各地差异较大，国家缺少必要规范，社会质疑较多；社会宣传不够广泛，培训和知识普及工作深入社会基层不够，通常依赖于固定场地开展有偿培训，与社区建设工作有机结合不够，等等。这些问题是影响中国社会应急救护培训和初级卫生知识普及工作的主要因素。要做好应急救护培训和初级卫生知识普及工作，必须进一步加强、完善和创新相关制度和机制。

（1）完善相关法律体系，提高政府支持力度，增进部门之间的协调。

《红十字会法》把“普及卫生救护和防病知识，进行初级卫生救护培训，组织群众参加现场救护”规定为各级红十字会应该履行的职责，但从救护培训方面来说，法律对于培训对象没有任何强制性规定，因而社会各界参加培训成为一种志愿性行为。一些地方的红十字会为了推进培训工作，与部分行业主管部门合作，要求特定人群必须接受应急培训，例如把接受培训作为领取机动车驾照的前置条件。但是这种强制并没有法律上的依据，容易引发社会质疑。因接受红十字会提供的救护培训而获得的相关证书，也没有法律上的权威性。从政府支持方面来说，关于红十字会作为救护培训主体的定位、红十字会培训机构的管理属性以及工作经费安排等，都没有明确和统一的规定。目前中国社会救护培训主体多元，除了红十字会之外，一些医院、急救中心以及部分并不具备资质的民间机构都在参与救护培训，某些行业和部门甚至自行组织相关培训及考核，这些主体之间缺乏整合，也没有统一的考核标准和考核机构，导致培训工作在一定程度上出现混乱，培训质量参差不齐，红十字会的培训工作因此面临种种挑战和难题。对于红十字会培训机构设置的管理属性，也没有统一的规定，在一些省份属于规范管理的事业单位，在一些省份属于差额拨款单位，在大多数市、县属于自收自支单位，还有的地方红十字会没有专门的培训机构。对于红十字会救护培训的工作经费问题，政府也没有规范化的制度安排，没有标准、没有依据，不同层级和不同地区红十字会差异巨大，是目前红十字会救护培训工作经费问题的突出表现。从部门协调方面看，一些部门对红十字会的救护培训工作的态度不积极，有的甚至采取拒绝的态度。这是因为一方面国家对社会应急救护培训工作不够重视，影响相关部门和单位对培训的态度，对培训工作的必要性和紧迫性缺乏认识，配合工作的积极性不高，有的强势部门和机构甚至对红十字会的培训工作带有抵触情绪。另一方面，一些部门和机构出于维护本部门或系统的利益的考虑，不希望包括红十字会在内的其他培训主体介入本系统的培训工作。此外，一些部门和机构认为，红十字会的救护培训缺少权威性，其所发放的“急救员”证与本部门或机构关联不大，不能作为本系统相关人员考评、上岗的依据。而部门协调问题之所以会出现，关键原因还是法律规范和政府支持两个方面的问题的存在。

针对这些问题，为了更好地推进中国社会救护培训工作取得进展和实实在在的成效，首先要对相关法律进行完善，在赋予红十字会进行初级卫生知识普及和救护培训的职责的同时，还要赋予红十字会在全国社会性救护培训体系中的权威性地位，使其成为此项工作的主导性组织，并负责制定全国统一的培训师资标准、培训工作标准、培训考核办法、培训证书颁发等行业规范，明确红十字会是全国唯一有资格颁发《急救员证书》的机构，社会其他培训主体聘用的培训师资应当持有红十字会颁发的急救培训合格证，以确保培训质量。法律上还要明确，一些特殊行业和职业，包括公安、交通、消防、城管、铁路、民航、旅游、质监、矿山、建筑等与人民生命健康和安全生产密切相关的行业和部门，必须让相关工作人员接受救护培训并获得相关证书。

其次，政府要明确红十字会作为救护培训和初级卫生知识普及的主导组织的定位，把红十字会主导的救护培训工作纳入国家应急体系建设范围，把初级卫生知识普及工作纳入国家卫生防疫工作体系范围。要明确红十字会培训机构的管理属性。在这个问题上，无非有三种选择，一是全额财政拨款的事业单位，二是差额拨款的事业单位，三是自收自支的单位。按照国家关于事业单位改革的总方针，自收自支的单位实际上将被归入营利型经济组织范畴，但是救护培训和初级卫生知识普及工作是社会公益事业，实在不宜归类为营利性的经营领域。如果定性为差额拨款的事业单位，则需要对培训机构如何筹集其不足部分经费问题做出明确规范，包括政府购买服务的方式和机制等。从简化制度安排、降低制度成本的角度考虑，将红十字会培训机构定性为规范管理、全额拨款的事业单位比较合理。省级和地市级红十字会应设立参照公务员制度管理的卫生应急救护培训机构或培训指导机构，县级红十字会设立负责具体培训事务的事业单位。

解决了上述两个方面的问题，部门间协调的问题也就迎刃而解了。当然，红十字会应当主动与相关部门沟通，宣传救护培训的必要性和重要性，提供相关服务。相关部门或单位无论是否从红十字会寻求培训服务，都不能降低标准，尤其要杜绝只收费不培训的现象出现。

（2）规范培训机构设置和师资配备，统一培训工作标准，创新培训工作运行机制。

统一培训机构名称，规范培训机构职能，明确培训机构任务。目前，中国红十字会培训机构的设置不一致，管理不规范。各省级红十字会的内部机构设置与总会机构设置差距较大，广泛存在名称不统一、任务不明确、职能不规范等现象和问题。当然，要求各级红十字会内设机构一一对应也是不现实的，市、县级红十字会普遍存在编制规模小、人员少的问题，也不可能完全照抄总会和省级红十字会的机构设置模式。但是，从更好地推进红十字会救护培训、普及初级卫生知识和防病知识的需要出发，凡是设置相关培训机构的，都应当统一名称；无论是否设置培训机构，凡是开展培训和知识普及业务的，其职能都要规范，任务都要明确。各地实际培训和普及工作的启动时间不同，进度不一致，任务也会不一样，但要有工作规划以及适合自身能力和本地实际的任务要求。只有职能规范，任务明确，才能实现管理的规范化。一般而言，县级红十字会培训机构主要承担救护人员培训工作，地市级红十字会应承担救护人员考核和认证工作，省级红十字会应承担县级红十字会培训机构的资质认证和考核工作。

调整培训师资结构，提高师资素质，确保培训质量。目前，红十字会应急救护师资来源于各行各业热心慈善事业的人，他们对普及现场救护知识和技能、提高全民自救、互救能力发挥了积极推动作用。但是，从培训师资的结构来看，有调查表明，退休的普通医务人员约占24%，退休教师占10%，其他离退休人员占15%，在职各类人员占48%，经验丰富的急救医学专家仅占3%左右（刘凌宇，2011）。可见，红十字救护培训师资的整体素质和水平存在很大的提高空间，其中相当大一部分人没有接受过系统的急救医学教育，应急救护经验缺乏，有的人参加过某种技能考核，但并非国家认可或符合行业标准。红十字会亟须加强培训师资队伍建设，大力宣传社会公益救护理念，吸引具有较高专业水准的医务人员参与，改善培训师资结构。对于目前参与救护培训的师资进行调查摸底，加强师资培训，不断提高他们的素质和水平。制定全国统一的培训师资资质标准，向合格培训人员颁发资格证书和/或上岗证书，做到所有培训人员都持证上岗。要逐步建立适应全国不同资质等级师资培训要求的培训体系，省级红十字会承担主任师资培训职责，地市级红十字会承担普通师资培训职责，县区级红十字会一般不承担师资培训工作，而是主要承担救护人员培训工作。

科学制订培训工作规划，统一培训工作标准，充实培训工作内容。迄今为止，各地红十字会应急救护培训机构主要根据当地政府的年度规划制订工作计划，在培训目标、对象、方法、教材及评价体系建立的选择上千差万别，没有一致的标准，无法统一衡定培训质量，在一个省市取得的资质到其他地方可能不被承认。这种状况不利于红十字应急救护培训工作的发展。随着全国救护培训事业的不断发展，有必要统一培训工作标准，规范红十字会救护培训工作。中国红十字会总会应当承担统一标准、建立规范的职责，并努力使其成为全国紧急救护培训的行业标准和规范。各地红十字会培训机构，要根据本地救护培训进程和实际需要，制订合理的培训工作规划，充实培训工作内容，注重操作实效，让每一个参加培训的人获得基本的救护知识和救护技能。在培训工作运行方式上，各地红十字会可以根据本地实际，坚持规范化与灵活性的有机统一，在培训课程编排、实施、评价和反馈等环节，从自身条件和优势出发，参照国际先进做法，吸纳用户合理要求，构建科学合理有效的流程和机制，形成红十字会救护培训品牌。

（3）加大财政支持力度，动员社会资源参与，规范培训收费标准。

目前，无论是红十字会组织的救护培训，还是社会其他培训主体开展的培训活动，大体上采取以训养训的模式筹措培训经费，对参与培训者收取一定费用，用以支付师资报酬、培训模具及其他用品购置、场地租赁以及证书制作等所需费用。各地救护培训价格不一，差距较大，从目前能够了解到的部分地方红十字会培训价格情况来看，收费标准从几十元到一百多元不等。这些收费一般都有当地物价部门或者发展改革委员会的批复文件作为依据，但也有个别地方的物价部门认为救护培训是红十字会的职责，并且是公益事业，不应当收费。近两年来，红十字会培训收费标准纷纷被媒体披露，并受到公众质疑，大多数人能够接受培训收费，但对于收费标准颇有不同看法，认为收费不透明，标准偏高。另外，一些地方出现只收费不培训的问题，特别是一些地方红十字会与交通管理部门和汽车驾校合作开展培训时，驾校负责向学员收取救护培训费，但并不提供实际培训服务；红十字会接收驾校收取的救护培训费（有的纳入财政专户），也不实际提供培训服务。这种做法引起了社会的强烈不满。总的来说，红十字会救护培训普遍面临经费不足、场地不足等瓶颈的约束，而较高的收费标准则限制了社会公众参与培训的积极性，这些不利于救护培训工作的有效开展。

要解决救护培训的经费问题，需要从多个方面着手，实现多渠道筹资。首先要区分两类培训，第一类是社会公益性救护培训，第二类是机构经营性救护或个人职业性救护的培训。对第二类救护培训，应当采取市场化的机制来实施，对其收费时按市场价执行；以救护为职业的个人获得救护培训服务时，也应按照市场价支付费用。这种培训应该有更多的内容和更高的标准，要达到专业化的水平。识别此类培训需求的机制，是所有经营性机构和场所聘用的专业救护人员必须达到专业救护所要求的知识和能力水平，并且持有专业救护资格证书。提供此类培训的机构，无论是否属于红十字会，都必须具备相应的培训资质和条件。特别需要注意的是，红十字会提供第二类培训服务所获得的收益在扣除必要成本之后，应当纳入红十字会的公益性基金，而不应当直接或间接转化为红十字会培训机构工作人员的个人收益，这是红十字会的非营利性质所规定了的。红十字会可以把提供这种培训作为一个筹资渠道。

第一类救护培训可定性为社会公益性救护培训。对此类培训，不应采用市场化机制来实施，而应主要由公共财政支持，尽可能不收费或少收费，例如限于收取急救员资格证书工本费和培训食宿费。公共财政的支持方式主要有两种。一是政府向培训机构提供直接拨款；二是政府根据社会需要向培训机构购买服务。这又涉及政府如何定位救护培训职责归属。如果政府将提供第一类培训服务的职责赋予红十字会，则理应采取直接拨款的方式给予支持。从课题组的实地调研看，地方红十字会的一些专项工作，包括救护培训工作，一般由地方政府拨付的专项工作经费支持，每年由地方红十字会提出专项经费申请，政府主管部门和领导审批，财政部门拨款。这种做法的不足之处是难以保证救护培训工作的稳定和持续开展。比较合理的做法是把救护培训工作纳入地方经济社会发展规划（或应急体系），从而将相关经费作为一个经常性的项目纳入预算加以安排。如果政府直接承担救护培训工作之责，则可以采取购买服务的方式，选择合格培训机构（包括红十字会）提供救护培训服务。从目前实际来看，救护培训工作普遍被定位为红十字会的职责，本着财、事统一的原则，政府预算规划应当纳入救护培训支出，尤其应当避免个别地方出现的一个问题，即政府一方面认为救护培训是红十字会的职责，并且认为其属于社会公益事业，另一方面既不提供足够的财政支持，又以救护培训是公益事业为由不允许收费。

除了政府加大对于第一类救护培训的财政支持之外，努力动员社会资源支持是红十字会搞好应急救护培训的重要途径。这需要红十字会培训机构大力开展社会宣传，争取社会提供定向或非定向的资源支持。尤其是前面提到的那些需要其工作人员获得救护知识和技能的部门、行业、单位和机构，应当成为红十字会动员社会资源支持的重要对象。

（4）深入社区、学校，大力普及初级卫生知识和防病知识。

普及初级卫生知识和防病知识，是红十字会的一个重要职责。如前所述，中国自然灾害频仍，让全体国民掌握危急情况下的自救和救人的基本知识和初步技能，对于拯救生命减轻伤害至关重要；同时，普通民众普遍缺少防病的基本知识，很多人即使生病也不会及时前往医疗卫生机构就诊，普及卫生知识和防病知识（包括食品安全知识等），让更多的人了解有关普通疾病的知识和处理技能，是提高国民健康水平所必需的。

红十字会在这方面有着自身的优势。要进一步充分发挥这种优势，加强初级卫生知识和防病知识的普及工作。初级卫生知识和防病知识的普及工作要深入城乡社区和学校，利用各种方式和途径，与社区工作紧密结合。各地红十字会要根据本地实际，包括灾害发生的特点、疾病发生的规律、居民饮食和卫生习惯等，在社区卫生站、各种社区活动中心、社区委员会办公场所以及各级各类学校，制作红十字卫生宣传栏，举办红十字卫生知识讲座和图片展示活动，发放红十字卫生知识手册和其他相关资料。

加强基层社区红十字组织建设，加强与社区自治组织、其他民间组织以及学校的沟通和合作，是做好此项工作的基本途径。与学校合作尤为重要，因为学校是青少年集中的地方，让他们掌握这些知识和技能，对于积极影响他们的家庭具有重要意义。据英国红十字会的资料，2010 年，该会对近 19 万名年轻人进行了人道主义相关问题的教育，其中包括食品安全教育。目前中国的食品安全问题尤为突出，国家大力从源头打击不安全食品供给行为，红十字会则可以通过相关知识的普及活动教人们学会拒绝不安全食品，为中国食品安全问题的解决做出自己的贡献。

4. 大力宣传红十字精神，推动中国慈善文化的现代转型

国际红十字运动的基本精神就是人道、博爱和奉献。宣传国际红十字运动的基本精神，对于红十字会来说始终是一项基本职责和使命。红十字会不能埋头于各项事务，而忘记了这一重大职责。离开了国际红十字运动基本精神的传播，红十字会自身生存发展的社会文化基础就不稳固。在实地调研的过程中，课题组除了看到人们对红十字会组织的不了解之情，更发现人们对红十字运动的基本精神不了解之实。进而言之，不了解红十字运动的基本精神和它所倡导的主要价值，人们对红十字会的了解也是肤浅的，对支持红十字会发展的重要性和必要性的认识就会大打折扣。这其实也是目前中国红十字会组织在生存和发展方面面临的一个瓶颈。因此，必须把红十字运动的基本精神的宣传作为红十字会一切宣传活动的重中之重。

要转变宣传理念，以宣传红十字运动的精神和价值为主。通过对红十字运动的理念和价值的宣传，让公众更加广泛更加深刻地了解红十字会组织。在实地调研过程中，课题组感到，红十字会对自身宣传工作在某种程度上存在着误区。红十字会的工作人员高度关注组织的社会知名度，抱怨社会不知道不了解红十字会组织，而公众则反映说不知道红十字会具体是干什么的，或者只是根据自己或自己了解的人们从红十字会得到的某种帮助来理解它，例如认为红十字标志的意思就是医疗，红十字会就是从事卫生、医疗、防疫工作的，至于红十字会倡导的价值则并不那么关切。因此转变宣传理念，高举人道、奉献和博爱的旗帜，是红十字会宣传工作的真正生命力所在。换句话说，这种宣传不只是为了让公众认识红十字会组织本身，而是为了让更多的人了解和理解红十字运动的宗旨和精神。

要把红十字精神的宣传与对中国传统慈善文化的继承改造相结合，致力于改造传统慈善文化。传统慈善文化包括扶贫济困、救死扶伤、乐善好施、行善积德等慈善意识和行动模式。弘扬红十字精神，宣传“人道、博爱、奉献”，要充分继承和利用传统慈善文化资源，把红十字运动的精神与我国传统慈善文化资源有机结合起来，把特殊主义的面对面慈善取向与普遍主义的现代开放慈善理念结合起来，并通过这种结合，实现对传统慈善观念的现代改造，尤其是把传统慈善中的恩赐意识改造为奉献和义务理念，推进我国社会慈善文化的现代化。通过这样的宣传教育工作，让全社会普遍认识到，在现代社会，人道并不只是对他人的简单同情，更体现了作为人的类本质，这种类本质要求我们尊重他人，分担他人的失败和痛苦；奉献并不只是对他人的施舍，更是自我社会价值的实现，这种价值实现要求我们超越自我，让他人分享自己的成功和幸福；博爱并不只是对他人表达爱心，更是自我与他人的融合，这种融合要求我们尽量消除褊狭的人我区隔，相互尊重，共同分担社会的痛苦，共同分享社会的成就，共同增进社会的福祉。正如马克思曾经说过的那样，人只有让别人幸福自己才幸福，只有让别人完美自己才完美。没有这种现代化改造，中国社会的现代慈善事业就难以真正发展起来。现阶段，相当多的人对于公益慈善组织在运作公益慈善事业的过程中发生的任何成本都不能接受，至少部分地反映了中国传统慈善文化中狭隘的特殊主义性质，曾经发生的施助者强迫受助者唱感恩歌、跳感恩舞的行为，也是这种传统慈善观的无意识呈现，它们都在不同程度上给现代公益慈善事业的发展带来了制约甚至伤害。

5. 坚持不懈地开展青少年红十字运动，为中国红十字事业的未来发展奠定良好基础

青少年红十字运动是红十字运动的重要组成部分。无论在当下还是在未来，青少年红十字运动都是红十字运动发展的基础和潜力所在。青少年是红十字会工作人员队伍的后备军，是红十字志愿者队伍的主体构成，更是红十字精神和价值的重要实践者和主要传承者。国际红十字会联合会在《2012 战略》中指出：“对青少年的特别关注，不论是今天还是将来，都是一项重要投资。”中国青少年红十字运动开展得如何，无论在当下还是在未来，都关系着中国红十字运动开展和红十字事业发展的质量和规模。从世界各国红十字运动的实践来看，青少年红十字运动都受到高度重视，青少年红十字会组织、青少年红十字志愿者组织以及红十字运动精神在青少年中的传播，都颇具声势。英国红十字会在回顾其 2010 年的工作时，把青少年教育工作作为第二项重要工作进行总结，全年有 17.84 万人接受了英国红十字会的人道主义相关问题教育。在中国，青少年红十字运动主要在学校开展，许多大专院校和中等学校都成立了红十字会。

从实践来看，中国青少年红十字运动的发展仍有很大的空间。在实地调研的过程中，课题组也发现不少亟待解决的问题，例如，对红十字运动的精神很少或没有了解的青少年仍然占大多数，对中国红十字会事业的发展状况以及红十字会组织不同于其他非营利组织的独特性（包括世界各国红十字会组织与所在国政府的独特关系）普遍缺乏正确的理解，容易为社会上出现的种种似是而非的认识甚至有害的谣言所惑；学校红十字会组织与地方红十字会组织之间的关系不密切、互动不充分，学校红十字会会员与红十字会组织的联系在学生离校之后往往缺乏持续性（即使医学卫生类学校的情况也普遍如此），学校红十字志愿者组织的主管单位不是红十字会而是其他机构或团体（如学校共青团组织），也影响着地方红十字会对学生红十字志愿资源的动员；在学校以外的青少年中开展红十字运动、传播红十字精神的工作的广度和深度都还有很大的提升空间，如何让他们中的大多数人更多地参与红十字运动，更为全面地了解和理解红十字运动的精神和中国红十字事业所具有的广泛社会价值，是值得高度重视的问题。总的来说，广大青少年的参与对红十字运动和中国红十字事业的发展是重要的，而他们对红十字运动精神的认同和对中国红十字事业的理解同样重要，甚至更加重要。在网络时代，他们的认同和理解是中国红十字事业发展的重要民意基础。2011 年夏季发生的“郭美美事件”及其严重后果充分地证明了这一点。中国各级红十字会组织应当把开展青少年红十字运动、在广大青少年中宣传和传播红十字精神当作一项经常性的工作来抓，而且要抓紧和抓好。

首先，要加强红十字会组织的统一性原则，推进学校红十字会组织建设和相关工作。在中国，各地红十字会都是地方分会和行业分会，行政上互不统属，这是中国国情所决定的。但是，按照国际红十字运动的章程，各国红十字会是一个统一的组织。这种统一性不仅体现为共同遵循红十字精神，共同为红十字弘扬人道、博爱和奉献的基本价值而努力，也应当体现为整个红十字会组织体系的内在紧密联系。从目前中国红十字会的组织体系来看，总会与地方分会之间的联系是比较紧密的，但与行业性分会的联系则相对松散，与学校红十字会系统的联系尤其如此。这种情况不利于青少年红十字运动的开展。实际上，学校红十字工作是目前中国红十字运动的一个相对薄弱的环节。如何强化红十字会组织的统一性问题，值得予以高度关注。从体制机制上说，加强中国红十字会系统与教育部门红十字系统的协调和联系是关键所在。课题组认为，基于中国国情和中国红十字会章程，目前不可能把中国红十字会总会与各分会在组织上统一起来，业务上完全统一起来也不可能，但是，加强业务上的联系，强化上级红十字会对下级红十字会的业务指导职能，仍然是十分必要的。从加强青少年学生红十字工作的需要来说，国家应当考虑出台相应政策，构建学校红十字会与中国红十字会总会和地方各级红十字会之间的强有力的业务领导关系。具体地说，要从政策上明确，中国红十字会总会承担对国家部属大专院校红十字会的业务领导职能，省级红十字会承担对省属大专院校红十字会的业务领导职能，地市级红十字会承担对地市所属学校红十字会的业务领导职能，区县级红十字会承担对辖区内中小学红十字会的业务领导职能。这一业务领导体制建立起来以后，各级红十字会要加大学校红十字工作力度，在至少中学及以上的学校普遍建立红十字会组织，开展与学校工作相适应的学校红十字工作，重点是红十字运动知识的传播、红十字精神的宣传、红十字会员和工作骨干的培训、红十字志愿者队伍的建设以及学校红十字相关活动的开展，从而推动青年学生对红十字运动的积极参与。

其次，加强中小学红十字知识、安全预防知识和自救知识普及工作，在中小学生中培育红十字精神和公共安全意识。一些地方红十字会开展了红十字知识进校园的活动，重点是红十字急救知识的推广，包括向中小学赠送《未成年人安全预防与自救》图书、《小学生安全教育常识》宣传册等，以及在中小学开展一些图片展示活动之类的宣传工作。课题组建议，全国各地各级红十字会组织将此项工作纳入红十字会职能范围，举办一些经常性的活动。同时，还要考虑争取红十字运动知识进教材、进学校。目前，全国还只有天津市将红十字运动基本知识编入九年义务教育课程，并在部分高校开设“红十字公共选修课”和讲座。中国红十字会总会应当加强与国家教育行政管理部门合作，总结推广天津市的经验；各省级红十字会结合本地实际，与本省（自治区、直辖市）教育行政管理部门合作，争取在本省（自治区、直辖市）范围内的中小学相关教材中加入红十字运动相关知识以及红十字精神相关内容。

最后，以社区红十字活动为依托，在校外青少年中开展红十字知识、红十字精神的宣传普及工作。从实地调查来看，目前，中国城乡社区红十字运动尚处于普及过程之中，相关内容还比较单一，主要是赠送读物、举办展示活动、张挂宣传横幅和标语等，缺少系统性和经常性，针对青少年的宣传教育工作尤其不多。需要结合几层红十字组织建设工作，除了开展一些一般性的宣传活动之外，还要特别针对社区青少年，研究制订系统的宣传教育规划，开展经常性的社区青少年红十字运动知识和红十字精神宣传教育工作，例如每年举办一至两次比较系统的社区青少年红十字知识讲座等。借助于这样一些经常性的活动，使红十字运动知识和红十字精神牢固植入社区青少年头脑之中。

在广大青少年中开展红十字知识普及和红十字精神教育工作，无疑需要一定的经费支持。从理论上看，可以把这项职能的履行视为公益事业，因而应当从公共财政得到经费支持。解决此项经费问题的思路，一是按照目前的模式，向政府申请专项经费；二是将红十字事业发展纳入国民经济和社会发展规划，统一筹划红十字事业发展的经费，从中列支青少年红十字工作经费。凡是政府已经把红十字事业纳入当地经济社会发展规划的地方，红十字会组织都要在制订规划过程中充分考虑青少年红十字工作的实际需要并将其纳入计划之中。

（三）弘扬红十字运动精神，不断拓展红十字事业行动领域

在上一部分，我们主要论述了红十字会的主要职能及其内涵。在课题组看来，上述五个方面构成了红十字会履行其主要职能的规范性工作领域，或者叫“规定动作”。还应该看到，红十字精神可以贯彻到社会生活的各个领域，而不仅仅限于上述五个方面。各级红十字会要结合当地实际，结合人民群众最紧迫的需求，充分动员人、财、物资源，不断拓展红十字事业的行动领域。按照红十字会系统的流行说法，可以把这方面的工作叫做“自选动作”。

“自选动作”的基本原则，仍然是贯彻红十字运动的基本精神，造福社会。各地的经济社会发展水平不同，在经济社会发展中面临的影响民生和社会和谐稳定的突出社会问题也有所差异。红十字会发挥自身优势，为促进本地区经济社会发展、促进本地区社会和谐稳定做出更多的贡献，就要根据本地区面临的重大民生问题，确定好自己的“自选动作”。“自选动作”选得准、做得好，有利于更好地服务人民群众，是对政府工作最有益的补充和最有力的支持，是对红十字博爱精神和人道情怀的最好彰显。

“自选动作”可以围绕一个地区在特定时期的中心工作来选择和确定，例如，北京市红十字会参与奥运会服务、上海市红十字会参与世博会服务等，都是比较成功的“自选动作”；也可以根据一个地区突出的社会需求来选择和确定，例如参与贫困救助、居家养老服务、农村新型合作医疗服务、大病重病救助等工作。同时，“自选动作”可以是一些服务于短期性重大社会需求的临时性项目，也可以是一些服务于长期性重大社会需求的经常性项目。从红十字事业的长远发展需要来看，基于本地区一些长期重大社会需求来选择和确定经常性的“自选动作”项目具有更加重要的意义，也更加现实。所谓短期的临时性项目，像北京市奥运会服务项目、上海市

世博会服务项目，其实都是具有偶然性的项目，不是任何地方任何时候都能碰到的机会。一些选得准、选得好的“自选动作”项目，如果长期坚持下去，实际上将会成为一个地方红十字会组织自身的规范性工作或“规定动作”，具有基于本地实际更好地彰显红十字运动精神、促进本地区经济社会协调发展、促进本地区社会和谐稳定的意义。

总结各地红十字会在开展“自选动作”方面的主要经验以及课题组在各地的实地调查，课题组认为，各地红十字会应从社会救助方面选择和确定其“自选动作”。需要指出的是，在红十字会组织系统中，“三救”即救灾、救护和救助被认为是红十字会的基本工作内涵。毫无疑问，救灾和救护是红十字会最主要的具体工作内容，但救助工作涉及范围广泛，在社会生活中参与社会救助事业的各种公益慈善组织为数众多，在这种情况下，红十字会组织的作用并不是十分突出的。因此，在讨论红十字会组织的主要职能时，我们倾向于不把救助纳入其中。但这并不是说红十字会组织不需要参与社会救助工作，恰恰相反，红十字会组织应当把参与社会救助当作根据社会需要扩展自身行动领域的方向来对待。换言之，参与社会救助是红十字会组织的扩展性职能，履行这一扩展性职能也当具有两个重大目标，一是为促进国家的经济社会协调发展、促进社会和谐稳定做出应有的贡献；二是通过参与社会救助，弘扬红十字运动的精神，推动中国社会公益慈善文化的现代转型。应当再次强调的一点是，红十字会组织在扩展其行动领域时，必须充分考虑自身优势和资源条件，切实响应本地最现实、最迫切的社会需要，有重点有焦点，有所为有所不为，而不能不切实际，全面出击，什么事情都想做，以致有限的力量和资源被无限地分散，不能形成拳头和品牌，没有特色和实效。

1. 开展大病重病救助，拯救生命

众所周知，现阶段中国经济社会发展水平还不高，医疗保障体系的覆盖面窄、保障水平低，城乡居民应付大病重病的能力还非常有限，许多家庭一旦有家人罹患大病重病，不是因为无力支付巨额医疗费用而采取消极态度应对，不进行治疗或有效治疗，就是因为巨额医疗费用的支付而陷入贫困绝境。他们需要社会的救助。在这方面，红十字会具有天然的优势。国家也赋予了红十字会一些相应的职能，包括建立中华骨髓库、组织人体器官捐献等。从实地调研看，中国红十字会总会以及地方各级红十字会在这些方面都开展了非常积极的工作，取得了巨大进展，发挥了积极的作用。

但是，正如前面所说，即使在这方面，仍然还有很多工作要做，尤其是社会动员方面。此外，课题组认为，红十字会参与大病重病救助，并不能仅仅限于骨髓和器官捐献，还应当考虑扩大对因为大病重病而陷入困境的城乡居民的救助的范围。据调查，从全国来看，“看病难看病贵”对于超过1/5的人来说仍然是问题，他们基本上是社会中的低收入人口和贫困人口，如果罹患的是大病重病，问题会更加严重。另据统计，全国每15秒就有1人被确诊为癌症，现存癌症患者超过600万人，很多家庭因罹患此疾而返贫。大力开展医疗救助，是帮助这些家庭脱困所必需的。

从实地调研情况看，一些地方的红十字会基于自身能力和条件开展了疾病救助活动。但由于能力和条件的限制，救助水平和范围都非常有限，不少情况下这种救助还只具有象征性而不具有实质性。关键的问题是资源制约比较严重。要解决这个问题，从近期来看，主要措施应当是集中有限资源实施重点救助，实质性地帮助一些因为家人罹患大病重病而濒临绝境的城乡家庭，这种做法比撒芝麻盐似的送温暖博爱行动更有意义。而且，成功解救几个这样的家庭，并辅之以有效的社会宣传，对于以后筹措相关资源具有典型示范价值。从中长期看，一方面可以考虑参与现行医疗保障制度的完善来推动大病重病救助工作，例如，一些地方红十字会积极参与当地建设农村新型合作医疗制度的工作取得了较好的成效，需要认真研究和总结这种救助行动的经验，加以推广；另一方面可以考虑建立红十字大病重病救助基金，以此为平台动员社会资源，筹措更多

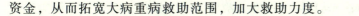

资金，从而拓宽大病重病救助范围，加大救助力度。

开展大病重病救助工作，还要注意对本地疾病发生趋势的调查和了解，一定要选择对本地居民影响最为突出的大病重病种类，并且考虑社会关注情况，确定救助方向。一些地方可能存在癌症多发问题，一些地方儿童罹患白血病的相对较多，一些地方可能存在像艾滋病之类疾病多发的现象，各地红十字会要根据这种流行病学趋势，选择重点救助方向。与此同时，随着中国公益慈善事业的发展，社会各界对各种大病重病的关注也日益加强，各种公益慈善组织都在根据自身条件和优势，选择自身慈善公益行动的主要方向；各地政府也在开展相应的工作。红十字会组织在选择和确定其救助方向时，应当综合考虑这方面的情况，一般而言，要尽量避免做锦上添花的事情，避开政府或其他公益慈善组织已经很有成效地开展了救助工作的领域，寻找问题同样比较严重但尚未得到足够重视的领域，或者政府或其他公益慈善组织虽然已经开展救助工作但红十字会组织参与其事能够使救助工作更有成效的领域，努力形成红十字会组织大病重病救助特色。

2. 参与社区居家养老服务，应对人口老龄化对中国养老事业的挑战

中国人口结构老龄化趋势明显。根据国际标准，在一个国家的人口中，65 岁及以上年龄人口所占比重达到 7%，便意味着这个国家跨入了人口老龄化阶段。据 2010 年全国人口普查结果显示，中国老年人口所占比重目前已经达到 8.87%。与人口老龄化相伴随的是家庭规模和结构的变化，家庭孩子数量减少，核心家庭所占比重不断上升，空巢老人家庭数量也日益增加，这些趋势叠加起来，给中国社会的养老带来了巨大的挑战。首当其冲的是传统家庭养老模式，其所承受的压力日益加重，难以为继。国家整体还不富裕，人民收入水平还比较低，无论依靠国家出资，还是依托个人缴费，都难以实现机构化社会养老，居家养老仍是主要养老模式。而且，即使是发达国家，80% 以上的老人一般也仍然要依托居家养老来安度晚年。因此，从国际经验看，给居家养老提供社会支持是解决养老难题的主要路径选择，一般把这种形式的养老服务称为社区居家养老服务。中国一些地方对社区居家养老服务模式进行了多年的探索，取得了较好成效。国家对社区居家养老也高度重视，2008 年多部委联合出台了《关于全面推进居家养老服务工作的意见》，明确了在中国推行居家养老服务的重要意义、工作任务和保障措施，强调了政府的职责和社会（组织）参与的作用。

社区居家养老服务，是指以家庭为核心，以社区为依托，以专业化服务为依靠，为居住在家的老年人提供以解决日常生活困难为主要内容的社会化服务。与机构养老服务相比，社区居家养老服务社会化程度高，覆盖面广，服务方式灵活，可以用更小成本满足老年人的需求，尤其重要的是，可以让一部分家庭经济有困难但又有养老服务需求的老年人得到照料，从而对稳固家庭、稳定社会起到良好的支撑作用。社区居家养老服务内容多样，主要围绕老年人的三大需求展开：一是物质生活方面的需求，如衣食住行用；二是精神文化需求，如文化娱乐、保健、医疗卫生等；三是情感和心理慰藉方面的需求，如各种情感交流等，老人也有为社会发挥余热来实现自身价值的要求，这也是心理慰藉的一种方式。社区居家养老的目标，是要让广大老年人实现老有所养、老有所医、老有所乐、老有所为、老有所教、老有所学。

中国红十字会组织扩展行动领域，在社区居家养老服务方面进行了初步的努力。一些地方红十字会或者与社区合作，参与社区居家养老服务供给，包括提供医疗服务和其他志愿助老服务；或者在政府和社区的支持下，在社区建立红十字会居家养老服务中心，提供系统的社区居家养老服务，都取得了较好的效果。总结各地经验，红十字会组织参与社区居家养老服务供给，除了特定时节上门看望慰问居家老人外，一般主要采取以下几种形式。

一是参与社区居家养老服务相关培训工作。一些地方红十字会组织发挥自身优势，组织对社区老人和服务于老人的社区人员、家政人员进行老年卫生和老人救护培训，一方面增加老人的相关知识和技能，使其能够更好地自我照顾或在可能的情况下照顾其他老人，另一方面提升服务于老人的人员的相关素质和服务水平。

二是组建居家养老服务志愿者队伍，为居家老人提供志愿服务。志愿者队伍包括专业人员，也可以吸收非专业人员参加，但应对非专业人员进行一定的培训，让他们掌握老年服务的一般性知识和技能。志愿者即使是提供纯粹体力性的志愿服务，也需要具备一定的专业素养，例如与老年人沟通的心理能力和行为规范。要让志愿者队伍有效发挥作用，红十字会组织通常还要配备一些专用设施，如专线电话、专号手机（如北京市的“999 急救手机”）、“一卡通”通信方式等。居家老人一旦有需要，可以通过这些通信方式向红十字会组织相关人员或机构发出求助信息，红十字会组织根据具体需要内容派出相应的志愿者上门服务。

三是建立社区居家养老服务基地，为居家老人提供全方位的服务。从各地实践来看，这种基地的名称多种多样，如“社区居家养老服务中心”、“社区居家养老服务站”、“社区老人日托中心”、“福乐家园”等，名称不同，但功能大体相同，普遍围绕老年人的三大需求提供比较系统的养老服务，受到居家老人的欢迎。

建立社区居家养老服务基地具有明显优势，基地提供的服务本身具有系统性，基地还可以动员那些低龄的、身体健康的老年人志愿参与相关服务，为他们提供老有所为的空间，发挥余热，从而也减轻动员非老年人志愿者提供服务的压力和负担。不过，社区居家养老服务基地的建立和运行需要具备很多条件。在不具备条件的地方，红十字会可以采取前两种形式参与社区居家养老服务供给。

红十字会提供社区居家养老服务，其性质应当是公益性的。提供服务所需经费，应当多渠道筹措。第一个渠道是政府通过购买服务的方式，向红十字会开展的除宣传培训之外的实质性服务提供经常性的资源支持。因此，红十字会筹办社区居家养老服务基地的一个重要条件是当地政府能够确立购买服务这种公共投入体制。第二个渠道是社区自治组织和社区内其他机构（如企业）提供一定的资源支持，例如与红十字会合作筹办社区居家养老服务基地，提供场所等物质条件。第三个渠道是适当的、非营利性质的服务收费。红十字会应当根据社区居家老人的承受能力以及服务项目的成本要求，合理确定哪些项目的服务应当免费提供，哪些项目的服务要收取费用以及收费标准。通过有偿服务项目收取的费用，在扣除当时服务运行成本之后有剩余的，应当作为红十字会居家养老服务基金积累起来，用于扩大服务范围，以及向一些确实没有承受能力但有急迫服务需要的老人提供特殊免费服务。第四个渠道是面向社会筹集慈善资源，特别是针对一些面临特殊困难、红十字会凭自身力量难以提供免费服务的老人，定向筹措社会资源，为他们提供帮助。面向社会筹措的资源，在帮助相关老人脱困之后有剩余的，同样应当转入红十字会社区居家养老服务基金，专款专用。红十字会通过这些渠道筹措的资源，在使用上必须做到完全公开透明，并接受政府监管和社会监督。建立红十字会社区居家养老服务基地，应当吸收社区自治组织、社区老人以及社区其他成员的代表参加监督，最好是组建红十字会社区居家养老服务基地（中心）监督委员会，形成经常性的监督机制，确保红十字会社区居家养老服务的公信力。最后，志愿者的服务也是一种重要的资源。

3. 开展扶贫济困活动，救助弱势群体

随着国际红十字和红新月运动的发展，救助弱势群体，帮助他们解决导致他们处于弱势境况的问题，已经成为红十字组织不断扩展的重要行动领域之一。国际红十字会联合会《2010 战略》明确指出，国际联合会新千年的战略方向就是紧紧围绕中心任务，“动员人道的力量，改善易受损群体的生活”，亦即要向这些群体提供社会支持，降低他们的脆弱性。从扶贫济困的角度来看，重点不在于向贫困者提供临时救济，而是帮助他们获得走出贫困的能力，消除各种导致他们陷入贫困的内部和外部因素。这也是整个扶贫事业的根本方向。

红十字会在参与扶贫济困行动方面既有优势也有劣势。从劣势方面来看，其主体职能任务重，占用资源多，在自身资源不足的情况下，拓展其行动领域，参与扶贫济困行动，如果缺少科学合理的方式方法和项目选择，难以产生具有显著社会意义的效果。从优势方面来看，红十字会作为一个特殊的人道主义救助组织，除了拥有动员社会资源的优势平台和历史悠久的品牌外，还拥有以医疗卫生人员为主体的会员队伍，根据扶贫济困的现实社会需要，开发利用这些资源，能够让红十字会做好有自身特色的扶贫济困工作。

多年来，中国红十字会组织响应国家的有关号召，以各种方式开展了扶贫济困活动，产生了较好的社会效果。2008 年初中国红十字会第八届理事会第四次会议的理事会报告第一次写入了红十字扶贫工作情况。综观各地各级红十字会近年来开展的扶贫行动，大致可以看到有以下几种扶贫形式。

一是贫困救济。这种形式的扶贫济困行动，主要是在一些特定时节，向城乡贫困住户赠送一定数量的款物，类似于政府的各种“送温暖”行动。除了各地各级红十字会自行开展的此类行动外，自 1999 年以来，中国红十字会总会在全国范围内开展“红十字博爱送万家”活动，在每年的元旦和春节期间，组织捐献物资和现金，送给城乡困难家庭。截至 2010 年底，全国红十字系统共为“红十字博爱送万家”活动募集价值 10 亿多元的款物，给 530 多万户 2100 多万贫困人口送去慰问物资。“红十字博爱送万家”已经成为中国红十字会人道救助的一个品牌项目。另外，一些地方红十字会开办的“博爱超市”，也属于救济式扶贫活动，但总的来看，“博爱超市”的效果不是很理想，而且与中华慈善总会和各地慈善会开办的“爱心超市”相比并无特色。

二是医疗卫生扶贫。全国各地各级红十字会组织利用自身与医疗卫生领域的密切联系，开展了大量医疗卫生扶贫工作。除了前述大病重病救助外，向贫困地区医疗机构捐赠医疗设备，在贫困地区捐建医疗设施如医院、农村博爱卫生院（站）等，也是红十字会卓有成效地开展的医疗扶贫行动。一些专项行动计划，如“红十字农民医疗救助”项目以及与武警总医院联合开展的“扶贫救心”行动等，也产生了良好的扶贫效果，惠及民众上千万人次。此外，挂牌红十字医院一般也向城乡贫困就诊者提供一定的医疗费用减免。我们在实地调研中了解到，一些挂牌红十字医院每年向贫困就诊者提供的优惠总计金额达到十几万或几十万元，这无疑也起到了扶贫济困的作用。

三是助学扶贫。各地红十字会组织积极开展助学扶贫行动，帮助贫困学子解决因家庭经济困难而面临的学费缴交问题。红十字会助学行动的对象涉及从小学到大学各个阶段的困难学生。多数情况下，是向贫困学生尤其是贫困大学生提供一次性的捐助，解决入学问题；有的地方红十字会也采取结对扶助的方式助学，除了提供学费援助之外，还提供住校生活费支持。在一些贫困地区，红十字会组织特别关注辍学贫困中小学生重返校园问题。部分地方的红十字会组织设立了具有长效机制的红十字助学基金，根据当地的实际和自身能力，或者以帮助贫困中小学生解决上学困难为主，或者以帮助贫困大学生解决学费等问题为助学方向。

四是开发式扶贫或造血式扶贫，帮助扶贫对象进行能力建设和改善生产经营条件。这种扶贫行动践行的是“授人以鱼不如授人以渔”的原则。近年来，中国红十字会组织也开始尝试造血式扶贫行动，中国红十字会总会在定点扶贫地区山西省浑源县开展的扶贫项目（如“魔豆母亲”项目等），贵州省红十字会开展的“绿色家园”项目，是中国红十字会系统在农村地区开展的造血式扶贫工作的典范。另外，几年前由中国红十字会总会倡导的“有偿扶贫”活动也是开发式扶贫的一种形式。“有偿扶贫”是为了探索由输血式扶贫向造血式扶贫的转变，由解决贫困群体临时温饱向开发式扶贫的转变，由单一的、分散式扶贫向整村推进的转变而尝试的新路子。相对于传统的捐赠式扶贫而言，有偿扶贫不再是无偿赠与，而是动员企业参与，通过市场化运作，使扶贫对象用最少的投入，获得最大的收益。

由于自身实力不足的缘故，中国红十字会系统的扶贫行动仍然以捐赠式扶贫为主，略可缓解部分城乡贫困家庭的眼前困境，同时在扩大宣传范围方面，也起到了一定的作用，“红十字博爱送万家”行动尤其如此。从切实帮助贫困人口强化能力建设和改善生产经营条件，实现国际红十字会联合会《2010 战略》提出的消减让弱势人群处于弱势困境的因素这一目的的角度来说，开发式扶贫的意义可能更为重大。应当指出，医疗卫生扶贫、助学扶贫也具有开发式扶贫的意义。中国红十字会系统要更好地取得扶贫济困和深化红十字运动的社会影响，需要认真探究符合自身条件、具有自身特色的开发式扶贫战略。收缩捐赠式扶贫的范围，避免将过多资源用于撒胡椒面式的“送温暖”行动，集中使用资源，开展深度的开发式扶贫，可能是今后中国红十字会系统参与扶贫行动的方向所在。

一方面，红十字会系统要坚持已经形成品牌、在舒解贫困人口眼前困难的同时有助于扩大红十字事业的社会影响面的捐赠式扶贫行动，如“红十字博爱送万家”这样的全国性行动。各地红十字会可以不再考虑开展其他形式的“送温暖”活动。有条件并且能够办出特色的地方，可以继续经营好“博爱超市”。另一方面，各地红十字会要结合自身优势和资源条件，通过深入的调查研究，寻找和确定一些深度开发式扶贫项目。在农村，可以选择一个或几个贫困村，开展开发式扶贫。在城镇，则应当考虑一些较少受到政府和社会关注，但实际生活处于困境、依靠自身力量难以脱困的人群作为开发式扶贫的对象。在实地调研过程中，课题组发现，在城镇社区存在一个规模不小的边缘性群体，他们的家庭人均收入水平略高于当地城市政府确定的最低生活保障线，因而无法获得低保待遇，其他形式的社会救助往往也难以惠及他们。在成都市某社区调研时，社区工作人员告诉我们，这样的边缘人群的规模几乎与低保人群规模相当，他们的生活相当困难，而且求助无门。“红十字博爱送万家”这样的“送温暖”行动仍然要以赤贫人群为对象，但如果红十字会组织要在城镇开展有特色的深度扶贫行动，或许可以考虑把这样的边缘人群作为对象，开辟新的扶贫领域，设计相关的扶贫计划或项目。由于边缘性困难家庭的自身条件相比于低保线以下的贫困家庭要好一些，帮助他们脱困所需要的资源相应的也会少一些，对自身资源有所不足的红十字会组织来说，这样的扶贫开发工作也相对容易一些，更容易产生好的效果。

总的来说，红十字会系统参与扶贫济困工作，应遵循三个原则。一是以自身优势和资源条件为基础；二是响应深层次的现实社会需求；三是开辟新的领域，创新扶贫战略，形成自身特色。

除了在上述三大领域努力扩展红十字工作外，各地各级红十字会在有条件的情况下，根据需要，参与红十字对外交往，也是可以考虑的选项。当然，地方红十字会始终要坚持发展国内红十字事业为主导原则，做好自己的事情。

（四）工作重心下沉，扎实开展社区红十字运动

在新的时期，按照国家新的经济社会发展战略，无论是开展社会建设，还是加强和创新社会管理，城乡社区越来越成为基础所在，越来越受到国家重视。社区服务的发展为红十字会的参与提供了更为广阔的空间。国际红十字会联合会提出的《2020战略》也特别强调社区红十字工作的重要性，认为社区红十字工作不仅是工作目标更是出发点。该战略要求，国家红十字会要在社区层次上提供充分的服务，要加强地方分会和基层红十字组织的能力建设，使红十字组织成为基层社区社会结构和当地公民社会的组成部分。这样，红十字运动就可以生根于基层社区，成为基层社区社会生活的组成要素。

中国红十字会已经充分认识到红十字运动深入城乡基层社区的重要性，着手在城乡社区建立红十字会组织。一些地方的社区红十字工作也开展得有声有色，颇有成效。但是，由于中国红十字会系统正处于理顺体制的改革转型过程中，直接联系着社区的县级红十

字会组织自身还需要进一步发展，乡镇—街道红十字会工作站的组织也不健全，城乡社区红十字工作总体上还很薄弱。从实地调查所了解到的情况来看，即使已经建立起社区红十字会的地方，社区红十字会组织也非常薄弱，其人员基本上都是兼职的社区工作人员，扎根于社区的志愿者队伍或者还没有组建起来，或者没有形成规模和气势。许多地方的县级红十字会，往往沉浸于整个辖区范围的宣传、动员和资源筹措，缺乏系统的社区红十字工作规划和具体实施计划。

总结国际经验，可以提出这样一个判断：中国红十字运动要进一步发展，中国红十字事业要取得更大的成就，需要在战略上确立两个重大目标。一个目标是宏观层面实现红十字运动精神的广泛传播，争取国家和社会的整体支持；另一个目标是深入基层社区，扎根于基层社区，通过扎实的社区红十字工作，让每一个社区居民都充分认识和理解红十字运动的精神，都成为红十字精神的践行者，成为社区红十字志愿服务的参与者或者潜在参与者。为此，中国红十字会系统首先要实现一种重大的战略分工，国家红十字会负责国家红十字运动总体战略的规划、倡导、协调和实施，省级和地市级红十字会负责本辖区红十字运动战略的规划、倡导、协调和实施，县级红十字会则把社区红十字运动的开展作为其工作重心，地市级及以上红十字会要从理论、规范和资源配置等方面向县级红十字会提供支撑和服务，由此构建起以社区为基础、面向整个社会的国家红十字运动格局和红十字事业发展体制机制。

地方红十字会尤其是县级红十字会，无论是在履行主要职责，做好“规定动作”方面，还是在扩展行动领域，做好“自选动作”方面，都应当结合社区红十字工作的实际，对相关工作进行规划，这样才能确保红十字工作落到实处，产生实效。“自选动作”尤其不能脱离社区红十字工作，要把动员和组织社区力量实施这样的“自选动作”作为推进社区红十字事业的根本途径，否则就没有坚实的社会基础，也难以取得好的成效。“规定动作”的实施，一般而言也离不开社区层面的扎实工作。例如，红十字运动精神的宣传传播，救灾备灾资源的募集，献血和捐献骨髓以及人体器官的社会动员，如果能够深入社区，而不只是限于开展一些大众性的街头宣传动员活动，则一定能够取得更好的效果。

一个仅有区区三五人的县级红十字会，在面对本地区数以百计的社区时，自然难以单凭自身力量做好社区红十字工作。建立健全社区红十字组织，组建基于社区的红十字志愿者队伍，是实现红十字事业工作重心下沉社区的关键所在。社区红十字组织对本社区的社情民需最为了解，对于确定本社区红十字工作的重点和方向最有发言权。社区红十字组织的职责包括贯彻落实县级红十字会的红十字事业发展规划，调查、分析和反映社区居民的最迫切需要，在县级红十字会的指导和支持下开展有社区特色的红十字工作。社区红十字志愿者能够最为便捷地提供志愿服务，而且因为主要是为本社区服务，既易于为社区居民接纳和信任，也更有利于他们实现自我价值。社区红十字志愿者队伍主要应由社区红十字组织负责组建，按照社区红十字组织的安排开展志愿服务活动。县级红十字会应当承担对社区红十字志愿者队伍的专业培训和业务指导职责。

随着网络社会的发展，当代社区正在发生深刻变化，互联网上的虚拟社区正在成为构建新型社会联系和互动格局的重要空间。工信部也在力推社区信息化工作，社区的公共事务将越来越多地通过信息化方式呈现和落实。社区红十字工作应当面向这些非传统社区，运用新的方式开展社会动员和宣传工作，实现红十字组织工作在社区层次上的公开化、透明化。具体地说，凡是建有社区网站的，社区红十字组织都应当在县级红十字会的指导和支持下，争取在社区网站上设立社区红十字网页，并聘请志愿者维护社区红十字网页。该网页应向社区居民开放，一方面向社区居民宣传红十字运动精神，链接国家、本省、本县红十字网站，公开本社区红十字活动情况，接受本社区居民的反馈和监督；另一方面也反映本社区居民对社区红十字工作的要求，为社区志愿者以及捐献者提供互动渠道。

四 新时期中国红十字会组织建设和队伍建设

红十字会组织建设和队伍建设是中国红十字事业发展的组织保障。中国红十字会组织建设的主题是科学的管理体制和合理的组织架构建设。而中国红十字会队伍建设则涉及红十字会组织工作人员队伍、红十字会会员队伍以及红十字会志愿者队伍这样三支队伍的建设问题。组织建设是核心，队伍建设是基础，它们共同决定着中国红十字会的效力和能力。因此本研究报告把组织和队伍建设作为一个重要问题加以研究。

（一）理顺管理体制，加强新时期中国红十字会组织建设

1. 全力推进理顺管理体制的改革工作，尽快完成全国各地各级红十字会的独立建制

中国红十字会的管理体制，经历了一个从挂靠于卫生行政管理部门转向独立建制的过程，这个过程被称为理顺体制的过程。1993年《红十字会法》颁布以后，理顺红十字会管理体制的改革工作被提上议事日程。理顺红十字会管理体制，既是《红十字会法》的要求，也是红十字会作为社会慈善公益组织的定位要求。中国红十字会作为一个社团组织，一方面是党和政府联系人民群众的桥梁和纽带，另一方面需要根据国际红十字运动精神和章程，独立开展中国红十字运动。这就要求它成为一个至少独立于特定政府部门的真正的社团组织。但理顺体制的改革并不意味着中国红十字会成为完全独立的民间非营利组织，相反，理顺体制的目标是成为一个党委或政府联系的独立的人民团体，从国家编制部门获得人员编制，从政

府财政获得运行经费，并且实行参照公务员管理的国有事业单位管理体制。

国际红十字运动章程规定，各国红十字会是各国政府的助手，世界各国政府对其红十字会的管理程度也比对其他社会性公益慈善组织的管理更高。例如，美国特别为该国红十字会制定了《国会宪章》，对红十字会的管理体制、职能职责以及与政府的关系进行规范，美国国家应急体系和相关制度也特别规定了美国红十字会在国家应急行动中的职能和角色，及其与政府相关部门在应急行动中的关系；美国总统被视为国家红十字会理事会名誉理事长，并且有权任命部分理事，美国联邦食品和药品管理局代表政府对美国红十字会进行监管。许多国家的政府首脑或皇室重要人员担任国家红十字会的荣誉领导人。中国红十字会大体上也具备这样一些管理体制和领导形式，这是红十字会与社会其他公益慈善组织不同的地方。然而，应当看到，在世界上的绝大多数国家，红十字会组织的体制定位是独立的民间非营利组织，它们的运行和治理都是按照民间非营利组织的规则来规范，与政府没有直接的财政关联，政府主要以购买服务的方式向红十字会组织提供经费支持，在不同的国家，政府财政对红十字会的支持力度也不一样。例如，美国红十字会的年度财政收入中来自政府财政的收入占到30%左右，但美国政府允许美国红十字会独立采血，并有偿向社会提供血液产品，这一项收入占美国红十字会年度总收入的40%以上。英国红十字会的年度财政收入中来自政府拨款的部分占1/3左右。而在欧洲大陆，红十字会从政府获得的收入占其年度收入的比重更高一些，最高的超过60%。至于红十字会组织的工作人员，一般也不是国家工作人员或公务员，而是由作为民间非营利组织的红十字会自行聘用的；红十字会在聘用人员方面，既不存在国家编制的限制，也不从政府财政获得工资，而是从红十字会自身的经营收入和社会捐赠提成中获得薪水。

在国内学术界，许多学者在探讨中国非营利社会组织发展问题时，特别探讨了像红十字会这样的非营利组织的管理体制改革问题。主流的意见认为，红十字会应该通过体制改革真正成为独立的非营利民间组织，改变目前这种官民二重性，并实现去行政化，从而使红十字会增强社会性，更好地接受社会的监督，更好地为社会提供非营利服务（贺莉丹，2011；胡雅君，2011）。然而，从中国的现实国情来看，这种改革主张并不可行。一方面，单纯对红十字会进行这样的管理体制改革，缺乏法律和国家相关制度的依据。除非国家相关法律和制度发生相应的根本性修改和改革，否则红十字会不可能单独实行这样的改革。另一方面，这种改革还需要国家财政体制的改革作为基础，只要当国家真正建立起现代公共财政体制，能够以购买服务的形式为包括红十字会在内的各种非营利社会组织提供公共财政支持，对红十字会本身来说，还包括像土耳其等国家那样设定三种商业经营权专属红十字会作为其主要收入来源，或者像美国那样允许红十字会独立采血并有偿提供血液产品作为主要收入来源，另外还允许包括红十字会在内的公益慈善组织从社会捐赠中提取一定比例的运行经费，红十字会本身才会有条件和动力推动这样的改革和转型。

因此，目前红十字会根据《红十字会法》进行的理顺体制的改革，具有现实的合理性和可行性。经过十余年的理顺体制的改革进程，全部省级红十字会已经完成独立建制的工作。地市级红十字会和县级红十字会理顺体制的工作尚未全面完成。根据课题组的问卷调查，到2010年9月份，在全部被调查的地市级红十字会中，实现独立建制的占79.5%；在全部被调查的县级红十字会中，实现独立建制的占60.4%。可见，理顺地方红十字会管理体制的工作仍然艰巨，在县级尤其如此。从课题组的实地调查来看，在尚未理顺体制的地方，部分红十字会理顺体制的准备工作正在进行之中，但也有一部分地方尚未启动理顺体制的改革工作。究其原因，主要有两个，一是这些地方的政府尚未认识到红十字会理顺体制的法律要求和现实重要性；二是部分地方的红十字会本身也存在模糊认识，认为附属于地方政府卫生行政管理部门可能比独立建制更加有利于红十字会开展工作。尽管客观上第二种情况是可能的，但从红十字会的长远发展来看，实现独立建制的理顺体制改革目标，对红十字会的发展更加有利，特别是对于红十字会提振社会公信力，以及更好地实现红十字运动的理念和价值来说，更是如此。在 2011 年夏季以来成为社会热点问题的所谓“郭美美事件”中，红十字会附属于卫生行政部门是媒体和社会质疑红十字会的一个焦点问题（冯禹丁等，2011），尽管这实际上是媒体和社会对全国各地各级红十字会理顺体制的改革进程不了解而产生的误解，但也表明社会并不认同红十字会曾经的附属地位，更希望它独立出来。

在完成红十字会理顺体制、实现独立建制的改革问题上，不存在法律上的障碍，关键在于相关地方党委政府要认真执行《红十字会法》。为了推动尚未理顺体制的地方加快理顺体制的改革进程，还需要国家采取坚决措施，给定时限，要求地方党委政府按时完成红十字会理顺体制的改革工作；在给定的时限到来之时，全国人大要开展一次红十字会执法检查，督促尚未理顺管理体制的地方尽快理顺体制。课题组认为，从国家层面来说，将最终全面完成红十字会理顺体制的改革的最后时限定在 2012 年年底，是很有必要的。

从体制定位角度来讲，还有一个问题也值得注意，这就是地方红十字会组织的法人资格如何确定的问题。按照《红十字会法》的有关条款规定，“地方各级红十字会、行业红十字会依法取得社会团体法人资格”。但这里的“依法”指的是什么法，并不清楚。对此，社会也提出了一些质疑。在 2011 年夏季的“郭美美事件”中处于旋涡中心的中国商业系统红十字会没有在民政部门登记注册以取得合法身份，就受到媒体和学界广泛诟病，因为按照国家社团管理有关法规，社团组织一般应在民政部门登记注册，取得合法身份。各地红十字会组织对于是否在民政部门登记注册也有争议。在实地调研过程中，参加调研座谈会的地方政府相关部门一般认为，红十字会应当到民政部门登记注册，也有个别政府部门认为红十字会属于免于登记组织；而不同地方的红十字会对是否登记也有不同看法。在实际工作中，一部分地方红十字会履行了登记注册手续，更多的地方红十字会没有履行这种手续。从2010年课题组的问卷调查结果来看，到民政部门登记注册的地方红十字会占39.3%，未注册登记的占60.7%。其中，省级红十字会在民政部门登记注册的占1/3，地市级红十字会到民政部门登记注册的占31.8%，县级红十字会到民政部门注册登记的占43.2%。看来，地方红十字会组织是否登记注册，主要取决于它们对登记注册的意义的理解，以及它们对中国红十字会总会获得社团法人地位的方式的认识。中国红十字会总会是国务院批准免于登记的社会团体，但地方红十字会和行业红十字会是否与总会一样享有免于登记的权利，是需要明确的。从社会各界对红十字会登记注册问题的一般看法来说，地方和行业红十字会到民政部门履行登记注册手续，有利于更好地获得社会认同，提高社会公信力。但是基层红十字组织（如社区红十字组织）是否需要注册登记，则需要进一步研究。从目前情况来看，基层社区红十字组织由于自身条件限制，可能难以达到国家有关法规关于登记注册的前置条件要求，可以考虑暂不登记注册，由社区自治组织和县级红十字会共同管理；当然，发展较好、具备条件的社区红十字组织可以在县级红十字会的帮助下到民政部门注册登记，这样可以更好地保证社区红十字组织的相对独立性和自主性。

2. 统一设置红十字会机构的行政级别，增强红十字会的协调办事能力

全国各地红十字会行政级别的差异，主要体现在地市和区县两级。调研表明，各地各级红十字会机构的级别设置有两种情况，一种是同级政府部门正职级，即在地区行政专署（州、市、盟）为正处级，在县（市、旗、区）为正科级；一种是同级政府部门副职级，即在地区行政专署（州、市、盟）为副处级，在县（市、旗、区）为副科级。通常，设置为正职级的，都是地方党政领导特别重视红十字会工作的；设置为副职级的，地方党政领导最普遍援引的理由是中国红十字会总会是副部级，省级红十字会是副厅级。

从实际工作来看，地方红十字会要正常和积极发挥作用，一方面要有条件参与地方政府相关决策，另一方面要进行部门之间的协调，副职级机构无论在参与决策方面还是在协调部门方面，都面临着制度和实务方面的困难。中国红十字会总会比较特殊，党和国家领导人亲任总会名誉会长、会长，可以较好地解决一个副部级机构通常难以解决的问题。省级红十字会由于可动员的资金来源较广、渠道较多，红十字会的级别对红十字会的资源动员能力影响较小。但在地市级和区县级，红十字会的副职级行政级别造成的影响就比较大了。在实地调研过程中，各地红十字会工作人员对这个问题的反映是比较强烈的。从中国的制度实际来看，这种反映不无道理。2010 年开展的问卷调查，由于对这个问题没有给予足够重视，因此没有设计相关问题，对于地方红十字会实行正职级和副职级架构的比例尚不清楚，但实地调研以及网络资料查询的结果表明，大多数地市级和区县级红十字会都是副职级机构，实行正职级安排的很少。

从短期来看，基于中国目前的国情条件，课题组认为，统一地方红十字会的职级，并且给予正职级待遇，还是很有必要的，况且已经有地方做出了这样的安排，取得了较好的成效。建议由国务院统一发文，要求至少将地市级和县市级红十字会的级别设定为同级政府部门正职级。省级红十字会的级别由各省、直辖市、自治区党委研究决定。

从长期来看，红十字会去行政化应该是改革的方向。但正如前文所说，红十字会的去行政化，需要有一系列其他制度改革相配合。此外，红十字会系统实现去行政化以后，还有一个重要问题需要解决，即如何重构整个系统的组织管理体系。按照国际红十字和红新月运动章程，国家红十字会是一个统一组织，地方和行业红十字会是国家红十字会的分会，国家红十字会作为中央机构统一领导和管理全国各红十字会分会。例如，在美国，大约 700 个地方红十字会都是美国国家红十字会的分会，美国国家红十字会对其分会实行全面领导和管理，包括红十字会分会的预算。也有国家红十字会以向地方分会拨款的方式来满足地方分会的经费需求。这样就保证了全国各级红十字会的统一规划、统一行动。当然，国家仍然对红十字会保持适度控制，这主要是通过《国会宪章》来实现的。《红十字会法》也规定地方和行业红十字会是中国红十字会总会的分会，但在管理体制上，地方红十字会归口党委联系和政府管理，中国红十字会总会只对地方红十字会履行业务指导职责。如果实现红十字会去行政化的改革，势必也需要对整个红十字会系统的管理体制进行重构，真正遵行国际红十字和红新月运动章程所要求的统一性原则，可能是实现这种重构的方向所在。从本课题组进行的实地调研和红十字会主要领导座谈会的结果来看，地方红十字会也有实现全国红十字会系统垂直管理的要求。另外，中国商业系统红十字会在“郭美美事件”中因管理体制不清晰而面临的尴尬处境，也表明这种重构确实具有现实合理性和必要性。事件发生以后，中国商业联合会并不承认自己是中国商业系统红十字会的主管机构，而中国红十字会总会限于国家相关管理法规的规定，实际上也无法承担起作为中国商业系统红十字会主管机构的职责。目前红十字会理顺体制的改革可能还无法达到这样的深度，但尽管如此，对这个问题还是应当进行广泛深入的研究。

3. 完善红十字会组织架构，建立以城乡社区为基础、以县为重点的红十字会组织体系

进一步加强中国红十字会组织建设的另一项重要工作是将红十字会组织延伸到城乡基层社区。据统计，目前，中国红十字会系统有省级红十字会 31 个，地市级红十字会（含铁路系统红十字会）334 个，县级红十字会 2860 个，红十字会基层组织 9.5 万个，它们形成了中国红十字会系统的主体组织架构。

上面已经提到，中国红十字会的工作重心应当下沉到城乡基层社区。这既符合中国新时期社会建设和社会管理改革创新的总体要求，也是国际红十字运动《2020 战略》提出的发展战略。从课题组在四川调研的体会来看，这一工作具有两个方面的意义。一是推动红十字会组织向基层扎根，有利于扩大红十字会的影响，更好地传播红十字会的宗旨和理念，促进城乡社区精神文明和物质文明建设；二是构建基层社区信息收集网络和资源动员网络，提高红十字会的救灾、救助和救护工作以及其他各项工作的目标瞄准度和工作力度。

从对部分地方的调研体会来看，基层红十字会组织配置的基本思路是，首先在街道和乡镇一级设置红十字会工作站，街道、乡镇红十字会工作站可以考虑暂时设置在街道、乡镇防保站或卫生院。乡镇—街道红十字工作站不是一个独立组织，而具有县级红十字会派出机构的性质，主要协助县级红十字会在本乡镇—街道开展相关工作和活动，在县级红十字会的指导下，对社区红十字组织进行必要的管理。其次，在城乡社区设置社区红十字组织。原则上，社区红十字组织应当是一个相对独立的基层红十字组织，其职责是在县级红十字会及其派出机构的指导下，开展与红十字会基本职能和重点工作相关的信息采集、红十字救助对象管理、社区红十字志愿者管理、社区红十字工作规划和实施等工作。近年来，各级红十字会在推动社区红十字组织建设发展方面进行了大量努力，一些地方的社区红十字组织建设工作进展显著。但还有不少地方的社区红十字组织建设工作进展情况不甚理想。尽管由于客观条件的限制，不能要求每一个社区都建立起社区红十字组织，但只要有条件，县级红十字会都要努力争取建立其基层组织。目前全国有农村村委会 59.2 万个，城镇社区居委会 8.8 万个，合计 68 万个。社区红十字组织建设如果能够覆盖 20 万个左右（1/4 ~ 1/3）的社区，对于基层红十字事业的发展来说，这将会形成一种巨大的力量和巩固的社会基础。

另外，从已经成立的社区红十字组织的情况来看，目前存在着两个主要问题。一是社区红十字组织与社区自治组织（村委会和居委会）高度一体化。社区红十字组织一般设在社区自治组织之内，由社区自治组织工作人员兼职，这就使得社区红十字组织缺少必要的自主性和工作主动性，其主要工作往往只不过是应付性地开展上级红十字会布置的红十字活动，很少基于本社区情况独立地规划本社区红十字工作，发展本社区红十字事业。这就意味着，中国红十字会理顺体制的工作应当贯彻落实到基层社区红十字组织建设上。应当考虑将社区红十字组织建设成一种相对独立的志愿性组织。二是社区红十字组织资源匮乏。要解决好这个问题，一方面需要社区红十字组织进行社区动员，募集资源；另一方面也需要政府财政提供支持。政府的财政支持自然不应当采取拨款的形式，而应当根据社区对相关社会服务的需要，采取招投标的方式购买社区红十字组织的服务。社区红十字组织提供由政府购买提供经费支持的服务以外的服务时，其经费问题应当通过社区募集方式解决。社区网站上的红十字网页建设和维护经费问题，一般应当由县级红十字会以向政府申请专项经费的形式予以解决。

红十字运动工作重心向城乡基层社区下移，普遍建设社区红十字组织，要求大力加强县级红十字会的发展和能力建设。在今后一段时期里，配合红十字工作重心下移，县级红十字会应当成为整个红十字会组织体系发展的重点。

（二）加强红十字会工作人员队伍建设是红十字事业发展的关键

全国红十字会系统工作人员队伍，总体上是一支具有较强能力的队伍，迄今为止中国红十字事业的发展，与他们的努力和奉献是分不开的。客观地说，红十字会系统工作人员队伍建设，也仍然有较大的空间。需要从多个方面加强红十字工作人员队伍建设。

1. 适当增加红十字会工作人员编制，保证红十字事业正常工作的开展

根据中国红十字会官方网站的统计，截至 2007 年，全国红十

字会（不包括港澳台分会，下同）共有编制人数 7774 人，其中专职人数为 6745 人。经过近几年理顺体制的改革，多数地方红十字会实现独立建制，其编制和人员规模均有所扩大。课题组在 2010 年进行的抽样问卷调查结果显示，21 个省级红十字会的平均总编制人数为 25.9 人，最少的只有 6 人，最多的有 57 人；86 个地市级红十字会的平均总编制人数为 6.7 人，最少的只有 1 人，最多的有 26 人；196 个县级红十字会的平均总编制人数为 2.8 人，最多的有 16 人，但有 38 个县级红十字会没有正式编制，它们都是尚未理顺管理体制、没有实现独立建制的红十字会。按照中国红十字会总会的统计，到 2010 年底，全国红十字会系统总计有编制人数 10191 人，在全国每 10 万人口中仅有 0.76 人；实有专职工作人员 9174 人，另有兼职人员 11342 人，专兼职人员合计 20516 人，在全国每 10 万人口中有 1.53 人。

从红十字会所从事的大量工作来说，这个编制内工作人员规模并不算大，甚至可能存在人手不足的问题。在美国，根据美国国家红十字会网站提供的数据，2010 年其全国红十字会有正式雇员 35000 人，平均每个分会有正式雇员 50 人左右，在全国人口中，每 10 万人口有红十字会正式雇员 11.4 人。另有资料显示，美国红十字会还有大量其他性质的领薪工作人员（如临时雇员）。中国红十字会专职工作人员总数即使增加到美国红十字会正式雇员规模，每 10 万人口中红十字会工作人员数也仅为 2.61 人。从 2010 年课题组的抽样问卷调查结果来看，地方各级红十字会普遍感到人手紧张。在省级红十字会中，认为人手不足问题不存在或不明显的占 23.8%，认为问题存在但不严重的占 42.9%，认为问题比较严重或者很严重的占 24.3%；在地市级红十字会中，这三个比例分别为 14.3%、40.5% 与 59.5%；在县级红十字会中，这三个比例分别为 23.0%、13.1% 与 63.9%。可见，地方各级红十字会不同程度地存在人手不足的问题，而且行政层级越低，人手不足的问题就越是严重。解决人手不足问题，应该说已经成为整体提高中国红十字会发展红十字事业的能力的关键之一。

从目前情况看，如果中国红十字会系统的管理体制没有更大的改革，正式工作人员岗位仍然需要国家编制提供，那么其未来大规模扩编的可能性不大。实际上，从国家层面来讲，控制国家工作人员编制是一个总的方向。尽管如此，从红十字会事业发展的需要来看，现有编制规模仍应适当扩大。根据课题组的实地调查，县级红十字会正式工作人员少于3人，其工作就很难正常开展；地市级红十字会正式工作人员少于10人，正常工作的开展也受到较大限制。一般而言，可根据辖区人口以及经济社会发展水平来确定人员编制，县级红十字会正式工作人员编制以3~5人为宜，地市级红十字会正式工作人员编制以10~15人为宜，省级红十字会编制可以保持目前的平均规模。按平均每个县级红十字会4人、每个地市级红十字会13人计算，加上省级红十字会和总会正式工作人员数，全国红十字会系统的正式工作人员总数应达到17000人左右，亦即全国红十字会系统至少需要在现有基础上增加编制约5000人。可以说，这样才能保证全国红十字会系统正常开展工作，使红十字事业得到正常发展，基层红十字工作得到有力推动。

应该指出，即使按照上述设想扩大了各级红十字会正式工作人员规模，红十字会在实际开展工作的过程中仍然会不同程度地受到人手不足问题之困，尤其是一些重要的活动。从国际经验看，在正式工作人员之外，根据项目和活动的需要雇用临时人员，是解决人手不足问题的一个重要途径。仍以美国为例，除了正式雇员外，为红十字会工作的年度领薪人员规模也非常大，有的资料称，美国红十字会领薪工作人员（paid workers）总数可达23万人，除了其中的正式雇员，接近20万人属于临时雇用人员。当然，有偿雇用临时人员涉及雇用经费问题。政府财政拨给红十字会的人员经费和机构运行经费不可能为此提供支持。解决这个问题的方法主要有两个，一是各地各级红十字会在设计专项活动及其经费需求时，可以考虑雇用临时工作人员的需要；二是从社会捐赠资源中提取一定比例，将其中一部分用于雇用临时工作人员。

2. 加强红十字会工作人员队伍能力建设，提高专业化水平

总的来说，目前中国红十字会系统工作人员的整体素质水平是比较高的。根据2010年课题组进行的抽样问卷调查，从年龄结构来看，如果把红十字会工作人员年龄划分为24岁及以下、25~34岁、35~44岁、45~54岁和55岁及以上五个年龄组，分析结果显示，在省级红十字会中，这五个年龄组的工作人员所占比重分别为1.7%、24.8%、30.0%、32.8%和10.7%；在地市级红十字会工作人员中，这五个比重分别为5.1%、23.1%、31.1%、31.5%和9.3%；在县级红十字会工作人员中，这五个比重分别为3.3%、21.5%、35.7%、34.7%和4.8%。这表明，总的来说，红十字会的年龄结构还是比较合理的，主要问题是年轻工作人员所占比重有些偏低，以34岁及以下两个年龄组所占比重来看，在地方三级红十字会都不到30%。省级红十字会工作人员中青年人员比重确实可以小一点，县级红十字会的野外工作相对更多一些，更需要年轻人的加入。从人力资源建设角度来说，课题组认为，34岁及以下工作人员所占比例应当至少达到1/3，在县级红十字会，这个比重应该更高一些。造成目前地方红十字会系统工作人员年龄结构相对偏高的一个重要原因，从实地调研来看，可能是红十字会工作人员的来源结构。在不少地方，红十字会工作人员不少来自政府其他部门，或者是退伍、转业军人，而不是在红十字会实现初次就业。由此看来，使红十字会工作人员年龄结构年轻化的一个重要途径应该是增加从大专院校毕业生中直接招聘的工作人员。在座谈会和实地调研中，不少地方红十字会领导同志表示，红十字会不应该成为政府安排其他部门转入二线的干部或转退军人的机构，这不仅不利于改善红十字会工作人员队伍的年龄结构，也不利于他们的工作积极性的发挥。

能力问题的第二个重要方面是文化素质。问卷调查表明，总体上，地方各级红十字会工作人员的受教育程度是比较高的，拥有大专及以上学历者合计占88.3%，拥有初中和高中学历者合计占11.7%，平均受教育年限为15.4年。分层级来看，省级红十字会工作人员的整体学历水平最高，拥有大专及以上学历者合计占90.7%，初中和高中毕业生合计占9.3%，平均受教育年限为15.7年；地市级红十字会工作人员学历水平居中，拥有大专及以上学历者合计占87.0%，初中和高中毕业生合计占13.0%，平均受教育年限为15.3年；县级红十字会工作人员的学历水平也不算低，拥有大专及以上学历者合计占87.3%，初中和高中毕业生合计占12.7%，平均受教育年限为15.1年，与省级和地市级红十字会相比，差异主要是研究生和大学本科生的比重相对低一些，大专生的比重明显高一些。未来进一步改善红十字会工作人员学历结构的重点是适度提高县级红十字会工作人员中拥有大学学历者的比重，使其达到50%或者更高。

红十字会工作人员能力建设的第三个方面是专业素质和能力的提升。专业素质的内涵，除了掌握红十字运动的知识、具备红十字运动倡导的人文精神、了解中国红十字事业发展的方向之外，还包括掌握和运用社会政策的知识和能力，掌握动员、筹措和管理社会资源的知识和技能，掌握机构管理和与公众沟通的知识和技能，掌握动员和组织红十字志愿者队伍的知识和能力，以及掌握和具备与红十字运动所帮助的社会弱势群体沟通的能力、了解他们的真实需求的方法和洞察力、协助他们走出困境的知识和能力。从课题组的实地调研情况看，各级红十字会在第二方面的能力还是有所欠缺的。例如课题组的问卷调查表明，在全部被调查机构中，认为社会资源动员困难的问题比较严重或很严重的机构占55.2%，认为这个问题存在但还不严重的机构占25.2%，仅有19.7%的机构认为这个问题不存在或不明显。实际上，社会资源动员问题的形成，既有客观原因，也有机构自身能力不足的原因。另外，近年来，尤其是2010年以来，中国红十字会系统面对着社会越来越多的质疑，但红十字会系统的应对明显存在不足，以至于一个“郭美美事件”就使得红十字会系统大伤元气。然而，问卷调查结果却显示，各地红十字会对机构人员的能力和素质状况普遍表示乐观。例如，在全部被调查机构中，认为人员能力和素质不足的问题不存在或不明显的机构占62.6%，认为这个问题存在但不严重的机构占23.5%，认为这个问题比较严重或很严重的机构仅占13.9%。

从专业角度来说，红十字会所从事的工作具有所谓的社会工作性质；在现代教育体系中，社会工作是培养与上述红十字会组织所需专门人才相适应的对口专业。然而，在调研过程中，课题组感到，各级红十字会对此都还没有充分的认识。例如，课题组没有发现任何地方红十字会工作人员中有从社会工作专业毕业的人，或者接受过社会工作培训的人员，甚至也没有机构表示准备将来招录社会工作专业人才。国家即将出台的《社会工作专业人才队伍中长期发展规划》要求工会、妇联、共青团和残联四个人民团体参与，但只字未提红十字会这样重要的一个从事公益慈善事业的人民团体，红十字会的缺席，也表明中国红十字会系统对这个问题重视不够，与政府沟通不畅。从国际经验看，使用社会工作专业人才，或者让机构人员接受系统的社会工作专业培训，是提升人员队伍专业能力和素养的一个重要途径。课题组认为，红十字会要更好地履行其基本职能，有必要配置专业社会工作人员，使其工作更加专业化。课题组建议，通过直接从社会工作专业毕业生中招录或者派遣现有工作人员出去接受社会工作专业培训的方式，县级红十字会一般配备1名专业社会工作人员，地市级红十字会配备2名以上专业社会工作人员，省级红十字会工作人员中具备社会工作专业背景的人员比重占到1/4～1/3。建议中国红十字会系统做出中长期规划，争取用5年左右的时间，实现人员专业结构的重大调整，提高专业化水平。

3. 保障和改善红十字会工作人员的工作待遇和条件，提高工作积极性

调动红十字会工作人员的工作积极性，是提高红十字会工作效率、推动红十字事业发展的内在条件。从实地调研来看，各地红十字会工作人员的工作积极性是比较高的，责任心也比较强，这一点应当给予充分肯定。在访谈一些地方的红十字会救助受益人时，我们也深切地感受到，广大红十字会工作人员是非常尽心尽力地为需要帮助的人们服务的，付出了很多辛劳，绝非近期媒体所渲染的那样无所作为。然而，我们也应当看到，由于种种原因，红十字会工作人员还有进一步提升的空间。在座谈会和实地调研过程中，反映比较多的问题就是工作条件和待遇问题。这一问题又涉及三个方面，一是工资和福利待遇，二是工作条件，三是社会流动激励。

在工资和福利方面，总的来看，由于红十字会基本实行参公管理，红十字会工作人员的工资待遇基本上是有保证的。一般而言，必须保证红十字会工作人员获得社会平均收入，这一点也是国际经验。例如，美国红十字会的人均工资性收入大概是5万美元，与美国从业人员的平均收入水平相当。根据课题组2010年的抽样问卷调查，被调查的各地各级红十字会工作人员2009年的人均年工资性收入为37509元；同期，全国城镇国有单位人均工资为34130元。全国红十字会工作人员工资性收入水平比全国城镇国有单位职工人均工资性收入高出9.9%。但是，红十字会收入水平存在层级和地区差异。分层级来看，省级红十字会工作人员人均年收入44795元，地市级为40849元，县级为34962元；分地区来看，东部红十字会人均年收入为45929元，中部为28460元，西部为33641元。虽然中国红十字会系统工作人员的工资待遇比城镇国有单位职工人均工资水平略高，但与其他部门公务员的工资水平相比则要低一些，在福利待遇方面尤其如此，这是课题组在实地调研和座谈会中听到的最多的抱怨。要解决这个问题，主要应当按照国家公务员制度，采取与政府公务员相同的模式和结构，不断改善红十字会工作人员的工资待遇。当然，作为参公管理的事业单位，红十字会工作人员的工资和福利待遇可能会受到一些不利影响。如果只是一个事业单位，则红十字会可以设置专业技术职称体系，例如，在县级的事业单位中，专业技术岗位一般可以设置到副高级职称的水平，按照国家的工资和福利体制，副高级职称专业人员的待遇是高于科级公务员的待遇的，实行公务员制度之后，县级红十字会的最高行政级别岗位是科级或副科级的，整体待遇水平相应会有所降低（这一问题在省级红十字会可能不存在，因为省级红十字会的行政级别较高）。

在工作条件方面，最主要的问题是机构运行经费不足，这导致工作条件的改善受到限制。从课题组的抽样问卷调查结果来看，在全部被调查的地方红十字会中，认为机构运行经费不足的问题不存在或不明显的占 15.2%，认为这个问题存在但不严重的占 13.9%，而认为问题比较严重或很严重的占到 70.9%。分层级来看，在省级红十字会中，这三个比重分别为 33.3%、28.6% 和 38.1%；在地市级红十字会中，这三个比重分别为 10.7%、19.0% 和 70.3%；在县级红十字会中，这三个比重分别为 15.2%、9.9% 和 74.8%。也就是说，省级红十字会的机构运行经费不足问题相对较轻，而地市级和县级红十字会运行经费不足的问题则非常突出。分地区来看，在东部地区红十字会中，这三个比重分别为 24.8%、16.6% 和 58.6%；在中部地区红十字会中，这三个比重分别为 12.7%、14.1% 和 73.2%；在西部地区红十字会中，这三个比重分别为 7.1%、8.9% 和 84.0%。可见，西部地区红十字会的机构运行经费不足问题最为普遍和突出，中部地区红十字会面临的这个问题也相当普遍和突出，即使在东部地区，机构运行经费不足问题也不可忽视。从实地调研和座谈会所获得的信息来看，导致机构运行经费不足问题的原因有两个方面。一方面，红十字会的机构运行经费主要是由政府财政按照红十字会机构工作人员数拨付的，这些经费一般只能满足机构人员工资、医疗等基本福利以及日常办公经费支出需要，而且人均办公经费不多，甚至不能满足基本需要。在江苏调研时，省红十字会的人员说，一些地方红十字会办公经费捉襟见肘，甚至参加必要的上级红十字会会议的路费都无法保证。在河南某市调研时，该市红十字会采集的造血干细胞血样由志愿者每周一次送交省红十字会，市红十字会仅仅提供一点路费，而不能提供饭补。诸如此类的问题，在经济欠发达地区尤为突出。另一方面，红十字会不仅要开展日常工作，还要根据社会需要开展一些项目活动，这些活动的工作经费，部分可以通过向政府申请专项经费解决，但往往还需要自筹一部分。虽然中国红十字会总会曾经出台相关办法，可以从社会募集资金中提取一定比例作为工作经费，但由于各方面的原因，实际工作中很难实行，这就造成了红十字会工作经费的困难，在实地调研中，来自政府部门和社会各界参与座谈的人士，对于红十字会是否能够从社会居民资源中提取一定比例的问题，存在较为激烈的争议。

要解决这个问题，有三条路可走。一是政府财政承担全部工作费用，不从社会募集资源提取；二是政府财政仅仅承担红十字会的人员经费和日常办公经费（按照政府部门人员办公经费标准拨付），其他经费需求问题通过从社会募集资源中提取一定比例来解决；三是政府不再正式承担红十字会的任何经费，红十字会机构运行和事业发展经费需求全部通过从社会募集等渠道获得的资源中提取一定比例来满足，当然，政府对红十字会的经费支持仍然是必需的，这主要通过购买服务等方式实现。从中国的实际情况来看，第一条路和第三条路可能都很难实行，第二条路是一种混合型解决办法，其中最需要解决的问题是提取比例多大为合适。从美国红十字会的情况来看，这个提取比例大致是9%，但按照这个比例提取的经费包括了雇员报酬、机构日常运行经费和项目活动经费。美国红十字会的雇员规模比中国红十字会大两倍多，因此其雇员报酬和机构日常运行经费所占比重会更大一些，项目活动经费所占比重相对较小。按照这种模式，中国红十字会的提取比例或许应当限制在3%～4%的水平上。当然，最终需要多大的提取比例合适，还要经过全面深入的调查研究来确定。同时，有关确定提取比例的政策，不应当由红十字会自身出台，而应当由政府出台，或者由立法机关确定。否则，社会将难以认同。《红十字会法》中有不少地方需要修改，未来修改该法时，可以考虑加入这方面的相关条款。

关于红十字会工作人员的社会流动激励，主要是指红十字会工作人员是否有职业生涯发展空间，或者说是否有职业地位晋升机会。从组织管理的角度来看，是否存在这样的空间以及这样的空间有多大，在这个空间中实现流动的难度如何，制度化、规范化的程度如何，不仅影响着组织能否从社会上吸纳人才，也影响着组织内人员的工作积极性。就各地各级红十字会组织而言，从调研情况看，省级红十字会因机构规模较大，机构的行政级别较高，组织内部层级较多，因此是存在着晋升激励空间的。但在地市级以及县级红十字会中，由于人员规模较小，机构行政级别较低，组织内部层级少，工作人员的职业地位晋升空间不大，职业生涯发展的前景有限，加上主要领导职位一般都是由政府安排的其他部门退居二线人员转行担任以作为其退休前的过渡，其机构人员的晋升机会就更少了。如果为了照顾红十字会工作人员的这种需求，在具备条件的情况下通过调动单位来满足其晋升激励需求，又意味着对红十字会自身人力资源积累机制的破坏。在实地调研和座谈会中，我们已经发现，不少红十字会工作人员确实感到其职业生涯的前途黯淡，他们的工作积极性也因此受到不同程度的影响，对年轻人的影响可能更大一些。

更重要的是，从理论上说，作为一种公益性、慈善性的社会组织，红十字会原本也不应当把构建行政级别科层体系作为其人员的主要晋升阶梯，而应当考虑他们的社会地位（包括专业地位）的提升，并伴之以经济待遇的改善。然而，红十字会实行参公管理体制以后，地市级和县级红十字会工作人员无法加入专业技术职称体系获得职业地位晋升机会。因此，中国红十字会系统面临着一种新的选择，即在国家事业单位改革过程中，是回归事业编制人员管理体制，还是干脆进入公务员管理体系。从加强和完善政府的社会管理角度考虑，总会和省级红十字会可以继续全面实行参公管理，地市级和县级红十字会回归事业单位管理体制（从长远看，还要实现去行政化）。对于回归事业单位管理的红十字会组织，也不宜实行专业技术职称评聘制度。考虑到红十字会组织的性质，可以建立专业工作职级制度，以此为基础构建一种新的职业地位晋升阶梯。如上所述，红十字会工作具有国际上通行的专业社会工作性质。在国内，民政部门牵头建立了社会工作专业职级体系，也就是社会工作师系列。回归事业单位体制的红十字会可以加入社会工作师系列。当然，也可以考虑实行过渡性的双重管理体制，部分人员加入参公管理体制，在行政职级系列中获得发展机会；部分人员加入事业编制管理体制，参加社会工作师系列评聘。获得一定级别的社会工作师称号的红十字会工作人员，也可以担任红十字会的领导职务，其待遇按照就高不就低的原则确定。最后，还可以考虑仿照国外非营利机构的办法，对红十字会的工作实行项目制，设置诸如项目办事人员、项目官员、项目经理（主管）、首席执行官（CEO）、理事长等这样的职位系列。当然，实行这种制度，意味着红十字会组织的治理结构和运行机制的重大改变，而且对于只有三五个人的县级红十字会来说，也不一定合适。

最后，在保持目前的红十字会管理体制不变的前提下，配好配强各级红十字会干部，也是搞好红十字会管理工作、提高机构运行效率的重要保证。首先，主要领导干部应年富力强，有工作积极性。如上所述，目前，部分地方红十字会的常务副会长往往是从政府其他部门退居二线的干部，三五年甚至更短时间之后就要退休，对红十字会工作一方面不了解，另一方面也缺乏主动性和开拓性，不利于红十字事业的发展。地方党委政府应当重视这个问题，避免把红十字会当作安置干部的地方。其次，红十字会的一般干部也应当具备相关专业素质。实行参公管理的，可以考虑通过公务员考试招收人员。未实行参公管理的，新进人员也应当经过一定的测试，具备相应资格。前面已经提到，我们的调研表明，相当大部分地方红十字会成为安置退转军人的机构，这种情况不符合红十字会作为具有专业性公益慈善组织的要求。今后应当尽量减少向红十字会安置退转军人；对已经安置在红十字会的退转军人，要加强专业培训。

（三）规范会员管理，明确会员发展策略

为了进一步扩大红十字会工作的社会基础，动员社会资源支持，红十字会应当更多地发展会员。据中国红十字会总会统计，全国红十字会系统有成人会员 917.9 万人，青少年会员 1839.7 万人，团体会员约 10.4 万个。

中国红十字会会员队伍发展也存在一定的问题。首先是会员发展不平衡。从地区来看，根据中国红十字会总会的统计数据计算发现，2010 年，东部地区红十字会成人会员的人口密度为 7.8‰，青少年会员的人口密度为 21.2‰；中部地区红十字会成人会员的人口密度为 8.1‰，青少年会员的人口密度为 10.9‰；西部地区红十字会成人会员的人口密度为 5.5‰，青少年会员的人口密度为 10.3‰。团体会员数量不好比较，因为难以标准化。其次是会员作用不明显。例如，课题组 2010 年的抽样问卷调查表明，57.7% 的县级红十字会、50.7% 的地市级红十字会、26.3% 的省级红十字会没有自己的缴费会员，换句话说，总体上有超过一半的地方红十字会没有缴费的会员，许多会员不过是挂名而已。而且，实地调研也表明，地方红十字会的会员构成仍然以医疗卫生机构团体会员为主，很少看到拥有真正意义的个人会员的地方红十字会。对于红十字会来说，在社会各界广泛发展会员是扩大红十字会的社会影响、巩固其社会基础的重要举措。

基于实地调研，课题组认为，中国红十字会未来发展会员的主要思路和策略，一是要继续巩固发展医疗卫生机构会员，同时要明确团体会员的职工作为红十字会个人会员的身份；二是在其他经济社会组织中发展新型机构会员；三是在继续发展团体会员的同时，在社会各界广泛发展个人会员。在发展红十字会个人会员时，一定

要坚持自愿原则，不可强制。最近媒体披露，一些地方在发展学生会员时，颇有强制嫌疑。当然，媒体质疑要求学生会员缴纳会费的做法并不合适，会员缴纳会费，是《中国红十字会章程》的规定。在保证入会自愿的前提下，会员缴纳会费是必需的，不管其是成人会员还是学生会员。

发展和巩固红十字会会员队伍，还需要进一步明确红十字会会员的权利与义务。总的来说，红十字会会员的义务，主要是以各种形式为红十字事业的发展提供资源支持和服务；主要权利是参与红十字事业的发展规划、发展模式的形成，对红十字工作进行监督和督促，根据会员履行义务的情况获得相应声望等。从实地调研情况看，目前在这方面存在的问题是，许多会员既不尽义务，也没有充分行使他们的权利。不少会员，包括医疗卫生机构的会员，甚至不清楚自己是不是会员，他们既没有缴纳过会费，也没有参加过红十字会的任何活动。一些人说自己参加过所在机构组织的捐献活动，而所在机构是红十字会的团体会员，因此估计这也是对红十字会活动的参与，但仔细询问之下，他们所在机构组织捐助，实际上还是相应政府号召而为，与红十字会没有什么关系。另外，还有一些参加调研座谈的人士提出转会的问题，他们原来在学校学习时是学校红十字会的会员，毕业离校以后，学校红十字会既没有告知是否需要转会，他们自己也不知道如何转会，有些保留了学校红十字会会员证书，有些连会员证书也找不到了。建立红十字会会员转会制度，是巩固发展红十字会会员队伍的重要举措。转会制度不仅要覆盖毕业离校后的学校红十字会会员，也要覆盖在不同地区间迁移的红十字会会员。

会员缴纳会费，既是会员履行义务的重要制度安排，也是激发会员权利意识和参与意识的重要机制。对于机构会员，可以设定缴费起点，多缴不限；缴费起点要适当，理事单位的缴费标准可以相对高一些。对于个人会员，缴纳会费是必要的，但不宜设定硬性缴费标准，而缴纳多少，以自愿为原则。红十字会可以有一个建议标准，例如学生会员每人每年5元，其他一般会员每人每年10元，理事会员每人每年50元，常务理事会员每人每年100元，等等，多缴不限。红十字会会员证书上应当留有缴费记录，红十字会应在网站上向社会公布机构会员和个人会员的缴费信息。对会费使用应有明确规定，要符合红十字事业的精神。现在的问题是，尽管地方红十字会会员基本上是机构会员，但缴费的不多，地方红十字会的会费收入很少，县级红十字会的会费收缴问题尤为严重。我们的问卷调查表明，2009年，55.6%的县级红十字会没有会费收入。

为了巩固和发展红十字会会员队伍，还有必要建立相应的激励机制。一是针对不同层级红十字会，根据会员的会费缴纳和活动参与情况，设立红十字会荣誉常务理事（荣誉常务理事单位）、荣誉理事（荣誉理事单位）、荣誉会员（荣誉会员单位）以及一般会员（一般会员单位）等位置，不同位置的会员（会员单位）享有相对应的权利。向他们颁发证书（荣誉理事及以上的，还可以颁发牌匾），并允许他们在其他公共场合公开这些身份，作为他们享有相应社会声望的证明；荣誉会员以上的个人和单位有被选举为实任理事（单位）、实任常务理事（单位）的权利。二是进行年度表彰，评选优秀会员（单位），给予荣誉奖励。另外，建议设立“五八红十字奖章”，对有突出贡献的会员授予该奖章，作为终身荣誉。

总而言之，加强和完善会员管理制度是推进会员队伍建设的关键所在。具体地说，加强和完善会员管理制度的工作，可以从以下几个方面着手。

一是会员资格管理。缴费是个人和机构成为红十字会会员的前置条件。对于申请成为红十字会会员并履行缴费义务的，红十字会应当吸收其成为会员，颁发会员证书，制作会员名录并在网上公布。个人或机构可以根据自身意愿，向任何地方任何层级的红十字会组织申请成为会员并缴纳会费，由接受申请和缴费的红十字会组织办理接纳手续、会员资格认定并颁发会员证书。

二是会员缴费管理。按照《中国红十字会章程》和《红十字会法》，对会员缴费进行管理。缴费会员（会员单位）有权监督其缴费的使用情况。红十字会应当在年度会员代表大会上报告会费使用情况，并在机构网站上公布，以备会员（会员单位）查询。

三是会员活动管理。会员有权利也有义务参与红十字会需要会员参与的重大相关活动。红十字会应在年度会员代表大会上向会员代表报告下年度主要活动计划、对会员参与的需求以及会员参与的方式，并在网上予以公告，征询会员参与意愿。对于荣誉会员和理事以上会员（会员单位），应当以邮件等方式告知。根据征询到的会员参与意愿进行参与安排。会员的会费缴纳情况、资源支持情况以及活动参与情况，可作为评选优秀会员以及获得其他荣誉的条件。

四是会员会籍管理。凡成为红十字会会员的，自动获得红十字会会籍。红十字会会员的会籍，在满足一定条件之后，可具有永久性。课题组建议，个人凡是能够连续五年（或十年）缴纳会费的，可认定为红十字会终身会员（无论其是否继续缴费）；在成为终身会员之前，连续三年，经红十字会礼貌告知未缴费实情，而仍不缴费的，视为自动脱会，红十字会从会员名录上将其名字删除，但此后仍可重新申请成为会员。红十字会会员有违背红十字运动宗旨和精神的，视情节予以暂停会籍或永久革除会籍的处理；有其他违法犯罪行为并被司法机关剥夺公民权利的，亦应革除其会籍，待其公民权利恢复以后，可重新申请成为红十字会会员。凡自动脱会、被暂停会籍或被革除会籍的，其在红十字会担任的一切实任和荣誉职位亦随之自动失效；重新申请加入红十字会并被接纳的，其选举和被选举资格随之恢复。对于机构会员的会籍，可做类似规定。

五是会员荣誉管理。获得红十字会会员荣誉的，红十字会应向社会发布相关信息，并记录存档，上网公布，俾使社会广泛知晓，提升会员社会影响力。获得荣誉的会员，如有严重违背红十字运动宗旨的行为，以及其他违法犯罪并受到司法机关处置的行为，红十字会可视情况做出取消荣誉的决定，并在年度会员代表大会和红十字会网站上予以公布，保持红十字会会员荣誉的严肃性和社会公信力。

（四）大力发展红十字志愿者队伍，增强红十字事业发展的社会行动者基础

志愿者一般是指不受私人利益驱使、不受法律强制，基于某种道义、信念、良知、同情心和责任感，为改进社会而提供服务、贡献个人的时间、才能及精神从事社会公益事业的人。志愿服务起源于19世纪初西方宗教性的慈善服务，已经有百余年的历史。从第一次世界大战到20世纪中叶在慈善组织发展的基础上欧洲出现了第一批志愿者组织，主要参与国家重建和加强各国人民之间的理解和沟通。此后，西方国家的志愿服务工作逐渐走向了制度化、规范化和专业化。志愿者和志愿者组织在中国出现的时间比较晚，1987年广州市设立全国第一条志愿者服务热线，1989年天津市和平区新兴街道诞生全国第一个社区志愿服务团体，1990年深圳市创立全国第一个正式注册的志愿者社团。目前，中国的志愿者队伍飞速发展，志愿者服务渗透到社会的各个领域，志愿者为社会做出了巨大的贡献。仅在汶川地震救灾期间入川志愿者就多达130万人次，而四川省内志愿者为300万人次；在其他省市，参与赈灾宣传、募捐、救灾物资搬运的志愿者超过1000万人，据估计所有志愿者的服务价值高达165亿元。在中国的社会发展、社会建设中志愿者起着越来越重要的作用。

中国红十字会志愿者队伍也在不断扩大，根据《新中国红十字事业发展研究报告》，截至2002年底，全国红十字会有会员1750万人，志愿者31万多人。而根据《中国红十字会第九届理事会第二次会议暨理顺管理体制工作经验交流会会议材料》中《中国红十字会2010年度统计数据》公布的数据，中国红十字会系统拥有红十字志愿者2201331人。从宏观上看，中国红十字志愿者的规模还

是相当可观的；从相对规模来看，总人口中的红十字志愿者密度也比较高，每10万人口有红十字志愿者约164人。根据美国国家红十字会网站提供的数据，2010年美国红十字会系统拥有志愿者总计超过50万人，总人口中的红十字志愿者密度也是每10万人有160多人。因此，从数量上看，中国红十字志愿者队伍的发展水平与美国大体相当。红十字志愿者对中国红十字事业的发展做出了贡献，这是中国红十字会系统和社会各界都比较认同的事实。

国际红十字运动的经验和国内红十字会的探索都已经证明，发展红十字志愿者队伍既是红十字运动基本原则的要求，也是拓展红十字人力资源的有效途径。我们从调研中看到，红十字会志愿者队伍在红十字事业发展中发挥了重要作用，包括应急救援、健康关怀、人道救助、捐献造血干细胞、遗体捐献、宣传无偿献血、宣传预防艾滋病、红十字精神传播、筹资劝募、海外服务等工作，传播了红十字运动宗旨和理念，动员了社会力量参与红十字工作，弥补了红十字会工作人员的不足。体现了红十字会志愿者队伍是红十字会履行其基本职能的重要助手，是红十字运动宗旨的志愿宣传队，是在全社会普及红十字精神的志愿播种机。但是，中国红十字志愿者队伍的发展仍然存在若干问题，主要表现在以下四个方面。

首先是发展不平衡。按照《中国红十字会2010年度统计数据》公布的省红十字志愿者数据，经计算，东部地区9省市每万人有红十字志愿者20.9人；中部地区10省有13.3人；西部地区12省（自治区、直辖市）有15.0人，但重庆比较特殊，志愿者规模居全国之首，多达30.67万人，每万人有志愿者106.3人，如果不考虑重庆市，则西部其余11省每万人口中仅有红十字志愿者7人。课题组2010年的问卷调查结果则表明，2009年，东部地区地方红十字会中，34%的红十字会没有志愿者参与；在中部地区，45%的红十字会无志愿者参与；在西部地区，47.8%的红十字会没有志愿者参与。不同层级红十字会拥有志愿者的数量也不平衡。2009年，省级红十字会的活动平均有志愿者参与达到12110人次，没有志愿者参与的省级红十字会占9.5%；地市级红十字会的活动平均有志愿者参与数为991人次，其中没有志愿者参与的地市级红十字会占25%；县级红十字会活动的志愿者参与数平均为495.9人次，其中没有志愿者参与的县级红十字会占46.4%。总的来说，西部红十字会动员志愿者参与的水平最低，东部最高；县级红十字会动员志愿者参与的水平最低，省级红十字会最高。

其次是现有的红十字志愿者组织化程度不够，与红十字会组织的联系整体上不够密切。中国红十字会总会有一个红十字志愿服务工作委员会，这是一个领导协调机构，而不是红十字志愿者自身的组织机构。各地红十字会也在努力推动志愿者队伍的组织化建设，取得了可喜的成效。但是，从调查中了解到，由于受到社会组织注册政策等因素的限制，红十字志愿者还比较分散，多数红十字志愿者组织存在于学校、医疗卫生机构和社会各界，只是临时或零散地参与红十字事业，缺少比较统一的组织形态。不少地方的红十字会普遍缺乏隶属于红十字会的专门志愿者组织，依靠的是共青团组织、教育部门志愿者组织或其他义工组织。因此，组织志愿者参与红十字会的经常性活动还比较困难。通常红十字会也要动员志愿者参与一些临时发起的、事件性的、宣传性的红十字活动，如专项募捐、灾区慰问救助、红十字精神宣传等。由于志愿者队伍没有构成与红十字会密切联系的组织结构，志愿者对红十字会的认同和归属感并不强，还没有与红十字会形成紧密的伙伴关系，而往往只是临时支持和合作的关系。这种状况限制了红十字会理念的传播、红十字会专业活动的开展。在统计上多达220多万人的红十字志愿者中，注册志愿者人数过少，也是这种紧密伙伴关系尚未整体形成的一个表现。而志愿者对红十字运动的经常性深度参与不足，其实反过来也影响着红十字志愿者队伍的发展。

再次是志愿者培训不足，参与红十字工作的能力受到限制。在红十字志愿者队伍中，有不少人员具有一定的专业知识和技能，来自卫生领域的志愿者尤其如此。而来自社会其他领域的志愿者，则还需要有适当的专业知识和技能培训，提高他们的服务能力和水平。在实地调研过程中与志愿者座谈时，我们感到，一部分志愿者很有爱心，热情也很高，但对于如何配合红十字会做好相关服务，还是有一定的困惑。在汶川地震发生后涌入灾区的志愿者中，大部分人并不懂得如何救助灾民，以致被指责为灾区次生灾害之一，也反映了中国志愿者队伍整体缺少相关知识和训练的现实。一些地方的红十字会反映，在灾后，红十字会接受大量款物捐赠，接收、登记、分类和整理工作十分艰巨，红十字会本身人手不足，志愿者的积极参与在这个关键时刻显得异常重要，但部分志愿者由于缺乏相应知识和技能，实在难以插手，即使插手也难免出现一些无心的差错，招致捐赠者的怨言，甚至对红十字会的形象造成一定的不良影响。

最后是志愿者激励不足。志愿者虽然出于同情心、慈善心等而不计名利参与志愿服务活动，但他们的热情能否持久，他们的积极参与能否感染他们身边的人参与志愿活动，也与对他们的适当激励机制是否存在、是否有效发挥作用相关。在实地调研的过程中，我们感到，不少志愿者其实对他们参与其中的公益慈善组织如红十字会以及社会对他们的肯定和奖励也比较在意，或者为他们曾经获得的荣誉感到骄傲，或者婉转地表达出对做出贡献的志愿者给予荣誉和奖励的期望，他们认为，这种荣誉和奖励不仅是对志愿者的肯定和鼓励，也是他们感染身边的人们的有利条件。目前已经有一些激励措施，但这些措施的激励力度还不够，需要予以强化，并且需要有激励制度创新，形成全国性的激励机制。

发展红十字志愿者队伍，既是传播红十字理念和精神的重要途径，也是解决红十字会人手不足问题的重要方式。中国红十字会对发展志愿者队伍高度重视，规划到2014年发展红十字志愿者达到300万人，其中注册志愿者达到20万人。要实现这一目标，需要采取以下得力措施。

第一，要加大志愿者宣传力度，提高志愿者的社会知晓度和知名度。从实地调研情况看，地方红十字会是否有志愿者参与，与其社会宣传等方面的工作力度密切相关。红十字会既要依靠现有红十字志愿者的力量宣传红十字会理念，同时也要做好红十字会志愿者组织的宣传工作，让全社会有爱心的人们能够找到献爱心的组织载体和服务渠道，让社会大众了解红十字志愿者的组织形式、活动内容、参与方式等，使得红十字志愿者组织成为社会大众赞赏、尊重、认同和愿意参与和归属的公益组织。在县级地区和中西部地区，尤其需要加大宣传的力度。

第二，要扩大志愿者参与空间，提高志愿者的专业化水平。实地调研表明，红十字会越是组织志愿者参与红十字事业，越是能够吸引公民作为志愿者投身红十字事业。随着我国社会建设的不断深入，社会服务的内容越来越广泛，红十字会要不断推进志愿者队伍的专门化、专业化、常规化，另一方面吸收专业人士的参与，另一方面依靠对志愿者的教育和培训提高志愿者的服务水平。

第三，要提高志愿者组织管理水平，提高志愿者的凝聚力。要努力改变一些地方的红十字事业志愿者队伍比较分散的局面，大力发展红十字志愿者组织，提高红十字志愿者组织的管理水平，借助全社会的力量来开展红十字会的工作，使红十字会的理念和宗旨深入社会大众，使红十字会的工作与社会大众的爱心行动相一致，在各级红十字会的协调、管理下，完成红十字会的各项工作。建立志愿者属地红十字会统一管理的志愿者组织体制，整合各地红十字志愿者资源，统一志愿者组织注册，统一志愿者登记建档，并根据志愿者的意愿和参与情况实行分类管理。

第四，要加强红十字志愿者培训，提高志愿者队伍的素质和能力。培训应分类进行，对于一般志愿者，主要进行基本素质提升；对于骨干型志愿者，除了基本素质培训外，还应进行技能和专业能力培训。要形成一个志愿者组织的内部培训机制，依靠专业技术人员、有专业技术特长的志愿者和资深志愿者作为培训的核心，对于新加入的志愿者和进行专门化、技术化服务的志愿者进行工作前培训和定期培训，不断提高志愿者队伍的综合素质和专业水平。

第五，进一步明确红十字志愿者的义务和权利，建立相关的激励制度，制定相关保障措施，巩固已有的志愿者队伍，吸纳新的志愿人员。红十字志愿者的义务和权利应按照《中国红十字会章程》进一步加以明确。红十字志愿者激励机制建设重在荣誉表彰制度建设。一方面可以设立优秀红十字志愿者年度评选制度，对于在红十字事业发展中做出突出贡献的志愿者，授予优秀志愿者荣誉称号并颁发证书。另一方面，如果能够设立“五八红十字奖章”，其授奖范围应当覆盖红十字志愿者，对有突出贡献的红十字志愿者授予“五八红十字奖章”。

五　新时期中国红十字会资源筹措与资金使用

红十字会的资源筹措问题是与红十字会的人力资源动员同样重要的问题。从红十字会各级组织开始理顺体制、独立建制的改革以来，社会资源动员力度不断加大，同时，随着中国经济社会的发展，公众的公益慈善意识和捐赠积极性也不断增强，这两方面的因素共同推动着红十字会社会资源动员水平的提高。当然，客观地说，红十字会的社会资源动员能力仍然有待进一步提高，更重要的是，这是红十字事业发展的物质基础所在；同样，对接收的社会捐赠资源进行管理的能力和水平也亟待提高，这是红十字会能够更多地动员社会资源的关键所在。本部分主要根据课题组的问卷调查和实地调研情况，以及中国红十字会总会的有关统计数据，对中国红十字会系统的资源筹措和管理问题进行分析。

（一）中国红十字会的社会资源动员规模逐年提高，管理和运行成本较低

这里所说的资源，包括资金和物资两个方面。一般而言，物资

也会被折合成资金，成为红十字会的活动经费。《中华人民共和国红十字会法》第二十条规定红十字会经费的主要来源为：①红十字会会员缴纳的会费；②接受国内外组织和个人捐赠的款物；③动产和不动产的收入；④人民政府的拨款。在实际工作中，各级红十字会基本上按照这一规定进行筹资，但也开展一些有偿服务性质的经营活动来筹资，如收费培训等。

根据中国红十字会总会的统计，2006～2010年，全国各级红十字会各项经费收入呈现总量增长、但波动较大的趋势（见表3－1）。从表3－1可以看到，2008年和2010年情况比较特殊，分别发生了四川汶川大地震和青海玉树地震，社会捐赠规模巨大，使得这两年红十字会的经费收入畸多，尤其是2008年。换句话说，2008年和2010年收入的巨大规模，并不直接反映红十字会系统的社会资源动员能力。我们可以把2006年、2007年、2009年看作是红十字会经费收入正常变动年份，其增长趋势是明显的，反映出红十字会系统的筹资能力的真实增长情况。政府拨款在2006～2008年呈现增长态势，2010年的政府拨款相比2009年有所下降，但总的规模还是比较可观的。从结构上来看，在2006年、2007年和2009年这三个年份，政府拨款所占比重都在1/4上下波动，易言之，在正常年份，中国红十字会的收入对政府拨款的依赖并不算高。当然，一般而言，政府拨款是中国红十字会机构运行的基本保障。

表3－1　2006～2010年中国红十字会系统经费收入与结构

		政府拨款	国内捐款	国内捐赠物资	外援款	外援物资	会费	其他	合计
2006	金额（万元）	39043	58553	43177	5992	2333	1505	5640	156242
	比重（%）	25.0	37.5	27.6	3.8	1.5	1.0	3.6	100
2007	金额（万元）	60538	69947	64464	10745	1092	1496	5643	213924
	比重（%）	28.3	32.7	30.1	5.0	0.5	0.7	2.6	100

续表

		政府拨款	国内捐款	国内捐赠物资	外援款	外援物资	会费	其他	合计
2008	金额（万元）	81654	1582223	370293	65876	3121	1843	5429	2110438
	比重（%）	3.9	75.0	17.5	3.1	0.1	0.1	0.3	100
2009	金额（万元）	85475	184112	55230	30073	12217	1963	8260	377331
	比重（%）	22.7	48.8	14.6	8.0	3.2	0.5	2.2	100
2010	金额（万元）	80743	774976	89796	29197	1237	7160	7190	990299
	比重（%）	10.58	72.43	11.77	3.83	0.16	0.28	0.94	100

资料来源：中国红十字会总会统计资料。

动员和使用社会资源是有成本的。就中国红十字会总会而言，在整个支出结构中，管理费用支出和筹资费用支出所占比例都极小（见表3－2），而且，支出总额越大，管理费用支出和筹资成本支出的比例就越小。应当指出，2008年和2010年仍然显现出特殊性，几乎没有筹资成本，这主要是因为地震灾害的发生使得社会自动捐赠大幅度增加，以致筹资成本几乎可以忽略不计。但在地方红十字会中，由于各种原因，特别是从2005年起开始大力推动理顺县级红十字会机构实现独立建制的改革到2006年接近20%的县级红十字会理顺体制，机构建设支出较高，在总支出规模相对较小的情况下，机构运行成本较高。根据课题组2010年的抽样调查，从2005年到2009年的5年中，省级、地市级和县级红十字会的机构自身运行支出占年度总支出的比重分别为25.9%（110个红十字会）、48.0%（118个红十字会）、34.3%（135个红十字会）、6.1%（156个红十字会）和15.1%（175个红十字会）。2006年是地方各级红十字会机构运行成本最高的一年，此后便趋于下降；但2008年由于汶川地震之故，地方各级红十字会的业务支出规模较大，所以红十字会的机构自身运行成本比重显得特别的低。另外，需要注意的是，地方红十字会的运行支出经费几乎完全来自地方政府拨款，与社会捐赠基本无关，也就是说，即使地方红十字会的机构运行支出在其全部支出中所占比重较高，整体上也不意味着它们占用了多少社会捐赠经费。在实地调研过程中，我们发现，一些地方红十字会2008年为汶川地震救灾而支付的费用（包括租用仓库、运送物资等方面的费用），因为不能从社会捐赠中提取相关费用，而自身经费又非常有限，到2010年时仍然无处核销。

表3-2　2006~2010年中国红十字会总会支出结构

	业务活动支出（%）	管理费用支出（%）	筹资费用支出（%）	合计（%）	支出总额（万元）
2006	96.38	0.07	3.55	100.0	16965.68
2007	99.31	0.32	0.37	100.0	17785.64
2008	99.97	0.03		100.0	246199.4
2009	97.89	0.05	2.06	100.0	95471.48
2010	99.73	0.27		100.0	245466.1

资料来源：中国红十字会总会统计资料。

（二）中国红十字会的社会资源动员和管理能力有待提高，使用和监管方式亟须创新

在目前中国红十字会的几个主要筹资渠道中，政府拨款具有固定性，主要反映政府对红十字事业的重视程度，但也与红十字会动员政府资源的能力有一定关系，实地调研表明，红十字会主要负责人与政府的关系与他们动员政府资源的积极性和韧劲是有关系的。动产/不动产收入以及经营性收入主要反映红十字会的理财能力和开发经营性项目的能力，某种程度上也是一种资源动员能力。会费缴纳情况主要与会员的会员意识以及红十字会提供的缴费激励相关。社会捐赠一方面反映红十字会的社会资源动员能力以及管理水平，另一方面反映社会的公益慈善意识强度，两者之间也存在相关性。社会的公益慈善意识越强，红十字会就越容易动员社会资源；

红十字会动员资源和管理资源的能力和水平越高，资源使用越是让社会满意，社会就越是信任红十字会，越是愿意做出捐赠决策和行为。因此，总的来说，红十字会系统的筹资水平在较大程度上取决于红十字会的筹资能力和管理能力。从目前情况来看，红十字会系统的整体筹资能力还比较低，管理水平也有待提高。问卷调查表明，36.8%的省级红十字会、70.4%的地市级红十字会和76.4%的县级红十字会认为，机构自身运行经费不足的问题比较严重或很严重。大多数地方红十字会还面临社会资源动员困难，例如，问卷调查表明，57.9%的省级红十字会、57.8%的地市级红十字会和57.4%的县级红十字会认为，其社会资源动员的困难比较严重或者很严重。这一个“不足”和一个“困难”，对全国红十字事业的发展形成资金瓶颈和压力。

1. 政府财政支持红十字事业的问题

世界各国政府都以各种形式向其红十字会给予财力支持，而且其力度相当大。对此前文已经有所涉及，下文还将更多地讨论这个问题。中国政府对红十字会也提供了许多支持。除了红十字会的人员费用和办公费用需求由财政拨款解决外，各地还以专项经费的形式解决红十字会的一些专项行动的经费问题。然而，不能不看到，与世界各国相比，政府对红十字事业的支持力度还是有差距的。例如，2009年度，美国红十字会的全部收入中，来自政府拨款和购买服务的收入占6.4%，政府授权红十字会采血和有偿供给血液产品产生的收入占66.7%，两项合计占到73%。而从上述表1可以看到，中国政府对红十字会的直接拨款占红十字会收入总额的比重在25%左右，但除此之外，政府不再给予红十字会其他特许经营权，这使得红十字会缺乏稳定的收入来源，绝大部分收入依靠社会资源动员。

另外，地方政府财政对红十字会的支持力度也存在显著的不平衡问题。根据中国红十字会总会的统计数据，我们对2006～2010年各省份对红十字会的拨款与地区财政收入之间关系进行了统计分析，主要计算各省对红十字会拨款的人均量（以各省份总人口为基数）与其人均财政收入（只涉及一般预算内收入）的比率关系，对各年度的这一比率进行排序，然后基于各年度的排序进行综合排序，结果表明，在这5年中，综合排序处于前10名的省份依次为新疆、青海、云南、北京、宁夏、西藏、内蒙古、广西、福建、上海，5年间该比率的综合平均值为0.031%；排在第11~20名的依次为四川、吉林、湖南、天津、江苏、海南、浙江、湖北、陕西、贵州，5年间该比率的综合平均值为0.016%；排在第21~31名的依次为辽宁、山东、黑龙江、河南、甘肃、江西、山西、安徽、广东、河北、重庆，5年间该比率的综合平均值为0.009%。三个综合平均比率之比为3.44∶1.78∶1（以第三组省份为1），可见其间的差距是比较明显的，而且，这种差距并不与各省份的财政收入水平呈正相关。例如，属于东部地区的9个发达省份，只有3个进入第一队列，另有3个处于最后一个队列；而属于西部地区的12个省份，却有5个进入第一队列。

2. 中国红十字会会费与社会捐赠资源动员问题

统计表明，中国红十字会系统的会费收入所占比重极小，不能成为红十字会的有意义的收入源泉，其作用主要是体现会员的身份认定。从表1可以看到，近年来，会费收入占红十字会收入总额的比重始终不超过1%。

社会捐赠则是中国红十字事业发展的主要资源依托。但是，整体来讲，中国社会的公益慈善文化还有待培育和发展。根据国家民政部社会福利和慈善事业促进司的数据，2007年社会捐赠309亿元，境外捐赠86.09亿元，不考虑境外捐赠，国内捐赠占当年GDP的比重为0.08%；2008年捐赠款物合计1070亿元，其中境外捐赠135.29亿元，国内捐赠占当年GDP的比重为0.30%；2009年捐赠款物合计573亿元，其中境外捐赠76.44亿元，国内捐赠占当年GDP的比重为0.15%；2010年全国慈善捐赠总额1005亿元，其中境外捐赠略少于2008年，国内捐赠占GDP的比重可达到0.22%。

2009年，巴西、印度、英国和美国的这一比例分别为0.3%、0.6%、1.3%和2.2%（杨团主编，2010）。另外，在许多国家，社会捐赠主体是个人和家庭，例如，在美国，80%以上的个人有捐赠，70%以上的社会捐赠款额来自个人捐赠。中国2008年的个人捐赠一度成为社会捐赠主体，合计达到458亿元（占社会捐赠总额的54%），企业居第二位，捐赠388亿元（约占45.8%）；2009年个人捐赠占社会捐赠总额的比重为30.4%，而企业捐赠所占比重则为58.5%。2010年发生青海玉树地震，个人捐赠估计会有所增加。这种情况表明，个人捐赠积极性的高低与国家是否发生大型自然灾害密切相关。在没有自然灾害的年份，如何动员社会尤其是个人捐赠，是对红十字会的资源动员能力的考验。

3. 中国红十字会系统的动产和不动产收益问题

《红十字会法》认定的红十字会另一个获得收入的途径是红十字会的动产和不动产产生的收益。然而，由于红十字会还处在理顺体制的改革过程中，自身并未形成多少可以产生这种收益的不动产，动产比如银行存款所能带来的收益也非常有限。因此，在中国红十字会的年度收入报表中，甚至都不单列出动产/不动产收益。2010年课题组进行的调查设计了关于此项收益的问题，结果显示，2009年，99%的被调查红十字会没有此项收入。当然，各地各级红十字会还有一些其他名目的收入，但其在红十字会年度总收入中所占比例也非常小，且如果红十字会的年度总收入规模较大，则所谓其他收入的比重就越小，表明这类收入的数量不大而且增长乏力。

4. 中国红十字会系统的经营性收入问题

《红十字会法》没有提到红十字会可以通过经营性活动获得收入。尽管如此，各地各级红十字会还是想方设法取得了一些经营性收入，如开展收费培训、与企业合作开展公益营销、开办一些经营性实体等。但是这类创收行为在法律上没有明确的依据（《红十字会法》只是以列举的方式提及四种收入渠道），社会的认可度也还比较低。在2011年发生的“郭美美事件”中，中国商业系统红十字会与某企业合作开展的“红十字博爱小站”项目广受质疑就表明了这一点（当然，这个项目本身确实是有问题的，红十字会本身的利益没有得到明确）。在公众的眼里，似乎无论什么性质的经营性活动都是不可接受的，反映出中国公众对公益慈善事业的认识普遍停留在传统的慈善意识水平上。

迄今为止，红十字会系统的经营性收入极少。根据课题组 2010 年的问卷调查，在被调查的红十字会中，拥有经营性收入的红十字会所占比重 2005 年为 2%，2006 年为 1.7%，2007 年为 2%，2008 年为 2.3%，2009 年为 3%。就全部被调查的红十字会而言，年度收入总额中经营性收入所占比重也始终不超过 1%。

综上所述，中国红十字会的收入渠道是比较单一的，主要依赖社会资源动员和政府财政拨款，这导致它的总收入水平始终较低。

5. 中国红十字会社会资源动员面临的竞争压力问题

近年来，中国社会的公益慈善组织迅速发展，越来越多的公益慈善组织参与社会公益慈善资源的竞争性动员。大体可以将这些机构分为 4 类。第一类是以基金会为代表的慈善机构，分为公募的和非公募的，目前全国有 2000 多家。第二类是慈善会系统，旗下也有几千个组织。第三类就是红十字系统，有资格向公众募集资金的，包括红十字会总会、31 个省级红十字会、334 个地市级红十字会、2860 个县级红十字会以及新疆生产建设兵团红十字会、铁路系统红十字会和商业系统红十字会，总计 3200 多个机构。第四类是数十万个在民政部门登记注册的各类社会团体，2010 年全国有 44 万个社团，这些组织一般也从事公益事业，包括慈善活动。

红十字会作为中国最大的人道主义公益慈善事业机构，有一定的竞争力，但近年来其竞争力似乎不敌慈善会系统以及基金会系统。例如，据民政部社会福利和慈善事业促进司统计，2009 年，基金会系统的社会捐赠收入为 150.44 亿元，慈善会系统的社会捐赠收入为 46.9 亿元，而红十字会系统为 21.4 亿元（中国红十字会总会的统计是 37.7 亿元）。实际上，在实地调研过程中，一些地方的红十字会已经感觉到这种竞争压力的存在，尤其是慈善会系统的竞争压力。一些地方红十字会的干部慨叹，红十字会“干不过”慈善会系统，因为慈善会系统背后是民政部门的支撑，这使得慈善会系统在动员社会资源时更有优势。一些参与课题组的座谈会的其他政府部门干部也有此同感。尽管不能否认民政部门对慈善会系统的支撑是强有力的，但就社会资源动员本身来说，红十字会提高自身的动员能力是应对竞争的根本保证。

更值得关注的是，在社会资源的竞争性动员体系中，实际上还有政府部门的参与。2009 年，民政部门、其他政府部门以及人民团体共接收社会捐赠 142.1 亿元。政府对社会资源动员的竞争性介入，尽管具有自身的优势，但对于社会公益慈善资源的涵养其实具有负面作用，近年来出现的网络热词“被捐款”以及由此引发的社会捐赠“疲劳”表明了政府强势介入社会公益慈善资源动员竞争所可能造成的严重社会后果。

6. 中国红十字会的资源管理、使用和监管方式改进问题

红十字会组织的资源管理本质是一个财务管理问题。财务管理从入口就要遵循规范、严格和公开的原则，接受政府的监管和公众的监督，并且贯穿整个资源动员和使用过程，这样才能确保社会资源得到合理的使用并获得政府和公众的认可。政府和社会将资源交给红十字会，委托红十字会开展和发展红十字事业，红十字会不过是政府和社会资源的代理者，资源的使用或者要遵循政府提出的要求，或者要按照捐赠者的嘱托（这种嘱托的含义可能是捐赠者具体指定捐赠款物的用途，或者没有具体指定，但希望能够用于公益慈善事业，表达他们对社会的关切和爱心）。因此，与一般经济领域的委托代理关系不同，红十字会作为政府和公众的代理人，绝不能以为机构或其工作人员自身获取最大化利益为目的，而必须以社会福祉最大化为目的来使用资源、运作项目。这一切，构成红十字会资源管理、使用和监管的准则。

在现阶段，由于红十字会作为一个独立建制的人道主义事业机构的时间并不是很长，也由于中国整个公益慈善领域的发展还不成熟，在资源管理、使用和监管方面还存在诸多需要改进的问题。从入口处来看，红十字会的筹资与财务基本上是混在一起的。中国红十字会总会曾经分设财务部和筹资部，后来改将两者统在一起，实际上不符合收支两条线的财务管理基本原则。地方各级红十字会多数也没有把筹资与财务管理分开。这是现阶段中国红十字会资源管理中存在的第一个问题。即使红十字会自身能够廉洁自律，保证在这个过程中不出现问题，公众也仍然难以放心，从而影响公众向红十字会捐赠款物的信心和积极性。

第二个问题。目前中国红十字会系统财务管理所执行的会计制度是《行政单位会计制度》。有的专家指出，该会计制度无法核算公众捐赠款的财务状况。中国红十字会应该按照《民间非营利组织会计制度》编制财务报告，确保社会捐赠的核算准确和完善，便于接受政府审计和第三方审计。近年来，红十字会系统做出了很大的努力，实现第三方审计，但迄今为止，公众并不能从红十字会系统的官方网站上查阅到有关审计报告。这涉及红十字会资源管理的第三个重要问题。

红十字会资源管理、使用、监管的第三个重要问题是信息公开、透明。这既是红十字会向公众负责的关键，也是公众能够随时了解红十字会资源使用和项目运作状况的保证。从目前情况来看，中国红十字会系统在这个方面还有很大的改进空间。红十字会系统自身对此也有充分的认识，近两年来一直在为实现财务管理的公开透明而努力。2011 年夏季发生的“郭美美事件”促使中国红十字会总会加快信息公开机制和平台建设，于 7 月底试运行社会捐赠数据网络系统，尽管由于准备不足而出现一些瑕疵。然而，我们还是看到，中国红十字会总会官方网站公布的最新统计数据公告是《中国红十字会 2007 年度统计数据公告》，其中仅披露 2007 年全国各级红十字会的筹资信息，而缺少相关细节以及使用情况。即使经历了“郭美美事件”的冲击，但情况并无改变。实际上，中国红十字会总会并非没有可供公布的相关数据材料，即使显得有些简单。信息披露严重滞后，公众无法及时知晓红十字会的收入状况和经费使用状况，必定容易引起公众的质疑，进而影响公众的捐赠积极性和热情。地方红十字会的信息披露更加滞后，亟须总会带头做好公开化、透明化的工作，以作示范。

（三）总结国际红十字会资源筹措和管理的经验，改进中国红十字会的工作

世界各国红十字会的资源筹措模式多种多样，其中有许多成功的经验值得中国红十字会总结汲取，也值得中国政府借鉴。下面首先列举美国等六个国家红十字会的筹资模式，然后进行总结分析，概括出中国红十字会以及中国政府可以借鉴的主要经验和重要做法。

1. 美国红十字会

概括地说，美国红十字会的筹资模式是以经营性收入为主，以社会捐赠和政府财政支持为辅；政府的财政支持又包括直接拨款和服务购买合同支付。在经营性收入中，一般性的资产投入收入为辅，而以生物医疗产品（急救血浆和血液产品）的有偿供给为主。2003 年 4 月，美国食品药品监管局与美国红十字会签署了关于生物医疗服务和血液服务的核准令，特许美国红十字会独立采血并出售基于血液的生物医疗产品，筹措资源，发展美国红十字事业。目前，美国社会 40% 以上的血液产品由美国红十字会提供。

根据美国国家红十字会 2010 年独立财务审计报告，2009 年度，美国红十字会的总收入为 332026.9 万美元，其中，公众和企业捐赠收入合计 65614.5 万美元，占 19.8%；政府拨款和服务购买合同收入 21124.3 万美元，占 6.4%；生物医疗产品收入 221396.1 万美元，占 66.7%；项目材料出售收入 14960.8 万美元，占 4.5%；投资收入 7550.1 万美元，占 2.3%；其他收入 1363 万美元，占

0.4%。2010年度，美国红十字会的总收入相比2009年有所增加，为360443.5万美元；其中公众和企业捐赠收入合计100832.5万美元，占28.0%，相比2009年有较大幅度的增加；政府拨款和服务购买合同收入14209.4万美元，占3.9%，相比2009年有较大幅度减少，主要是拨款减少了；生物医疗产品收入221916.2万美元，占61.6%，收入量有所增加，但比重有所下降；项目材料出售收入14532.6万美元，占4.0%；投资收入4859.5万美元，占1.4%；其他收入4093.3万美元，占1.1%。

根据上述审计报告，2009年度，美国红十字会支出总额34.4亿美元，其中，筹资费用1.27亿美元（含工资福利6434万美元），占支出总额3.69%；管理费用1.52亿美元（含工资福利8405万美元），占支出总额4.42%。整个运行成本占总支出的比重合计为8.11%。2010年度，美国红十字会支出总额33.71亿美元，其中筹资费用1.3亿多美元（含工资福利6873.7万美元），占3.86%；管理费用1.38亿多美元（含工资福利8554.9万美元），占4.1%；两项合计占7.96%。与美国红十字会的运行成本相比，中国红十字会总会的运行成本相对更低，但地方红十字会的运行成本则要高得多，不过其中存在不可比的因素——地方红十字会还处在机构建设的初始阶段。

2. 挪威红十字会

与美国不同，挪威红十字会的筹资模式以政府赠与收入为主，社会捐赠和与企业合作形成公益营销合作产生的收入为辅，会费收入和红十字会自身的商业经营收入也占一定比重。挪威政府除了提供财政赠与收入外，还赋予一些特许经营权。如2007年以前挪威红十字会享有老虎机经营权，该项权利因挪威议会一项法令而到2007年实际终止；同年，挪威红十字会开发一种押金退还彩票，并获得特许权。

根据挪威红十字会2008年的年度报告，该会当年收入总额5.67亿挪威克朗；其中，会费收入3430万克朗，占6.0%；政府各部门捐赠合计4.45亿克朗，占78.5%；筹资收入1.09亿克朗，占19.2%；商业经营收入987.2万克朗，占1.7%；租金收入1724万克朗，占3.0%。但该年度挪威红十字会金融投资亏损2.22亿克朗。

挪威红十字会与挪威大型工商企业合作，取得了较好的筹资成效，主要合作伙伴有Tine、挪威石油公司、Rema 1000（商品零售连锁店）、Det Norske Veritas（风险管理服务提供商）、Aker Solutions（天然气脱水装置制造商）、M llergruppen（挪威最大的汽车进口商），2008年，挪威红十字会通过这种合作获得的收入达3900万挪威克朗，占当年总收入的6.9%。

3. 日本红十字会

日本红十字会的筹资模式也有自己的特色，其收入主要来源于会员会费、个人或企业的捐赠、医疗服务收入、血液和血液产品销售收入、社会福利服务收入（以保健福利津贴为基础）。日本红十字会筹资模式的一个特别重要的特征是与企业开展法人合伙项目，日本的企业重视红十字会作为非政府组织的重要作用，不仅捐款，而且允许企业员工参加红十字会的志愿者活动。在财务管理上，日本红十字会也有特色，这就是使用普通账户、医疗机构专门账户和血液项目专门账户这三个主要账户进行财务核算。但是，我们也要注意到，日本政府对日本红十字会的支持其实非常重要，许多收入项目都是政府授权的，例如血液和血液产品收入，其对日本红十字会收入的贡献极大，所占比重超过90%。

普通账户主要核算日本红十字会总部、47个地方分会以及地方分会下属的29个社会福利机构的财务状况。普通账户的主要收入来源是会员费和捐赠。2009年，日本红十字会普通账户收入总额429.12亿日元。其中，日本红十字会总部收入188.45亿日元（占44%）。在总部收入中，会员会费和捐款48.45亿日元，占总部收入的26%；授权活动收入2.98亿日元，占2%；赠款8.68亿日元，占5%；收回欠款12.76亿日元，占7%；递延收益23.6亿日元，占13%；上年留存余额74.03亿日元，占39%；其他收入17.94亿日元，占10%。同期，日本红十字会各分会收入总计240.68亿日元，占普通账户收入总额的56%。在分会收入中，会员会费和捐款166.26亿日元，占69%；授权活动收入1.6亿日元，占1%；赠款3.9亿日元，占2%；递延收益28.36亿日元，占12%；收回欠款1.8亿日元，占1%；杂项收入4.81亿日元，占2%；上年留存余额24.06亿日元，占10%；其他收入9.89亿日元，占4%。

进入日本红十字会医疗机构专门账户的收入是来自患者的医疗费用，但绝大部分由法定全民参加的医疗保险计划支付。2009年，该账户收入总额为9110.65亿日元，是普通账户收入总额的21倍。其中，医疗服务收入7733.13亿日元，占85%；预防保健服务收入11.74亿日元，占0.13%；护士学校收入89.87亿日元，占1%；非常收入990.54亿日元，占11%；其他收入285.38亿日元，占3%。

血液项目专门账户的收入主要来源于血液和血液产品销售。受益人通过他们的医疗保险支付费用。2009年，日本红十字会血液项目专门账户收入总额1334820.07亿日元，是普通账户收入总额的3110倍，医疗机构专门账户收入总额的146倍。其中，血液供应收入1281027.31亿日元（是普通账户收入总额的2985倍），占96%；血液服务相关业务收入10846.85亿日元，占1%；非常收入10402.96亿日元，占1%；其他收入32542.94亿日元，占2%。

社会福利机构专门账户核算的是日本红十字会主办的婴儿之家、日间照料中心、儿童之家、残疾儿童康复中心、养老院、残疾人福利院等社会福利机构的财务状况。2009年，日本红十字会残疾人福利院收入总额6248.23亿日元，支出总额6032.76亿日元，毛利润215.46亿日元，相当于普通账户收入总额的50%。

日本红十字会的普通账户、医疗机构专门账户和血液项目专门账户的收入合计1344359.84亿日元，其中，血液项目专门账户的收入总额占99%。社会福利机构专门账户的收入较少，可以不考虑。可见，血液项目专门账户的收入是日本红十字会收入来源的绝对主体。

日本红十字会所举办的各项事业，如医院、血站、福利院等，一般都是由政府投资，建成后交给红十字会经营管理的。此外，日本政府还给予多项优惠政策，支持和促进红十字事业的发展。如对红十字会所办的事业免征一切税收，规定赛马等娱乐业要从收入中提出一部分支持红十字事业等。

4. 加拿大红十字会

加拿大红十字会的筹资模式是以红十字会与企业开展的法人合伙项目为主要收入来源。所谓法人合伙项目，相当于理论界所说的公益营销，公益营销又称善因营销、关联营销，是企业与慈善组织合作，将产品销售与公益事业相结合，在为相关公益事业进行捐赠、资助其发展的同时，达到提高企业产品销售额、实现企业利润、改善企业社会形象的目的。例如，加拿大沃尔玛公司是加拿大红十字会最大的法人合作伙伴之一，2008年加拿大红十字会和沃尔玛发起一项活动，请顾客在购买商品时捐献1加元，光是这项活动就为加拿大红十字会募集资金174万加元。

根据加拿大红十字会2009年的年度报告，该年度加拿大红十字会收入总额4.18亿加元，其中，核心项目收入3.46亿加元，占83%；筹资总额3072万加元（实即社会捐赠），占9%；投资收入895万加元，占2%；支持服务收入895万加元，占2%；灾难救助捐款1318万加元，占3%；其他收入404万加元，占1%。2005至2009年五年平均筹资成本为8.1%。加拿大红十字会还经营老虎机和游戏（应当属于其所谓核心项目），2009年实现毛利润1351万加元。

5. 澳大利亚红十字会

澳大利亚红十字会的筹资模式是以社会捐赠为主，红十字会的经营性收入为辅，财产性收入也占到一定比重。在其收入形成过程中，政府的支持也是非常重要的，但其中大部分未在收入中体现，而是在成本中体现。

根据澳大利亚红十字会 2009 年的年度报告，当年该会的总收入为 10.28 亿澳元。其中，社会捐赠收入 4.15 亿澳元，占 40.4%；政府赠款 9861 万澳元，占 9.6%；血液服务纯收入 3783 万澳元，占 3.7%；各项财产性收入合计 1313.6 万澳元，占 1.3%；非政府赠款 274.3 万澳元，占 0.3%；其他收入 1081 万澳元，占 1.1%。

值得注意的是，澳大利亚红十字会的血液服务纯收入主要是依靠政府赠款获得的。2009 年，该会血液服务总收入 4.56 亿澳元，其中政府赠款 4.45 亿澳元，占 98%；血液服务支出总额 4.19 亿澳元；由此产生的利润为 3783 万澳元。从这可以看出，澳大利亚红十字会的血液服务具有公益性质，而不是营利行为，如果没有政府的巨额赠款，澳大利亚红十字会实际上无法提供这项服务。如果加上政府向该会提供的与血液服务无关的赠款，2009 年澳大利亚政府实际向澳大利亚红十字会提供了约 5.44 亿澳元，相当于澳大利亚红十字会年度总收入的 52.9%。

6. 新加坡红十字会

在新加坡红十字会的筹资模式中，政府的支持是支柱，社会捐赠收入也占较大比重。但政府的支持采取与红十字服务项目挂钩的方式实现。

根据新加坡红十字会 2009 年的年度报告，当年该会的非限制性收入总额为 604.29 万新加坡元。其中，一般捐赠收入 231.11 万新加坡元，占 38.2%；市民捐赠红十字会残疾人之家 21.87 万新加坡，占 3.6%；红十字会培训中心收费 67.74 万新加坡元，占 11.2%；红十字会急救服务收入 18.17 万新加坡元，占 3.0%；卫生部赠与无偿献血补贴 157.99 万新加坡元，占 26.1%；政府部门捐赠残疾人之家 99.28 万新加坡元，占 16.4%；教育部捐赠红十字青年活动 7.63 万新加坡元，占 1.3%。政府部门捐赠收入占该会总收入的比重合计为 43.8%。

新加坡红十字会进行商业经营，设有红十字会商城，销售床上用品、家居用品、服装、电器、光盘等等，商品价格低廉，销售收入用于红十字会的人道主义服务。

新加坡红十字会的筹资成本和管理费用也不高。2009 年，其筹资成本为 21.47 万新加坡元，其中，直接人力成本为 15.37 万新加坡元，管理费用为 6.1 万新加坡元。

除了上述几个国家的筹资模式各有特色外，这里还可以提一下瑞士和土耳其红十字会的筹资模式。瑞士联邦政府为减少政府负担，发挥红十字会的作用，在宏观调控的前提下，将全国护士培训、急救、输血和一部分社会救助工作都交给瑞士红十字会办理，政府给予必要的支持与资助。红十字会举办事业实体缺少资金时，政府给予无偿或低息贷款；红十字会办的社会福利事业均免征一切税收；国内外救灾所需经费，政府按照红十字会所报计划予以拨发。瑞士红十字会各项活动每年开支约 4.5 亿瑞士法郎，其中接受社会捐赠、自己创收和政府拨款各占约 1/3。土耳其红新月会在土耳其政府的特许下，在全国开办诊所、养老院、幼儿园、学生宿舍、血站、备灾救灾中心等多种事业实体。政府不给该会拨款，而是给予各项优惠政策，让该会自收自支。该会办事业需要土地时，政府无偿提供；缺少资金时给予低息贷款；海关罚没的物资，凡能用于救济灾民的都交给该会。特别是把全国三大商业经营权交给该会，作为其经济来源，这三大商业经营权是：全国医疗器械和药品的进出口经营权，全国医用 X 光胶片和扑克牌的进出口经营权，全国矿泉水的开采、加工和经销权。土耳其红新月会依靠这些经营获取利润支撑各项事业的发展。

总结上述国家红十字会的筹资模式，大体可以概括出三种基本类型。第一种类型是红十字会的收入以政府的直接支持为主，以红十字会自身的社会募捐和通过经营获取收入为辅，挪威模式是这种机制的典型。新加坡模式也属于这一类型，只不过政府的支持指向各种具体的项目。第二种类型是在形式上以红十字会的服务收益为主，以社会捐赠和政府支持为辅，政府的支持除了直接支持（形式上力度较小）外，还有大量间接支持，而且政府的间接支持实际上为红十字会的服务性收入打下了坚实的基础，或者提供了很好的政策空间，像美国、日本、澳大利亚、瑞士、土耳其等国红十字会、红新月会的筹资模式都属于这种类型。第三种类型则以红十字会自力筹资为主，辅以一定量的投资经营获取收入，政府基本上没有明显的直接或间接支持。加拿大模式属于这一类型。加拿大模式的最大特色是红十字会与企业合作，构建核心项目，获得主要收入。这里还值得一提的是，在若干红十字运动发展比较成功的国家，其政府都全部或部分地把采血和提供血液产品的权利授予红十字会，并使该项收入成为红十字会的收入主体。

在红十字会资源使用的政府监管和社会监督方面，各国红十字会与这些国家的其他公益慈善组织所采取的模式和机制可以说是大同小异，及时的信息公开透明、第三方审计、接受政府监管和社会监督都是基本原则。实际上，红十字会要获得政府和社会的信任，激发公众的捐赠热情，除了遵循这些原则之外，别无他路可走。当然，红十字会的行业自律也很重要。在这方面，美国和英国的经验也值得借鉴。美国成立的“美国联合劝募总会（United Way of America）”、英国成立的国家慈善委员会都具有多方面的职能，包括联合募捐、联合与政府打交道、对加入组织进行监督管理等。红十字会内部的管理专业化以及独立监督机构（如美国红十字会的巡察官办公室）的建构，也是加强红十字会自身治理的有效措施。

（四）推进制度和政策创新，增强红十字会筹资能力，提高红十字会资源使用效率

中国红十字会的筹资模式有自身的特色，在相关法律认可的筹资渠道中，政府财政支持和红十字会动员社会捐赠成为红十字会主要的筹集机制。比较中国与其他国家红十字会的筹资模式，可以看

到，首先，政府的财政支持虽然重要，但其力度甚至没有达到上述国际上较为多见的第二类模式下的政府支持力度，不仅政府财政拨款占红十字会总收入的比重相对较低，而且很少提供其他政策空间，例如，血液的采集和血液产品的有偿供应与红十字会无关，而政府也没有授予红十字会其他方面的特许经营权利。其次，在社会资源的动员上，不仅存在政府与红十字会这样的公益慈善组织竞争的现象，而且，社会公益慈善组织募集的资金在出现大的自然灾害的情况下还可能被要求汇缴到政府财政，由政府“统筹安排”，从而对社会公益慈善组织的社会资源动员环境造成不利影响。最后，社会环境和政策环境没有为中国红十字会经营性服务设置明确的空间，红十字会与企业联合以公益营销等现代慈善筹资方式开展筹资活动，迄今不能得到社会的广泛认可，国家法律和政策也没有给出明确的规范。

在这种情况下，中国红十字会显然不能采取上述第一类模式，亦即挪威模式；也不能完全照搬第二类模式，因为这种模式得以有效运行的重要条件是政府授予红十字会一些特许经营权（例如采血和提供血液产品），从中国目前的体制来看，红十字会也很难指望政府授予什么特许经营权；简单采行第三类模式当然也没有可行性，至少就红十字会目前的能力来说还不行。综合考虑来看，中国红十字会可能要采用第一类模式与第三类模式的某种混合，这意味着除了政府进一步加强对红十字会的财政支持以及大力提升红十字会动员社会资源的能力和水平外，还要从法律和国家政策上明确红十字会与企业合作开展公益营销等现代形式的筹资活动的合理性和合法性。另外，政府应当逐步退出社会捐赠资源动员，避免包括红十字会在内的公益慈善组织与政府竞争社会资源的局面，政府行为的基础就是税收，社会慈善捐赠资源属于社会，要确保包括红十字会在内的社会公益慈善组织开展公平竞争。

1. 加大政府财政支持力度

从实地调研来看，政府财政拨款包括机构运行经费拨款和项目经费拨款，前者一般按照红十字会人员编制等规定编制预算和拨款；后者根据地方财政能力，由红十字会提出申请，由地方政府分管领导审批，财政部门核拨，通常能够解决部分经常性项目活动的经费问题，但各地差异很大。从国家相关制度规定来看，以这两种形式提供财政拨款，其额度必定有限，不能较好满足红十字事业发展的需要。

考虑到公共财政是包括红十字事业在内的社会公益慈善事业发展的最主要资金来源，政府可以通过两种途径进一步保障红十字事业发展的资金需求。一是把红十字事业发展纳入地方经济社会发展规划，为其提供制度化的保障；二是在提供机构运行经费之外，根据地方社会发展需要，建立社会服务购买制度，向红十字会等社会团体和组织购买相关服务。根据一些国家的经验，第二种财政支持可以大于第一种支持，从而强化红十字会的工作激励。以美国红十字会为例，根据其独立财务审计报告，2009 年度，政府的拨款是 8164.6 万美元，而与政府签订的服务合同产生的收入则有 12977.8 万美元，后者是前者的 1.6 倍，两者合计 21142.4 万美元，按照当年美国总人口折算，合人均 0.69 美元；加上美国政府授予美国红十字会采血和有偿供应血液制品的权利所产生的收入 221396.1 万美元，美国政府对美国红十字会的直接和间接支持体现为资金 242538.5 万美元，以 2009 年美国总人口折算，相当于人均 7.9 美元。

由于中国政府垄断了一些原本可以由红十字会办理的事务（如采血），现有的基于人员费用核定的对红十字会拨款的标准，无疑不能充分表现政府对红十字事业的应有支持力度，因此，提高拨款标准是非常有必要的。根据中国红十字会总会 2010 年的统计，当年全国各级政府给予红十字会的财政拨款总额为 80743 万元，按全国总人口折算，合人均 0.6 元，在不按汇率换算的情况下仍低于 2009 年美国政府通过拨款和服务购买给美国红十字会提供的财政支持的人均量。要求完全按照包括采血收入在内的美国政府对美国红十字会的直接和间接支持力度来确定中国政府对红十字会的支持力度，当然是不合理的，也不现实，因为采血许可政策给美国红十字会带来的巨大收益并不能直接等同于政府拨款，这项收益的产生包括了美国红十字会自身的努力。但是，从中国红十字事业发展的资金需求来看，可以考虑按照美国政府直接和间接支持的人均水准的1/4（且不做汇率换算）来确定中国政府对红十字会的财政支持力度，这约相当于人均2元（人民币）。这并不是不可能的，例如，根据中国红十字会的统计，2010年，北京市和天津市对红十字会的拨款分别相当于当地人均4元和人均2.5元。

必须再次明确的是，人员经费和办公经费仍然应当按照国家现有标准执行，增加的部分则以红十字会提供政府所要求的社会服务为前提，易言之，增加的财政支持并不是为了增加红十字会工作人员的工资福利，而是为了让红十字会更好地为社会服务。按照这个标准增加了对红十字会的财政支持之后，红十字会即使不从社会捐赠收入中提取一定比例作为项目运行经费，也将有能力自行承担这种费用支出。否则，红十字会从社会捐赠收入中提取活动经费可能势在必行。

如果政府还难以实现上述制度设计，则可以考虑设立以政府财政支持为基础的红十字事业发展基金。目前，地方各级政府均以专项经费的方式向本级红十字会提供事业发展经费。地方政府财政状况较好的，给予的专项经费较多；财政状况不太好的，给予的专项经费较少。而且，专项经费拨付的一般程序是，由红十字会提出申请，政府主管领导批示，报财政部门审核。一般每年申报一次。专项经费为红十字事业的发展提供了支持，但地方差异大。由各级政府支持建立红十字事业发展基金，能够为红十字事业发展提供更好的保障。具体做法有几种选择。一是地方政府注入一笔足够大的启动资金，成立红十字事业发展基金，此后，发展基金运作收益、会费结余、非定向社会捐赠使用结余，均转入基金账户，滚动发展；在此基础上，政府可不再每年拨付专项经费。二是如果地方政府不能一次性提供足够多的资金支持建立地方红十字事业发展基金，可以根据实际财力提供部分资金，发展基金运作收益、会费结余、非定向社会捐赠使用结余，仍转入基金账户；发展基金孳息不能满足红十字事业发展需要的，政府以专项经费形式予以补足，并根据地方财政增长状况继续按可接受比例向基金注资，或允许从社会捐赠中提取适当比例充实基金，在该项基金能够支撑红十字事业经常性需要后，地方政府可停止拨付专项经费。三是将该项基金设置为公募基金，完全向社会筹资，在该项基金足以支撑红十字事业发展需要之前，政府根据实际需要继续向本级红十字会提供专项经费。

2. 增强红十字会的社会资源动员能力，提高社会筹资水平

目前，各地红十字会得到的社会捐赠也不一样。从课题组的问卷调查看，2009 年，25% 的地市级红十字会和 48.4% 的县级红十字会未获得任何社会捐赠。地方红十字会募集社会资源的多少，既与特定地方发生特定事件（如灾害）的情况相关，在常态下更与地方红十字会的努力程度以及办法的有效性相关。

各地红十字会要致力于社会筹资模式创新，首先要创造适合本地社情民意的常态化资源募集动员机制和途径，例如设置各种专项募捐项目，或者与一些重要的社会救助项目链接。成都采取组织出租车参与的方式动员社会资源，在成都市政府支持下，指定一部分出租车为爱心出租车，乘坐爱心出租车的乘客每次乘车捐出 1 元钱给红十字会，取得了较好的效果。

其次要加强与企业界的合作，建立合作伙伴关系，鼓励企业启用战略营销或公益营销的方式，在提高企业的社会知名度和企业营销水平的同时，增加红十字会的收入。成都市红十字会爱心出租车项目因为有成都市政府的强力介入，还不是真正意义上的红十字会与企业合作的公益营销。在这方面，应当认真总结加拿大红十字会的做法和经验。

最后，为了鼓励社会各界积极捐赠款物，红十字会应当考虑设置荣誉性激励机制，例如发布红十字事业捐赠荣誉榜等。据了解，

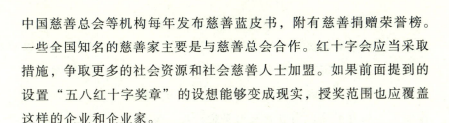

中国慈善总会等机构每年发布慈善蓝皮书，附有慈善捐赠荣誉榜。一些全国知名的慈善家主要是与慈善总会合作。红十字会应当采取措施，争取更多的社会资源和社会慈善人士加盟。如果前面提到的设置“五八红十字奖章”的设想能够变成现实，授奖范围也应覆盖这样的企业和企业家。

3. 积极探索市场化经营，增加红十字会经营性收入

从目前来看，各地各级红十字会中有此项收入的很少见。例如，课题组的问卷调查表明，2009 年，在 19 个提供数据的省级红十字会中，只有 1 家红十字会获得了动产/不动产收入，无红十字会有经营性收入；在 72 个地市级红十字会中，只有 1 家获得动产/不动产收入，5 家获得经营性收入；在 163 个县级红十字会中，只有 1 家获得动产/不动产收入，3 家获得经营性收入。可见，市场化运作还很难成为红十字事业的重要资金来源，亟须各地红十字会进行探索。一些地方红十字会也在探讨红十字开办经营性实体的可能性。

从其他国家红十字会的经验来看，虽然像加拿大或挪威那样经营老虎机和游戏的可能性不大，但可以像其他许多国家红十字会那样开发网上商店等经营方式。红十字会的经营活动要严格遵守非营利原则，经营收入（利润）不能用于为工作人员牟利，而是为发展红十字事业筹资。无论红十字会采取何种经营形式，一方面需要国家政策认可，提供准入条件；另一方面也需要国家政策支持，包括对红十字会的经营收入减免税赋等——这也是国际通则。

除了上述几个方面的措施外，是否需要在社会捐赠收入中提取一定比例的事业发展基金，也值得考虑。如上所述，这个问题比较复杂。从调研情况来看，红十字会以外的政府部门和机构多半不主张从募集的资源中提取一定比例的经费，他们认为，政府已经根据需要，不仅拨付了红十字会机构运行经费，还拨付了项目经费。一些地方的政府部门还表示，如果出现特殊情况（如灾害发生），现有项目经费不够，可以采取特殊申请的方式解决问题，而不宜从募集资源中提取运作经费。因此，根据中国的国情以及政府拨款情况，需要进行制度设计。例如，可以考虑，红十字会的经常项目经费，继续由政府划拨；对社会捐赠，无论其是否定向捐赠，都可以考虑从中提取一定比例作为红十字事业发展基金；对于灾害发生后的救灾捐赠，除非政府提供专项经费，应考虑提取一定比例作为运作经费，如有不足，用事业发展基金补足，如有剩余，转入事业发展基金。其执行标准按照国际红十字会惯例，核减由政府拨款支持的机构运行经费和专项经费后确定，上文曾经提到，可以考虑在现有政府财政支持制度下，确定这一提取比例为3%～4%。所有相关制度安排都应向社会公布，赢得社会的认同。但是，如果我们在讨论加大政府财政支持力度时提出的设想得到实现，则红十字会也可以考虑根本不计较活动经费的问题。

4. 积极探索，有效解决欠发展地区红十字事业发展的资金瓶颈问题

一般而言，各地红十字会的行政性经费基本上是有保障的，差距较大的方面是社会动员资源的地区分布。根据问卷调查，2009年，东部各级红十字会按工作人员人数计算的人均总资金（包括行政性拨款和社会性资金）为44.1万元，中部地区为13.3万元，西部地区为20.7万元；东部各级红十字会按编制人数计算的人均政府拨款资金为12.6万元，中部为3.5万元，西部为3.1万元；东部各级红十字会按工作人员人数计算的人均募集资金41.1万元，中部为11.5万元，西部为14.6万元。可见，地区差距集中表现为东部与中西部之间的差距，东部地区红十字会的经费明显更为充足，中西部地区红十字会资金瓶颈问题比较突出。

要完全消除这种差距，看来并非易事，但可以通过采取一些措施，缩小这种差距。课题组认为，可以考虑的措施大抵有四种。一是欠发展地区政府加大对本地红十字事业的支持力度，例如采取购买服务的方式向红十字会提供支持；二是全国红十字会总会利用优势条件动员社会资金，对中西部红十字会给予支持，例如采取协作实施项目的方式；三是全国红十字会总会进行协调，动员地区间红十字会结对帮扶；四是鼓励东部地区社会资金向中西部地区流动，可以由中西部地区红十字会设计好的项目，吸引东部地区的社会资金向中西部地区流动。

5. 提高资金使用效率，更好地发展红十字事业

无论是从政府获得的资源，还是社会捐赠获得的资源（包括通过公益营销获得的资源）以及红十字会经营性收入，红十字会都应当确保其使用合法合规，并且切实尊重捐赠者的意愿。尤其要注意的是，红十字会募集的社会资金不应当与政府资金混同使用，而应当由红十字会根据捐赠方的意愿独立使用，保证资金用途明晰，捐赠方可以随时了解资金的具体去向，可以找到资金的具体受益人了解情况。这既是捐赠方享有的合法权利，也是红十字会应尽的义务，是红十字会获得社会尤其是捐赠者信任的关键。实地调研表明，红十字会募集资金的使用一旦违背这一原则，即使是与政府资金捆绑使用，都会遭遇捐赠方和社会的广泛质疑，损害公众的公益慈善精神，增加社会资源动员难度，导致社会资源流失。这对红十字事业的社会化发展是极为不利的。

在这样的前提下，红十字会在使用各种资源时，要发挥它们的最大效益，避免力量分散。红十字会募集资金有两个来源，一是定向捐赠，这部分资金的使用必须以捐赠方的意愿为导向，不存在是否应当集中使用的问题；二是非定向资金，对这部分资金的使用，可以考虑如何发挥资金最大效益的问题，为此，各地红十字会要突出工作重点，集中非定向资金办大事，产生最大的社会效益，突显红十字事业的社会价值，也扩大红十字会的社会影响。

六　增强红十字会的社会影响力，提高红十字会的社会公信力

（一）红十字会应注重自身公信力建设

如何增强红十字会的社会影响力，提高其社会公信力，事关中

国红十字事业发展的大计。近期发生的一系列事件表明，红十字会社会影响力和公信力的培育是艰难的，但它们的消减却是极为容易的，一个“郭美美事件”对中国红十字事业造成的伤害是需要用几年的时间才能消除的。更为严重的是，“郭美美事件”伤害的，不仅仅是红十字会的社会影响力和公信力，而是中国的整个公益慈善事业。因此，包括红十字会在内的社会公益慈善组织加强自身的社会公信力建设的重要性，无论怎样强调都是不过分的。

1. 提高资金使用的透明度，加强内部监管和外部监督

在这方面，第一个需要考虑的问题是财政资金与募捐资金分开管理。红十字会的财政资金与募捐资金具有不同的来源性质，因而有其不同的使用规则和制度要求。财政资金的使用遵循国家财经制度，接受国家财政部门和审计部门监督；募集资金的使用要保证体现资金捐赠方的意愿，接受捐赠方和社会的监督。因此，将两种资金分开管理，设置不同的账户，是完全有必要的。从实地调研情况看，一些地方已经成功实行两个账户、两种管理方式的制度转变，这意味着两种资金分开管理是可行的。财政资金管理主要依靠国家财经制度，社会捐赠资金管理主要依靠捐赠方和社会的广泛监督。两种资金管理分开以后，对于社会捐赠资金的管理来说，重点在于从制度上保证其使用的公开性、透明性和公众查询可及性。在下一步的调研中，课题组将着重探讨有关地方的相应经验。

第二个问题是红十字会内部相关管理体制的创新和完善问题。一方面，红十字会的筹资与财务职能原则上应当分设。中国红十字会的筹资工作必须面对众多的国内外法人和自然人，募集他们的捐赠款物，这是红十字会的筹资职能。对筹资职能履行内部监管的职责，从国际经验看，只能由红十字会的财务部门承担第一步的责任。如果两种职能混在一起，则可能导致出现问题，或者至少难免社会的质疑。考虑到不同层级红十字会的人员规模不同，要求总共只有三五个人的县级红十字会分别建立筹资部和财务部，肯定是不现实的。但中国红十字会总会和省级红十字会则应当做到筹资部门与财务部门分设，筹资部全面负责红十字会的筹资工作，财务部负责会计核算和财务监督，以及定期在红十字会官方网站公布红十字会财务报告，作为内部监督的第一道关口。县级红十字会或者人手较少的地市级红十字会不能单独分别设立筹资部门和财务部门的，也要探索相应的制衡机制，同时要特别加强财务公开工作，及时在本级红十字会网站上发布财务报告，如果本级红十字会尚未设立网站，应通过上级红十字会的官方网站公布财务报告，上级红十字会应该提供支持。另外，红十字会内部的纪检监察人员应当具有足够的独立性，总结例如美国红十字会巡察官制度的做法及其经验，作为搞好红十字会内部监督的第二道关口。

第三个问题是加强政府审计和外部审计。红十字会的财政预算资金和政府支持资金来源于政府财政，必须遵守国家财经纪律，接受政府审计部门的审计，保证预算资金使用合法合规，专项资金使用规范高效，政府购买服务的资金的使用达到服务购买的目的和要求。无论是政府提供的财政资金，还是红十字会获得的社会捐赠收入和经营性收入，都应当放置在阳光之下，接受公众的监督。一方面要及时公布相关信息，满足公众知情权；另一方面要及时做好外部审计，由有公信力的第三方审计机构提供审计服务，获得可以让公众信服的审计结果。审计结果要及时在红十字会官方网站公布，方便社会公众查询。

2. 与捐赠人、受益人建立持续、良好的互动关系

与捐赠人和受益人建立持续和良好的互动，也是红十字会提高社会影响力、增强社会公信力的一个重要措施，同时也关系到红十字会的资源筹措效率。可以考虑采取以下措施，来建立这种互动关系。

（1）建立捐赠人、受益人档案，并适时动态更新。

（2）定期向捐赠人通报红十字会事业发展信息，如以电子邮件方式发送简报。

（3）建立对受益人回访制度，在红十字会人员不足的情况下，可以邀请个人会员和志愿者充当回访人员。

（4）邀请捐赠人、受益人参与红十字会的相关公益活动。

（5）有条件的，可以组织重要捐赠人、受益人开展年度性联谊活动，但要注意，联谊活动发生费用的，不得从募集资金中支取，以免产生负面社会影响，可以考虑以自愿为原则，由单位会员出面组织。联谊活动要精心设计，有主题，有具体活动项目。联谊活动也可以同时成为筹资活动（如筹资冷餐会等）。在可能的情况下，可以邀请地方媒体参与。

3. 确保红十字会资金募集的规范、合法

目前红十字会募捐是否存在不规范、不合法的问题，对此我们尚不清楚。理论上，需要有明确的法律和制度规范；募捐要公开进行并取得红十字会官方授权，任何个人不得以个人名义或冒用红十字会名义募捐；要保证募捐程序规范合法；募捐账号应向社会公开，并依法进行管理；募集款物要账目清晰，并向捐赠人出具合法收据。

（二）政府有关部门加大力度宣传支持红十字事业，增强红十字会的社会影响力

中国红十字事业是全社会的事业，也是整个政府的事业，宣传红十字事业，倡导红十字精神，政府也有一份职责，而不是仅仅提供资金支持而已。特别要强调的是，政府所要着力宣传倡导的，并不是红十字会组织本身，而是红十字事业，是红十字运动的精神。但是，这些工作也需要红十字会自身去推动。总的来说，在宣传红十字事业和红十字运动精神方面，政府不同部门拥有不同的优势，红十字会要充分认识这些优势，有针对性地开展工作，推动政府不同部门从不同侧面和不同层次大力宣传红十字事业和红十字精神，从而有效增强红十字会的社会影响力。

第一，教育部门联系着千千万万学校和学生，是宣传红十字精

神、发展红十字志愿者、推动红十字事业发展的重要领域。红十字会在动员教育部门方面，要努力实现这样几个目标：①在小学阶段的相关全国性教材中写入红十字运动，把宣传红十字运动和红十字精神的工作从小学生抓起。现在一些省份已经在小学生教材中写入红十字运动，应在全国推广。②各级各类学校建立健全学校红十字组织，在学生中发展红十字事业志愿者，开展红十字事业相关活动。③学校红十字组织为地方红十字会的基层组织，接受地方红十字会的业务指导，并根据条件和需要参与地方红十字会的相关活动。④学校接受地方红十字会进校园开展免费义务初级卫生救护培训，让每一个学生都掌握初步的医疗救护知识和基本救护技能。

第二，地方政府宣传部门掌握着主流宣传资源，对于宣传红十字运动精神和推动红十字事业发展能够发挥积极作用。各级红十字会在推动本级政府宣传部门宣传和倡导红十字事业和红十字精神时，要努力做好这样几项工作：①在宣传部门工作人员和主要媒体人员中开展红十字事业培训，让他们了解红十字运动精神、红十字事业与党和政府人道领域工作的关系、红十字会组织宗旨、红十字会主要职能、红十字事业发展与社会建设和社会管理改革创新的关系，提高对红十字事业的认识。②加强与宣传部门和地方主要媒体的沟通，建立红十字会与宣传部门和主要媒体经常联系机制。③推动地方政府宣传部门将红十字事业宣传工作纳入其工作规划，建立规范的经常性宣传渠道。④红十字会有重要活动和重大项目时，邀请主要媒体参与，跟踪报道宣传。

第三，还要加强红十字会与政府其他相关部门的协作。从实地调研情况看，各级红十字会尤其要加强与发改委、财政部门、医疗卫生部门、民政部门的合作。加强与发改委、财政部门的合作，旨在争取更多的公共资源支持，推动政府购买服务的发展。加强与医疗卫生部门协作，旨在进一步发挥专业优势。加强与民政部门合作，旨在共同推进公益慈善事业。民政部门不仅掌握着民政救助救济资源，而且还是我国公益慈善事业的主要责任部门，红十字会与民政部门的合作是十分必要的，是整合我国社会公益慈善资源的重要途径。

第四，要加强与共青团、妇联、残联等官办社会团体的分工协作，重点在于整合志愿者资源，获得更多的社会志愿者支持。

第五，要处理好红十字会与民间社会组织的关系。目前我国民间社会组织发展比较迅速，红十字会与民间社会组织分工协作有较为广阔的前景。重点加强与民间公益慈善组织、民办非企业单位中的社会福利机构（如民办养老机构、民办学校等）的互动关系，把红十字会的人道工作扩展到这些组织，进一步提高红十字会的社会知晓率和公信力。中国社会公益慈善部门还应当考虑借鉴美国和英国的经验，成立行业性的联合组织，在调解社会捐赠竞争、强化行业自律和自我监管方面发挥积极的作用。

（三）建立统一完善的红十字运动奖励制度体系，增强全社会参与红十字事业的积极性

在中国，国家在经济社会生活许多领域都设立了全国性的奖励制度，如国家最高科学技术奖、“五一劳动奖章”、“三八红旗手”、“全国劳动模范”以及民政部设立的“中华慈善奖”等。在红十字运动领域，还没有设置相应的全国性奖励制度，现有的“南丁格尔奖章”还是红十字国际委员会设立的旨在表彰在护理事业中做出卓越贡献人员的奖项，不涉及整个红十字运动的参与者。世界各国红十字会系统也设立了一些奖项，如美国红十字会有人道主义组织奖、国际人道主义服务奖以及其他荣誉奖项。中国红十字会设置了一些奖项，如优秀志愿者奖、无偿献血贡献奖等。但这些奖项都是单项奖，而且奖项的社会影响力比不上“五一劳动奖章”等。地方红十字会也有设立综合性奖项的，如北京市设立了“北京市红十字人道公益事业杰出贡献奖”。

借鉴其他国家的做法，总结中国设立各种面向社会公众的国家

奖项的经验，我们认为，中国有必要设立统一的全国性红十字运动奖项，这也是提升红十字会的社会影响力的重要措施。考虑到每年5月8日是国际红十字运动纪念日，建议将此奖项名称定为“五八红十字奖章”（或者“五八人道主义奖章”），作为中国红十字事业的全国最高荣誉奖项，授奖对象包括对中国红十字事业做出突出贡献的红十字会工作人员、红十字会会员、红十字志愿者以及其他中国公民和组织。（如果该奖项定名为“五八人道主义奖章”，则授奖对象范围还可以扩大到对中国人道主义事业做出突出贡献的所有中国公民和组织，从而使其成为中国人道主义工作领域的全国最高奖项）

“五八红十字奖章”应当具有足够的严肃性。中国红十字会总会研究制定总体原则、规范和实施办法。每年授予的“五八红十字奖章”数量以10枚左右为宜。红十字会工作人员的获奖数量应控制在1/3以内。获奖者选拔要标准统一，不宜搞省际平衡。考虑到全国“五八红十字奖章”颁发数量有限，还可以考虑在省级设置“五八红十字奖章”奖项，授予对本省（自治区、直辖市）红十字事业发展做出突出贡献的红十字会工作人员、红十字会会员、红十字志愿者以及其他公民和组织。省级红十字会基于总会制定的原则和规范，制定本省“五八红十字奖章”的授奖条件、标准和实施办法，省级年度“五八红十字奖章”颁发数量也应以10枚左右为宜，省内红十字会工作人员获奖比例亦应控制在1/3以内；标准要统一，不在省内各地区之间搞平衡。

“五八红十字奖章”是最高红十字荣誉奖项，可不配设奖金或其他物质奖励。在此奖项之下，可考虑保留或新设专项奖，如全国红十字会模范奖（授予红十字会工作人员）、全国优秀红十字会会员奖、全国优秀红十字志愿者奖、全国无偿献血突出贡献奖以及全国红十字博爱捐赠奖，并加以规范。全国红十字会模范奖、全国优秀红十字志愿者奖以及全国无偿献血突出贡献奖可配设奖金或其他物质奖励，所需经费应当以国家财政作为主要来源；全国优秀红十字会会员奖也可配设奖金或其他物质奖励，所需经费应当以会员缴纳的会费为主要来源；全国红十字博爱捐赠奖则仍应以荣誉奖励为主，不宜配设奖金或其他物质奖励。各省可以比照设立省级相应奖项。

对于外国公民或组织对中国红十字事业发展做出突出贡献的，可以设立中国“五八红十字国际奖章”予以褒扬。不设立省级相应奖项。

七　积极争取党和政府的领导和支持

中国红十字会发展的经验表明，党和政府的支持是红十字事业发展的根本保证。应该承认，中国各级党委政府对红十字事业是支持的。为了中国红十字事业的进一步发展，努力争取党和政府的更大支持是红十字会的一项重要工作。

（一）争取各级党委政府加强对红十字会工作的领导

各级党委政府加强对红十字会工作的领导是红十字事业发展的重要保证。《红十字会法》已经明确，红十字会是党和政府在人道工作领域的助手，党和政府加强对红十字会工作的领导是顺理成章的。从实地调研来看，一些地方的党委政府对红十字会工作十分重视，从领导体制和工作机制等方面给予了大力支持，政府主要领导同志担任红十字会会长、荣誉会长，并且把红十字事业当作地方政府的事业来办理，相应的，这些地方的红十字会工作也比较顺利和卓有成效。而在另一些地方，虽然也由地方政府主要领导同志担任会长，但往往只是名义上的会长，其对红十字会工作考虑较少，红十字会工作主要靠常务副会长的努力，甚至要靠常务副会长与党委政府主要领导同志的个人友好关系来支撑。一些地方的常务副会长一职并非由年富力强有事业心的同志担任，而是政府部门中退居二线或即将退休的干部的去处，这种做法无疑对红十字会和红十字事业的发展不利。因此，为了加强各级党委政府对红十字会工作的领导，这里提出如下建议。

(1) 争取地方党委书记或专职副书记担任本级红十字会荣誉会长，把红十字会工作纳入党群工作范畴予以高度重视，使红十字会工作真正获得政治保障。红十字会是我国从事人道工作的主要组织，并且具有国际影响。随着我国经济社会的进一步发展，以及国际人道主义事业的发展，人道工作将变得越来越重要，这项工作做得如何，既关乎民心，也关乎我国的国际形象，是一种重要的软实力，值得党委政府高度重视。要争取荣誉会长每年至少到会考察两次，了解情况，指导工作。

(2) 争取担任红十字会会长的政府主要领导同志切实关怀红十字会工作，每月至少两次到会听取工作汇报，了解情况，督促工作进展，解决工作中存在的具体问题，必要时就相关政策事宜征求意见。

(3) 解决好红十字会常务副会长一职的人选问题，让年富力强、真正把红十字会工作当作一项事业来做的干部担任此职，配强配好红十字会领导班子，这是红十字会工作有效开展、取得成绩的一个关键。

（二）争取将红十字事业发展规划纳入国家和地方政府经济社会发展规划

实地调研表明，将红十字事业发展规划纳入国家和地方政府经济社会发展规划，为红十字事业发展提供政府规划保障，是红十字事业良性发展的根本条件。一些地方已经走在前面，应当进一步总结这些地方的成功经验，在全国范围推广。

把人道工作作为社会发展和社会建设的重要方面纳入国民经济和社会发展规划，并非只是一种事务性的工作，而是一种价值观的体现，是社会主义核心价值观的重要内容，也是国家软实力发展的重要方面。

在政府的经济社会发展规划中，红十字事业的定位是作为一项人道工作，它首先属于民生建设的重要领域，其次也是改革创新社会管理体制的一个重要方面，最后还涉及国家对外交往和人道主义援助工作。

政府的经济社会发展规划要明确红十字事业的年度工作目标、任务和资源保障条件。这样做，实际上也是政府职能转型即从建设型政府转变为服务型政府的一个重要措施。

政府的经济社会发展规划还要明确红十字会是这项人道主义工作的主要责任单位，并按照规划提出明确的红十字会工作目标和任务，使其作为中国红十字事业发展工作的责任主体的定位得到更好的落实。

（三）争取将红十字工作纳入政府日常工作范畴

随着红十字事业发展被纳入政府的经济社会发展规划，把红十字工作纳入政府日常工作范畴，就是必然而又必要的。

（1）将红十字会工作纳入各级党委、政府的重要议事日程。红十字会的基本职能和主要工作都属于党和政府的民生建设、社会服务和社会管理工作的范围，将其纳入党委政府的议事日程是实实在在地推进红十字会工作的重要途径。

（2）争取红十字会参与政府有关决策过程。重点是争取红十字会常务副会长至少列席政府相关工作会议，就红十字会工作和红十字事业发展提出意见和建议，争取政府和其他相关部门的支持。当然，这里又涉及红十字会实际负责人的行政级别界定问题，这个问题必须得到妥善解决。在不能解决红十字会常务副会长的行政级别问题的情况下，至少考虑红十字事业发展的需要，吸收其列席或参加政府相关工作会议。

（3）将红十字会工作纳入政府工作考核范畴，制定相关考核标准。考核结果优异的，政府应当给予奖励；考核结果不合格的，政府应当提出批评和改进要求。把红十字会工作纳入政府考核范畴是完全有必要的，政府向红十字会提供行政运行经费和专项事业经费之后，不能仅仅限于对其经费使用情况进行政府审计监管，更要对其工作业绩进行考察，一方面这是对广大纳税人的一个交代，另一方面也有利于增强红十字会工作的压力和动力。在实地调研中，一些地方红十字会的同志提出，红十字会工作确实缺少压力和动力，其中一个重要原因是红十字会作为党委领导政府联系的社会组织，没有进入政府考核系列，因而其工作成绩好坏完全取决于红十字会工作人员自身的责任心和事业心。

（4）政府工作报告应体现红十字事业的发展情况，这既是对红十字会工作情况的反映，也是宣传红十字事业和红十字运动精神的有效办法。退一步说，如果红十字事业发展被纳入政府的经济社会发展规划，那么政府工作报告对规划实施情况做出说明也是完全有必要的。

（四）推动红十字会法律法规贯彻落实

目前，各地在落实《红十字会法》方面做了很多工作，取得明显进展。继续落实相关法律法规，重点要在以下几个方面开展工作。

（1）加快理顺体制步伐，解决遗留问题。目前，还有少部分地市级红十字会和更多的县级红十字会尚未理顺体制，仍然附属于卫生行政部门。从全国看，省级已经完成理顺体制的工作；地市级红十字会的理顺体制工作也已基本完成，截至2010年底，全国仅有不到4%的地市级红十字会尚未完成理顺体制的工作；县级红十字会理顺体制的工作取得了重大进展，但截至2010年底，全国仍有46.6%的县级红十字会尚未理顺体制。尽管理顺体制在部分地方仍是一个有争议的问题，个别地方的红十字会由于种种现实的原因对理顺体制也不甚积极，但从红十字事业发展的需要考虑，从红十字会的长远发展考虑，理顺体制是完全有必要的。

（2）加快解决根据实际工作需要给红十字会配好配强领导和专职工作人员的工作。一是要选配年富力强、有事业心的红十字会驻会负责人，尤其要避免将红十字会常务副会长一职作为解决退居二线的政府干部去向问题的做法。二是要根据红十字会工作需要解决好人员编制问题，尤其要解决好那些专职工作人员不足3人的县级红十字会的人员编制问题。无论从哪个角度来看，县级红十字会的人员编制少于3人，都不能保证红十字会工作顺利开展。

（3）进一步完善红十字会用人制度，在人员编制有限的情况下，为红十字会聘用临时工作人员提供制度和经费保障。红十字会一般能够依靠正式编制人员开展日常工作，但在开展一些重大项目时，尤其是在救灾工作中，则常常会面临人手不够的问题，在编制不能扩大的情况下，聘用临时工作人员是解决这一问题的主要方法。国家的政策应当明确相关制度并依法提供经费支持，或者如上所说，允许红十字会从社会捐赠中提取活动经费。将来，还要建立红十字会工作人员退出机制，让不善于做红十字会相关工作的人员能够适时退出，确保红十字会的工作效率。

（4）进一步加强和完善政府财政支持红十字事业的相关制度。在这方面，最重要的制度应当包括财政支持红十字事业的力度（水平）、方式和结构，对此，本报告已在上文中多番讨论，兹不赘述。同时，要出台相关政策，或者修改《红十字会法》，扩大红十字会的筹资渠道，明确红十字会可以采取例如与企业合作等方式开展战略营销或公益营销，可以利用自身优势开展一些经营活动。

（5）立法机关加大执法检查力度，对落实法律不到位的，提出改进的建议和要求。红十字会要加强与人大代表和政协委员的联系互动，及时反映涉及法律法规的问题，由人大代表或政协委员形成相关提案，提交立法机关和政府有关部门讨论和解决。

主要参考文献

北京大学中国社会调查中心：《中国报告·民生·2011》征求意见稿，2011。

陈光金：《中国收入不平等：U型变化与不确定的未来》，《江苏社会科学》2010年第5期。

冯禹丁、陈新焱、祝杨、房姗姗：《“中国特色”的红十字会》，《南方周末》2011年7月7日。

韩陆：《突出重点，统筹兼顾，大力推进红十字应急体系建设》，《中国红十字会2010年工作会议文件汇编》，2010。

贺莉丹：《红十字会：“大象”怎么转身?》，《新民周刊》2011年8月15日。

胡雅君：《八成红十字会拒绝信息公开　公益人士建言去官化》，《21世纪经济报道》2011年7月20日。

华建敏：《在中国红十字会2010年工作会议上的讲话》，《中国红十字会2010年工作会议文件汇编》，2010。

李培林、陈光金：《中国当前社会建设的框架设计》，《经济体制改革》2011年第1期。

林广华：《和谐社会建设需要慈善事业健康发展》，《中国发展观察》2007年第9期。

刘凌宇：《进一步做好红十字卫生救护培训工作的难点与对策思考》，北京红十字会网站2011年6月13日。

彭红：《传统施恩与现代慈善的文化比较》，《船山学刊》2010年第4期。

王劲颖、沈东亮、屈涛：《美国非营利组织运作和管理的启示与思考——民政部赴美国代表团学习考察报告》，《社团管理研究》2011年第3期。

王伟：《在中国红十字会2010年工作会议上的讲话》，《中国红十字会2010年工作会议文件汇编》，2010。

杨团主编：《中国慈善发展报告（2010）》，社会科学文献出版社，2010。

杨晓梅：《论发挥社会组织在社会建设多元主体中的作用》，《广东行政学院学报》2011年第1期。

郑功成：《中国慈善事业的发展与需要努力的方向——背景、意识、法制与机制》，《学海》2007年第3期。

图书在版编目（CIP）数据

《中华人民共和国红十字会法》修改研究 / 中国红十字会总会编. —北京：社会科学文献出版社，2014.1
ISBN 978－7－5097－5405－4

Ⅰ.①中… Ⅱ.①中… Ⅲ.①红十字会法－研究－中国
Ⅳ.①D922.182.34

中国版本图书馆 CIP 数据核字（2013）第 293097 号

《中华人民共和国红十字会法》修改研究

编　　者 / 中国红十字会总会

出 版 人 / 谢寿光
出 版 者 / 社会科学文献出版社
地　　址 / 北京市西城区北三环中路甲 29 号院 3 号楼华龙大厦
邮政编码 / 100029

责任部门 / 教育分社（010）59367278　　责任编辑 / 王珊珊
电子信箱 / jiuhubu@ssap.cn　　责任校对 / 韩海超
项目统筹 / 许春山　　责任印制 / 岳　阳
经　　销 / 社会科学文献出版社市场营销中心（010）59367278　59367261
读者服务 / 读者服务中心（010）59367236

印　　装 / 三河市尚艺印装有限公司
开　　本 / 787mm×1092mm　1/20　　印　　张 / 20.4
版　　次 / 2014 年 1 月第 1 版　　字　　数 / 348 千字
印　　次 / 2014 年 1 月第 1 次印刷
书　　号 / ISBN 978－7－5097－5405－4
定　　价 / 58.00 元